中央民族大学"211工程"
ZHONGYANG MINZU DAXUE 211 GONGCHENG

少数民族传统体育理论与实践

Shaoshu Minzu Chuantong Tiyu Lilun yu Shijian

◎ 张延庆／著

中央民族大学出版社
China Minzu University Press

图书在版编目(CIP)数据

少数民族传统体育理论与实践/张延庆著.
-北京:中央民族大学出版社,2011.8
ISBN 978 – 7 – 5660 – 0024 – 8

Ⅰ.①少… Ⅱ.①张… Ⅲ.①少数民族—民族形式体育—研究—中国 Ⅳ.①G852.9

中国版本图书馆 CIP 数据核字(2011)第 111726 号

少数民族传统体育理论与实践

作　　者	张延庆	
责任编辑	岑　梅	
封面设计	布拉格	
出 版 者	中央民族大学出版社	
	北京市海淀区中关村南大街 27 号　邮编:100081	
	电话:68472815(发行部)　传真:68932751(发行部)	
	68932218(总编室)　　68932447(办公室)	
发 行 者	全国各地新华书店	
印 刷 者	北京华正印刷有限公司	
开　　本	880×1230(毫米) 1/32　印张:10	
字　　数	250 千字	
版　　次	2011 年 8 月第 1 版　2011 年 8 月第 1 次印刷	
书　　号	ISBN 978 – 7 – 5660 – 0024 – 8	
定　　价	25.00 元	

版权所有　翻印必究

前　言

　　我国少数民族传统体育独具风采,项目繁多,历史源远流长。在各式各样的少数民族习俗活动中,少数民族传统体育几乎是不可缺少的内容,这种现象至今还遗存在一些民族的生活中。少数民族传统体育之所以经久不衰,是因为它具有浓厚的文化底蕴,在传承文化的基础上,其功能特点十分鲜明。而文体交融的表现形式,充分凸显了少数民族人民的内心情志,不但娱乐身心,而且还具有良好的健身价值。可否将那些简单易学、健身性强的少数民族传统体育内容引入体育教学活动,是我们近几年来一直探索的问题。但是由于我国少数民族传统体育学科建设时间较晚,教学实践、项目创新及理论构建还处于起步阶段,因此,对我国少数民族传统体育进行系统研究,使尽可能多的少数民族传统体育成为教学科目,并且通过实践总结,不断完善和创新,使之成为简单易学、操作难度小、教育功能强、锻炼价值高的课程成为摆在我们面前的主要任务。少数民族传统体育的创新必须以"扬弃"的观念和方法论为依托,这相对于目前我国对少数民族传统体育的研究现状来说,是一个较为全新的理念,其重点和难点都十分突出。

　　少数民族传统体育教学创新的理论与实践,是中央民族大学"211工程"三期建设项目中的一个项目,是"中国少数民族艺术教学创新研究"的子课题——"少数民族传统体育教学实践和理论创新研究"的一个重点内容。为了更好地完成这个任务,我们中央民族大学体育学院特别组成了一个调研小组,深入到少数民族地区进行田野调查，利用寒暑假以及少数民族传统节庆的时间，分别到广西、云南、四川、湖北、内蒙古等少数民族地区进行实地采风，同时利用其他各种到少数民族地区考察的机会，对少数民族传统体育的开展进行调研，行程上万里，拍摄了大量的原生素材，走访了几十位相关领域的专家和学者，最难能可贵的是，我们到民族地区的考察之行，还拜访了许多熟知当地文化风俗的老人，以及主持宗教祭祀仪式的"神职"人员，例如彝族的毕摩、壮族和瑶族的师公和道公、傈僳族的相通、土家族的梯玛等。通过观摩一些当地民族的宗教仪式、道场以及在祭祀场所中出现的歌舞形式的展演，并对这些人进行较为深入的访谈和交流，了解了许多当地族群特有的习俗，以及与这些习俗相关的、并在当地各民族之间广为流传和普及的一些少数民族传统体育项目，不但开阔了眼界，同时也为我们探索少数民族传统体育拓展了研究思路，为更好地进行创新研究积累了丰富的研究素材。

目前我们民族体育界针对外在表象和文化阐释方面的研究远远落伍于其他学科了，与我们有相通之处的舞蹈、音乐、美术以及与艺术相关的学科很早就意识到了这个问题。我们之所以落伍，我想是我们民族体育学科理论的落伍以及从事民族体育研究的人的文化自觉意识落伍。可能是过度地苛求技术本身的研究，反而恰恰欠缺对民族体育文化背后的理论关怀，这种关怀的缺失，也就造成了民族体育文化研究的被动性，只能借鉴或模仿其他学科的研究成果来填补自己学科中更高层次的文化阐释的缺失，从这个角度来说，少数民族体育创新研究过程的理论把握能力的提高就成了一个亟待解决的实际问题。"他山之石，可以攻玉"，通过田野考察和大量个案分析，详细阐释族群文化与民族体育的认同关系，应该是我们研究的一个重点。通常情况下，在一些人类活动的共同表征下，不同学科会采用本学科独有的思维方式、研究方法以及实现的机制,来进行某项研究。而作为一种对体育文化现象的研究,从归类来说少数民族传统体育应该归属到人文社会学科领域。从学科平台的构建,到研究对象的确立,都应有一个明确的立场和相对区别于西方竞技体育的研究模式。不过,我们欣喜地看到一大批学者专家,已经在民族体育的学术平台上,构架起一个专门研究我国民族传统体育的结构框架,那就是按照人类学的研究范式针对一些民族体育现象进行研究和分析,并从中探索和还原出现象背后的本真。其中在以华南师范大学的胡小明教授、云南师范大学的饶远教授等为代表的一批先知先觉者的引领下,已经逐步开创了一条在中国针对民族体育研究的途径——体育人类学。虽然中国的体育人类学是由日本早稻田大学的寒川恒夫教授引入的,但并非说我国在此之前就不存在体育人类学研究,应该说,许多从事民族传统体育研究的学者都在一种无意识的情况下,沿用了人类学所倡导的田野工作的形式进行研究工作,从研究方法到研究手段都与人类学中的参与观察和深入访谈极为类似,只是由于自身理论知识的缺乏未能形成一个理论体系。即使像胡小明教授和饶远教授等知名学者,在引领人们从事这个领域研究时,也可能限于大多数从事体育研究的学者受教育背景的影响,未能将人类学中的理论流派和体系完全阐述出来,而大多是采用一种"扫盲"式的普及教育形式,将人类学的一些主要理论体系介绍给我们从事民族体育研究的工作者们,就目前情况来说,这种现象还是比较明显的。但无可置疑的是,他们的启迪和引领可以说拓宽了我们从事民族体育研究者的视野,让我们了解了国外体育人类学的研究状况和研究趋向,同时介绍的一些国外人类学家采用的研究方法和理论具有很强的实践指导意义,特别是人类学研究中的参与观察和深度访谈等方法值得我们借鉴。

在20世纪中期,体育人类学作为一门独立学科在北美兴起,专门探讨体育运动在当代族群、身份认同、宗教仪式和文化变迁中的发展。体育人类学还涉及游戏、竞赛、锻炼、舞蹈以及人类身体运动的许多方面。在胡小明教授主持的国家体育总局课题《当代国外体育人类学——主要学说编译》①的项目中，集中介绍了当代国外有关体育人类学的研究情况，并翻译了多篇相关文章。其中研究内容主要涉及：(1)体育人类学的理论与方法，通过人类学的理论和方法来探讨不同族群的体育行为以及背后附着的文化意蕴；(2)体育运动、文化、人种和赛跑，将体育与不同人种通过文化差异来探讨运动能力的形成；(3)体育与文化变迁，就一些个案现象，从文化全球化产生的文化冲突来探讨文化对体育的影响；(4)体育与文化认同，从族群认同的角度来探讨主流文化产生的"涵化"现象，以及被"涵化"过程中的政治、权势对不同族群文化的影响。由此可见，一个世纪以来，研究各地不同族群的文化现象与体育的关系同样是西方人类学者们孜孜以求的工作重点。

少数民族传统体育应该被当做一种文化现象来探讨，而探讨的重点则应放在怎样用人类学的理论、方法和手段来研究这种文化现象。首先，怎样以人类学的方法来丰富体育的研究手段；其次，少数民族体育与人类学等学科在某些边缘上的互动，即跨学科的研究领域的区分；最后，可以把少数民族体育放置在人类学领域中来，即把体育作为人类的一种生存方式进行研究。本书主要从两个方面来进行研究，一是从理论和文化的角度来阐释少数民族传统体育形成的原因，从文化的背景来了解隐含其背后的实质和所表征的意义；二是通过从田野调查中获取的大量原生素材和知识，来重新认识少数民族传统体育的特点和传承规律，从而为创编

---

① 胡小明等：《当代国外体育人类学——主要学说编译》，国家体育总局体育社会科学、软科学研究项目，项目编号：604SS04004。

出一系列既能够体现少数民族传统体育的文化内涵,又利于学校体育教学开展的项目,普及和推广少数民族体育,弘扬民族文化建立一个较为宽泛的学术研究的平台。应该说,少数民族传统体育本身具有鲜明的民族特色和文化表征功能。从内在元素的提取到外在形式的展演,信息传达的是这种符号所代指的民族文化特征是否鲜明、准确,而文化原始蕴涵的功能和意义,则需要从事民族体育研究的人们,能够踏踏实实地深入民族地区进行细致的考察和深入访谈,从中获知事物的真相,千万不可用主观臆断来推测少数民族体育的文化本质,以免造成以讹传讹、混淆视听。关于对民族体育的研究,我们可以利用民族学、人类学、社会学和历史等学科的理论资源,在研究方法上,采用文献资料法、田野考察法、跨文化比较法和个案分析等研究手段,从全方位多角度来探求少数民族体育的发展问题。

少数民族传统体育的传承模式受多元文化背景的影响,文化的差异和地域环境造就了其在不同的生存载体中的遗存形态。研究一个物象的成因及文化演变,从人类学角度看,西方人类学的研究手段较为成熟,流派体系划分也较为细致,但不管怎么划分,人们还是一致认为人类学大致可分为四个领域:考古人类学、语言人类学、文化人类学和体质人类学。而在研究过程中可相互借鉴和交叉进行,但基本都是围绕"文化"这一主干线实施的。英国人类学家爱德华·伯纳特·泰勒在其《原始文化》一书中对文化的概念做出了精辟的注释:"文化就其广泛的民族学意义来说,是作为社会成员的人所习得的包括知识、信仰、艺术、道德、法律、习俗以及任何其他能力和习惯的复合体。"[①]而一种文化的形成大多离不开这个民族所生存的历史背景、宗教信仰、民族风俗、语言文字和

---

① 转引自林耀华主编:《民族学通论》,中央民族大学出版社,1997年,第382页。

生态环境的制约与束缚。例如审美的问题。以美国人类学家博厄斯为代表的文化历史学派认为,文化相对论的观点很好地解释了艺术与美的关系问题。不同文化背景下的审美是不同的,不能以自己民族的标准来评判作为他民族文化的艺术表现形式的丑与美、好与坏,看待艺术不能带有民族中心主义的观点。美与丑是相对而言的,不同的场景、空间、时间下,以及不同的人对美的判断和评价也是不同的。就好比玛丽·道格拉斯的《洁净与危险》中"物"的位置转换可能带给人们自己心里对食物或其他物品干净与否的判断,这种感觉是通过人们对常识的认知所表现出来的。而艺术与美的关系问题,如果也放置到一个不同的文化背景中,就可能会引起人们的争论。既然艺术是一个集多元因素成型的一个集体意识的呈现,那它的审美标准也必须具备一个多元的评判尺度和人们内心的价值取向。

　　本书的主体内容主要是与中央民族大学少数民族艺术教学创新研究相关联,所选择的内容和项目也多是在民族地区开展得较为普及、或世代相传的原生态歌舞以及少数民族武术等展演形式为基础来提取元素,将这些表现形式与民族体育紧密结合,从而为创编出适用于在民族院校推广和开展的少数民族体育项目打下基础。但在实地考察过程中仍然存在一些问题,例如考察地域较为单一,多为西南等地的少数民族地区;考察项目与少数民族体育结合的路径较为局限(因考察项目需要与"211工程"三期建设项目"中国少数民族艺术"学科之子方向"中国少数民族传统艺术教学创新研究"紧密结合,故考察项目选择多为少数民族歌舞内容);考察项目多为当地文化部门艺术加工后的展演,缺乏原生态的素材。在此基础上我们也相应制定了一些改进措施。根据实际情况和在现有资金的支持下,尽量拓展考察的区域,兼顾到各个少数民族自治区,涵盖多个民族成分的艺术形式,选取具有代表性的少数民族歌舞艺术,为少数民族体育的创新研究提供丰富的原生素材;拓展原有选择考察项目的思路,将一些蕴涵浓厚文化底蕴和富有艺术旨趣的内容纳入进来,例如壮族的花扁担,以及少数民族武术的表现形式,如广西的山歌拳和傣族的孔雀拳等;在考察的过程中,应尽量观摩原汁原味的民族舞蹈和传统习俗,同时选择当地的老艺人或主持宗教祭祀仪式的神职人员进行深入访谈,以便了解和认识歌舞艺术背后的真实表征意义和文化内涵。

但是,由于我们的研究趋向介于艺术与体育两个不同学科之间,研究的对象和内容虽然存在部分相同,其本身的目的性却存在本质上的差异,一个趋向艺术展演,一个趋向健身效果。以舞蹈艺术为例,舞蹈是人类生活中的上层建筑的东西,是人类物质生活的艺术升华,属于精神生活的领域范畴。舞蹈的原型是人类的物质生活,体现在如生产劳动、起居、狩猎、游乐、民俗、战争、婚丧嫁娶等方面,尤其是在一些浓重的祭祀仪式中,各种祭祀舞蹈往往附着着当地人的一种生活态度和看待世界的宇宙观念,是一种价值取向的具体体现。不管其来源于哪种生活原型,都是艺术形式类的升华,是一种艺术创作。既然是艺术的创作,它就不可能由艺术再倒退为生活原型。而少数民族传统体育则与之截然相反,如果说舞蹈艺术注重的是情感表达,那它作为一种表征形式,主要是通过身体造型和肢体语言来传达舞者对世俗社会的认知;而体育健身的目的性则是偏向"操化"的一种突出"美与力"结合的愉悦身心的具有娱乐性质的游戏活动。从学理上看,体育更注重健身理念,从创编的过程和提取的形式中自然可以看出艺术与体育二者之间的区分和差异来。由此可见,艺术是人们世俗生活中的上层建筑,属于精神文明;而体育更注重实用,与艺术相比,它属于物质文明的范畴,是基础。如果说二者之间确实存在关系的话,那么我们只能说少数民族的体育形式更为原生态,是艺术形式的基础和生活原型,是创作艺术的来源和基本素材。

  体育是一个从西方社会传来的"舶来品",少数民族传统体育文化是指我国 55 个少数民族由历史上流传下来的,被我们按照"体育"的标准命名的"固有文化"。① 在现代社会里,体育是处于上层建筑之下的一种物象,而占据主流意识形态地位的政治、经济、法律、道德、艺术、宗教等文化形式往往会在人们的头脑中产生重要的影响,这种潜意识中的影响,则会对少数民族传统体育的发展模式起到指引的作用,并作为一种文化现象出现在各种习俗活动中。由于项目研究需要与艺术紧密相连,对少数民族的体育进行研究时,对舞蹈艺术表现形式的分析,则必不可少。原初的少数民族舞蹈和体育之间并没有严格的区分,只是在后人研究范式和研究趋向和功能上存在着目的性的差异,但要获知和提取相应的元素来充实少数民族传统体育的内容时,则不应该强调彼此之间的区别,其原生状态也许是相同的,其所附着的文化意义也是相同的。如果只是单纯地以体育或者说以全国少数民族运动会的比赛项目作为研究对象的话,可能过于拘泥于西方竞技体育的圈圉而难以还原民族文化的实质。如果说将少数民族传统体育的内容仅仅局限于体育的范畴中进行研究的话,则显得过于狭隘和有失偏颇,同时也不能将少数民族的各种游戏和娱乐方式及其本身所富含的文化底蕴尽数表述出来,甚至会使许多在各民族之间传衍多年的文化习俗,由于过于靠近现代竞技化的体育而使之消亡殆尽。

  所以,我们研究少数民族传统体育同样要依据田野调查中获得的素材来完善和弥补体育研究范式的不足。由于我们研究水平和掌握的资料及实地考察的资料有限,错误之处在所难免。本书前半部分是针对当前少数民族传统体育研究的一些理论探讨,所

---

① 方征:《少数民族传统体育学概论》,中央民族大学出版社,2009 年,第 19 页。

涉及的理论也许在体育界来说相对抽象，但不失为一种观点的提出，只做抛砖引玉之为。我们不想把我们的研究或观点作为一种知识强加给关心这一领域的有识之士，而是期望各位专家学者能提出问题，引起一种关注或思考，并给予多方的指导。本书后半部分，则是根据在田野考察的见闻和事项来进行一个简单的民族志的写作，肯定有许多漏洞和难以阐释清楚的地方和观点，但正像克利福德·格尔茨在其《文化的解释》的前言中所说的那样，是否将一些自己以前所撰写的论文或文章进行修改以后再重新展示给读者，还是就将以前所写的文章原封不动地附着上去，这是一个诱惑，也是一个两难的选择。仁者见仁，智者见智，我们对于少数民族传统体育教学理论与实践的创新研究观点，也只是百家中的一家之言，希望广大业内人士，特别是研究民族传统体育文化的专家、学者共同探讨，欢迎各位读者、专家、学者不吝批评指正，共同为少数民族传统体育可持续发展出谋划策。

张延庆
2010 年 3 月于北京魏公村

目 录

第一部分 理论篇

第一章 绪论 …………………………………………… (3)
 第一节 少数民族传统体育研究倾向的探讨 …………… (3)
 第二节 借鉴交叉学科经验和理论研究的注意事项 …… (8)
  一、学科立场的归属 …………………………………… (10)
  二、研究范式的选择 …………………………………… (11)
  三、研究方法的确立 …………………………………… (15)
  四、原始资料是构建创新研究的基础 ………………… (17)
 第三节 基本实施途径与方法论的把握 ………………… (19)
 第四节 实践创新与方法论的互动 ……………………… (26)
 第五节 启迪与反思 ……………………………………… (29)
第二章 实践理念的确立 ……………………………… (35)
 第一节 理论的实践 ……………………………………… (37)
  一、理论的指导 ………………………………………… (38)
  二、理论的应用 ………………………………………… (42)
  三、理论的认知 ………………………………………… (46)

第二节 方法的实践 …………………………………… (49)
  一、方法的选择 ………………………………………… (51)
  二、方法的运用 ………………………………………… (55)
  三、方法的检验 ………………………………………… (61)
第三节 身体的实践 …………………………………… (66)
  一、身体的认知 ………………………………………… (68)
  二、身体的记忆 ………………………………………… (74)
  三、记忆的技艺 ………………………………………… (79)

第三章 表征与认同 …………………………………… (85)
第一节 符号的象征 …………………………………… (88)
  一、符号的表达 ………………………………………… (89)
  二、符号的隐喻 ………………………………………… (94)
  三、符号与传承 ………………………………………… (98)
第二节 场景的建构 …………………………………… (104)
  一、仪式场景的再造 …………………………………… (105)
  二、神秘情境的重塑 …………………………………… (108)
  三、真相的认知 ………………………………………… (113)
第三节 创新与认同 …………………………………… (119)
  一、认同的观念 ………………………………………… (120)
  二、认同的标准 ………………………………………… (126)
  三、认同中的创新 ……………………………………… (133)

第四章 阐释与深描 …………………………………… (138)
第一节 阐释观的构建 ………………………………… (140)
第二节 解释后的理解 ………………………………… (147)
第三节 认知与深描 …………………………………… (157)

第二部分　实践篇

第五章　少数民族舞蹈的文化情境 ……………… (171)
第一节　少数民族舞蹈与文化情境 …………… (172)
　　一、舞蹈情境的表述 ……………………… (173)
　　二、舞蹈情境的分类 ……………………… (175)
　　三、舞蹈情境的建构 ……………………… (178)
第二节　傣族舞蹈的文化情境 ………………… (182)
　　一、象脚鼓舞 ……………………………… (183)
　　二、孔雀舞 ………………………………… (193)
第三节　彝族舞蹈的文化情境 ………………… (200)
　　一、阿细跳月的表现形式 ………………… (201)
　　二、阿细跳月的由来 ……………………… (203)
　　三、阿细跳月的文化蕴意 ………………… (205)
第四节　佤族舞蹈的文化情境 ………………… (207)
　　一、木鼓舞的文化内涵 …………………… (208)
　　二、木鼓舞的演练内容 …………………… (210)
　　三、佤族舞蹈的表现形式 ………………… (213)
第五节　广西壮族的打扁担 …………………… (217)
　　一、打扁担的由来 ………………………… (217)
　　二、打扁担的表演形式 …………………… (219)
　　三、打扁担的演练特色 …………………… (221)
第六节　藏族锅庄舞的文化情境 ……………… (223)

一、锅庄舞的表演形式与特点 ……………………… (224)
二、锅庄舞的文化蕴意 ……………………………… (226)
第六章 西南少数民族武术遗存形态 ……………………… (230)
第一节 西南少数民族武术表现形式 ………………… (231)
一、传统宗教仪式中的古老功法演练形式——爬刀山
……………………………………………………… (231)
二、民间丧葬祭祀中的武术展演形式——跳武丧 … (239)
三、世俗社会中具有鲜明民族特色的武术表现形式
……………………………………………………… (242)
第二节 西南少数民族武术独特文化现象成因的研究
……………………………………………………… (249)
一、宗教祭祀场所成为西南少数民族武术遗存形态
的文化空间 ……………………………………… (250)
二、相似的经济类型与文化圈造就了西南少数民族
武术表现的一致性 ……………………………… (252)
三、民族共同的心理素质差异成为少数民族武术传承
的文化纽带 ……………………………………… (253)
第七章 北方少数民族武术遗存现状 ……………… (259)
第一节 北方少数民族武术独特文化现象成因的研究
……………………………………………………… (259)
一、相似的地域环境和生活方式对北方少数民族武术
留存状态的影响 ………………………………… (260)
二、宗教信仰的凝聚作用对北方少数民族武术留存
状态的影响 ……………………………………… (262)
第二节 非物质文化遗产中的三类回族武术 ………… (265)

一、沧州回族武术 …………………………………（265）
　　二、天津回族重刀武术 ……………………………（266）
　　三、山东冠县查拳 …………………………………（267）
　第三节　三种回族武术形式的认同与差异 ……………（269）
　　一、"地缘"认同中的沧州回族武术 ……………（269）
　　二、"亲缘"认同中的天津回族重刀武术 ………（271）
　　三、"族缘"认同中的山东冠县查拳 ……………（272）
　第四节　身体传承的查拳 ………………………………（273）
　　一、"身体实践"的查拳 …………………………（274）
　　二、"身体技术"的查拳 …………………………（279）
　　三、"身体技艺"的查拳 …………………………（283）
参考文献 ……………………………………………………（289）
后记 …………………………………………………………（298）

第一部分　理论篇

第一章 绪 论

少数民族传统体育是我国体育工作的重要组成部分，也是展现我国各民族多元文化的一个载体。改革开放30年来，我国少数民族传统体育在各族人民的共同努力下，取得了很大的进步和发展。研究内容从传统项目的提炼转向理论体系的构建，研究视野由地区转向全国，并逐渐由现象描述走向本质分析，由比较微观和实用向宏观和理论升华。但从总体上讲，我国少数民族体育的理论研究还是比较薄弱，尤其在创新方法和方法论的构建方面缺少深层次的阐释。

第一节 少数民族传统体育研究倾向的探讨

少数民族传统体育，从严格的意义上讲不是学科界定，只是一种感性的概括而已。如果说承认少数民族传统体育不仅是一个体系群类，而且还是一门具备独立条件的学科的话，那么，这门学科的内涵和外延的界限至今并没有得到学术界的认可和明确。既然学科界定不明朗，学科定义就很难产生，所以在众多的有关少数民族传统体育研究的著作和论述中，至今还找不到一个能被大多数同道中人所接受的学科定义，这是当前一个基本事实。基于这种认识，我们首先应该看到它所具有的现代体育项目一般所共有的属性，这是其能在当今社会继续生存和发展的基础。是否可以这样说，我国的少数民族文化的多元特点，是我国传统文化的一个亮点，是人类发展过程中生活状态的真实写照。而少数民族传统体育又往往将这些具有浓郁民族特色的游戏和活动提炼出来，作为一种符号象征，来展示不同民族的灿烂文化。既然体育与文化相关，那么是否可以采用文化人类学的研究方法和理论来探讨隐含在少数民族传统体育背后的文化现象，并将其作为一种文化现象来研究才是我们应该确定的研究趋向呢？如果说得确切一些的话，在研究少数民族传统体育时，把它当成一种社会的现象、行为的活动以及体育与这些行为活动之间的关系，并对此等情形进行分析和解释。但少数民族传统体育的独特性在于其除了具有一般体育项目所不具备的功能和特性外，它本身的内涵与特殊结构也要比一般意义上的体育项目复杂得多。应该说少数民族传统体育是一个具有多元文化特点和特殊功能的复合体，一个从时间到空间都难以把握其范畴的文化现象，这是难以确定它的学科地位的主要原因，这种情况必然给实际工作带来困惑。由此不能不使我们忧虑，以丰富多彩形式展现各民族传统文化的少数民族传统体育至今还没有形成一整套科学严谨的学科理论体系，这种情况严重阻碍了少数民族传统体育研究正常和健康的发展。

其实关于"体育"一词的由来，许多相关书籍都有提到，它是从19世纪由日本传入中国的一个舶来品，这种概念在中国传统文化中，尤其在古代中国并不存在，在我们的古代社会中只有一些在民间流传发展而来的类似游戏娱乐的健身形式。西方体育是以现代奥林匹克体育为主要内容的体育文化，人们对奥林匹克运动项目、形式和价值观念的了解程度和参与程度较高；而对我国的传统体育，人们尤其是较为年轻的群体，则了解较少，参与程度也不甚乐观，传统体育项目只是通过一些自发的或是民间自主形式开展，缺少组织行为，普及程度不高。由于文化背景的差异，中西体育之间还是有着不同的宗旨，各有各发展的方向。就竞技这一点来讲，西方体育强调的竞技性比较浓厚；中国古代体育更强调的是娱乐性和教育性。我们知道，西方体育的倡导思想和宗旨是"更高、更快、更强"，通过挖掘人的潜质来达到和实现人生价值的目的；而我国古代的一些体育活动，则更注重游戏、娱乐和教化，重在"娱身、娱心、怡性、怡情"，通过一些游戏活动，来达到陶冶情操、舒缓压力的目的。中国有句古话，"诗以言志，歌以达情"。从这一点上来说，丰富多彩的少数民族传统体育倒反而更接近体育的真精神。

中国古代体育游戏的本质是一种出于人的本能的生理需求而产生的娱乐活动。我国的文化心理学家指出，人的运动系统的新陈代谢和生长发育，致使人们产生运动的欲望，这种欲望一般在物质追求的实际活动中得到满足，当实际的功利性活动暂时不能满足内在的运动欲望时，人们就会自发地表现出无目的运动，而当功利性的活动过量时，机体必然要求紧张后的松弛，这时人们就会表现出休闲式的无目的运动，以使肌体内部得到调整和休息。也就是说，古代的体育游戏是人们出于一种为了满足生理上的运动欲望而产生的本能性活动，它没有什么特定的功利思想在里头。古代人们通过活动来达到健身的目的是无意识的，所以成为"游戏"而不认为是体育，只是由于感觉需要轻松一下的时候才会去从事一些身体的活动。

中国古代体育游戏的基本特点主要从三个方面来认识：其一是娱乐性，体育游戏的结果会对人们的精神具有重要的影响，那就是使人在情绪上感到一种快乐。经过一定的体育游戏活动后，人便会产生愉悦、舒适、兴奋的感觉，同时也会得到精神上的满足。中国古代社会中有无数人喜欢体育游戏，甚至连一些高贵的皇帝和闲雅的文人墨客都会对其情有独钟，其所追求的正是体育游戏本身的这种娱乐性。其二是规则性，体育游戏是一种受一定规则限制的娱乐玩耍活动，这是体育游戏的一个非常重要的本质特征。所有体育游戏都必须在一种事先规定下的、为大家所遵守的规则中进行，否则它就不能称之为体育游戏。但这种规则通常也是可以随机改变的，是以参与游戏的人员之间达成一种共同认可的契约形式出现的，并无延续性，一旦游戏结束，这种规则也就随之解体，并未形成一种法律制度沿袭下来，这也是我国民间游戏的一个突出特点。如中国古代节日习俗中有许多娱乐活动，像蹴鞠、射箭、马球、斗草、角力等，都属于这种情况。其三是文化性，体育游戏虽然是人的一种本能活动，但却又有着浓厚的文化属性，这种文化性主要表现在人在从事体育游戏活动的时候，已经把自己的主观意愿和价值取向融入体育活动之中。人们常常按照自己的要求和目的来设计和从事游戏活动，因此，人的体育活动体现了一种人的本质力量，具有浓厚的文化气息。中国文化源于农耕文明，仰仗的是天、地、雨水，人们靠天吃饭，这三者都不是人力可改变的，所以它的文化形态是静定、保守，讲究"天人相应"、"物我合一"，于是有"和合"、"顺应"、"安分守己"之说。虽说在中国古代，也曾有过其他少数民族入主中原，一些文化形态也随之融合进来，例如游牧文化、狩猎文化等等，但都被更为适宜人们定居的农耕文化所取代。

以上这三种特点同样适用于对我国少数民族传统体育的研究范畴，在后现代主义西方体育文化和思想的影响下，我国少数民族传统体育也必然会随之而发生本质上的改变，以适应这种急速发展的需要，其中社会的转型和文化的变迁自然也就会带动我国少数民族传统体育对社会的适应需求。少数民族传统体育在当今社会完成了自身向现代化体育运动转化的过程之后，它的理论框架构建却没有能从总体上完成这一转化，许多过时的东西仍然被保留了下来，或已经被其他学科所界定的理论知识，我们却还在苦苦探索，忽略了交叉学科提供的先进的和前沿的知识经验的利用，从而失去了学术研究的前瞻性和主动性。同时由于在体育界长期以来有重技术轻理论的倾向。再加上研究工作又未能及时借助于现代科学观念和方法论的理论指导，造成了理论水平相对落后于技术发展的局面。虽然这种局面相比前期理论研究上已有所改观，但是不能不指出的是，人们还是将重点和注意力集中在了局部的、具体的、甚至是细琐的问题上了，缺乏综合性、宏观的整体研究，尤其在构建理论体系和方法论上欠缺细致深入的探讨。不是说具体问题的研究无关整体理论的构建，而是说宏观研究不完整就不能制约和指导具体实践，这就容易造成理论的研究陷于支离破碎，而支离破碎的理论是难以成体系的，从而难以把握在具体实践过程中创新方向的目的性和准确性。

应该说关于少数民族传统体育的研究是近年来受到人们关注的一门既古老又新兴的学科，同时也是各家学者存在争论较大的学科门类。前期的研究局限于历史等方面的因素，过多重视研究少数民族体育的发生学，而这种纠缠往往带有明显的理论流派的束缚。首先，对少数民族体育的起源方面，存在些许的争论，大致可分为生产说、巫术说、游戏说、情感说和模仿说等，但这些说法都存在一定的局限性和片面性，相对于某一种说法都很难将一些文化现象阐释清楚，所以现代的人类学家、民族学家比较倾向于多元说可能更为准确一些。既然现在无法弄清楚民族体育的起源（或者我们现在也不愿意再纠缠于这个发生学的研究），也就不妨暂时把它放在一边，先研究一下现时阶段社会生活中的体育、艺术等表现形式可能更适宜学者们对当今少数民族传统体育文化现象的反思。

体育、艺术与情感以及在不同场域中所表达的内在含义，应该说一直是研究者探讨的主要话题，那么不同的场域中是否可以说是不同关系之间的一种全方位的博弈呢？例如角色、等级、权利、性别、族群等都是通过类似体育、艺术的外在形式而体现所要表达的一种对现实人类生活的诉求。早期的西方人类学家在研究艺术的时候往往是戴着有色眼镜来看待"他者"的艺术的，这个"有色眼镜"所表达的是一种评判尺度和价值标准的倾斜。当然这种判断艺术水平的标准已经被后现代主义所质疑和批评，人们已经意识到，不同的文化背景下的类似体育或艺术形式是有其自在的价值取向和功能目的的。

第二节　借鉴交叉学科经验和理论研究的注意事项

在少数民族体育的研究工作中，应该注重学科之间交叉关系的从属性，尽可能地运用和借鉴其他学科理论成果来丰富和充实少数民族体育的研究内容和方法，但又不可失去自己学科研究的立场。现在研究少数民族体育存在的弊病是：一是其他学科早有定论的问题，在体育界没有得到足够的重视，甚至把一些错误的说法引来引去。其实其他学科早已为我们提供了全新的材料，并拓展了少数民族体育的发展空间。然而许多从事民族体育研究的人员尚未将其他学科的成熟理论与体育实践融会贯通，在借鉴和吸取先进经验时缺乏深层次的阐释和理论指导来充实我们的学科建设，所以学习和引入其他学科的理论是当前必须要认真考虑和慎重对待的一个问题。二是不明就里，将其他学科的理论囫囵吞枣地一股脑儿搬来为我所用，不慎重加以分析和归纳，只是简单地生搬硬套，学科立场不鲜明，从而造成研究方向和学术立场的迷失。是综合各学科的先进理论为我所用，还是折中各学科的理论观点，造成东抓一点、西采一些，最后形成不中不西的"杂烩"，这都是我们急需解决的学科立场问题。

以上两种情况看似二元对立，其实是可以互为转化的。这就要求我们的研究者必须深晓少数民族传统体育学科研究的规律，并在此基础上认真学习和了解其他学科的理论，将那些真正有用的"营养"吸收进来，从而帮助构建和完善我们自己的学科理论体系。在构建少数民族传统体育学科理论体系的研究上，许多学者和业内人士做了大量的研究工作，成果十分显著。例如方征在《少数民族传统体育学概论》一书中，就十分详细地进行了分类，他将少数民族传统体育理论体系划分为：基础理论、自然科学理论、人文科学理论、社会科学理论和综合性理论等五部分。[①] 应该说这种划分囊括了目前研究少数民族体育的所有相关学科，也就可以理解为，少数民族传统体育理论体系的构建应该是一个具有综合性多学科交融在一起的学科门类。但从其对各板块更为细化的分析来看，他还是更为偏重将少数民族传统体育理论的研究划入到人文学科领域的。他指出："人文学科理论是指少数民族的精神文化领域的研究，是关于人的价值和精神表现方面的理论，是以人为根本出发点、归宿点和价值取向的深入阐释。包括体育人的情感、心理、审美、价值、文化等方面的主体特征以及少数民族传统体育史、体育文化、体育审美、体育艺

---

① 方征：《少数民族传统体育学概论》，中央民族大学出版社，2009年，第17页。

术、体育史等体育人文学科领域的理论研究，还包括少数民族传统体育文化的变迁与发展、交流与传播、冲突与变迁、传承与保护以及其内部之间的相互作用域影响的研究，从而总结出其产生、发展、消亡的一般规律的理论研究。"[1] 这样看来，少数民族体育作为一种文化现象，实际上是集中反映了体育与宗教、体育与舞蹈、体育与音乐、体育与美术、体育与婚俗、体育与丧葬祭祀、体育与文化的变迁和适应以及人的特有行为模式等等，更具有多学科共融的属性和特点。

一、学科立场的归属

少数民族传统体育学科的定位和立场是目前研究的一个"瓶颈"，同时由于自身多元化的特点和边缘性的原因，致使少数民族传统体育学科处于横跨多个学科和体系不完整的一个尴尬状态。现在国内外的一些专家、学者们也都在探索有关跨学科研究的问题，罗兰·巴尔特在《年轻的探索者》一文中对跨学科现象有自己的独到见解："跨学科研究最近讨论得非常之多，其实跨学科并非对抗已经确立的学科（实际上也没有哪一门既成学科愿意放手）。要做跨学科的事，选择一个题目或是主题，然后围绕它堆砌两到三个学科的知识是不够的。跨学科的性质在于创造一个不属于任何原有学科的新对象。"[2] 目前在进行少数民族体育的研究和教学中过度强调项目本身的技术、技巧，而忽视了体育与社会文化的关联，忽视了体育本身的精神内涵、文化意义和社会作用。所以在研究少数民族传统体育时，首先要明确少数民

---

[1] 方征：《少数民族传统体育学概论》，中央民族大学出版社，2009年，第17页。

[2] 詹姆斯·克利福德、乔治·E.马库斯编，高丙中等译：《写文化——民族志的诗学与政治学》，商务印书馆，2006年，第1页。

族传统体育的学科定位,坚持文化整体论和文化整合观念,并在此基础上将少数民族传统体育的学科性质、研究对象和内容、学科研究领域、学科的理论基础、少数民族传统体育的任务等方面作为主要研究的对象。"在学科立场上,一方面是学科的纯洁性,就是说每个学科要有自己学科的认同,要有自己边界,又要有作为学科研究的共同规范和学术平台,这是做不同学科研究的人必须具备的。"[①] 作为民族传统体育的一个分支学科,从学科归类来说,少数民族传统体育更靠近人文学科的研究范畴和领域。从目前来看,少数民族体育的相关理论和研究方法还不成熟,这样一来,我们就可以借鉴一些人文学科的理论和方法来充实我们的理论体系。在具体问题的研究上,必须确定以少数民族体育的文化现象为核心,围绕该核心展开讨论和研究,并尽可能将其他交叉学科的成熟理论和方法运用其中,切不可迷失自己的研究领域和研究方向。

二、研究范式的选择

认识论是认识一门学科本质属性的基本前提和创新研究方法的基础。少数民族体育的本质属性应该具备四个方面的认识和体现:功能、风俗、审美、生计方式。意义是在形式中体现的,符号是形式的选取,既然是符号,就必须有代表性,既有普遍性又有特殊性才可。由于少数民族体育是边缘学科,再加上大众对少数民族的了解知之甚少,而所谓符号代表准确性方面的认识差异,或直接说是不知道我们少数民族的特点,也会阻碍人们对民族符号代指的认识程度。所以,在认识民族与民族符号的代表性之间是需要建立起一个互动的关系。民族体育形式优劣的评判应

[①] 王建民:《艺术人类学新论》,民族出版社,2008年,第175页。

该体现在：价值取向、审美与美学的感受，是更高层面的认识。我们现在许多的民族体育形式多引自西方现代的健身训练的原则、方法和标准，而东方的民族体育在其功能、健身、美学上存在一定的模糊性。

理论是对实践的指导，没有任何一门学科是不需要基本理论和方法指导的，但是每门学科又有自己的研究范式和价值取向。艾伦·巴纳德曾说过："就一个理论观点来说，我们通常意思是指一个重大理论，有时也称其为一个理论框架或者看世界的主要途径。"① 由于研究范式和价值取向的不同，又会产生截然不同的理论建构和研究效果。而所谓的研究范式，则是由托马斯·库恩提出的一个专业术语："它是指一个特定时间的特定科学实践者普遍具有的一套假定，它构建一种更大的理论或者观点（比如，牛顿物理学、爱因斯坦物理学）。在社会科学中，这个词语具有很类似的意义（比如，进化论和功能论都是人类学范式）。"② 人文学者意识到认识论原理对于选择方法和确定研究假设的重要性，他们研究的典型模式是建立在现象学导向的范式基础之上的，而现象学导向的研究通常都是归纳性的。"人们依据他们的个体理解而行动，这些行动带来真实后果，因而每个个体看到的主观事实并不比客观上限定和测量的事实要虚假。"③ 而实证主义则与其针锋相对，它假定的是客观事实的存在，是典型的演绎推理。二者各有利弊，但作为研究人类文化现象的一门学科，人类学则会更注重研究其在不同情境中所形成的各种复杂关

---

① 艾伦·巴纳德著，王建民、刘源、许丹译：《人类学历史与理论》，华夏出版社，2008年，第8页。
② 同上。
③ 大卫·费特曼著，龚建华译：《民族志：步步深入》，重庆大学出版社，2007年，概览第5页。

系的研究，以探询其内在的科学规律。"质的研究"在中国人类学界通常被称为"文化人类学方法"，在社会学界通常被称为"定性研究"。其概念为：以研究者本人作为研究工具，在自然情境下采用多种资料收集方法，对社会现象进行整体性探究，主要使用归纳法分析资料和形成理论，通过与研究对象互动对其行为和意义建构获得解释性理解的一种活动。质的研究是一个跨学科、超学科的领域。[1] 综合上述观点可以得知：实证主义是认为社会是有规律的。抽象的规律掩盖了人，把社会看做很机械的整体；数字统计的方法只是工具性。研究方式：用统计、测量、实证的、实验的方式进行研究。研究技术：收集资料的方式可能用调查问卷、量表、设定的各种各样的指标去收集资料；而非实证主义的观点认为，社会现象是偶然现象，是人的主观感受，行动者的主观认知的结果，这样的结果是没有规律可循的。研究方式：主要通过实地调查、文献方法、诠释、解释方法。研究技术：参与式观察、访谈的方式。

根据上文可以引申出人类学的田野研究是建构在一定高度和层面的上层建筑，也是人类学家们孜孜以求所要达到的精神境界，从而尽量摒弃人文学科探求科学奥秘的局限性。目前对一个事物的研究，一般分为基础性研究和应用性研究，但现阶段，二者的研究边界已日趋模糊。而人类学在现代社会中的研究，一般不会采用单一模式进行，往往是采用多元模式，但定量和定性是其中的核心部分，二者之间存在着千丝万缕的关系。不同场域下也会存在各种关系的博弈，这就需要研究者本身必须具备敏锐的观察能力和超强的分析能力。进入实地考察一方面是考察研究者

---

[1] 大卫·费特曼著，龚建华译：《民族志：步步深入》，重庆大学出版社，2007年，陈向明之总序，第2页。

的理论储备能力，另一方面也是检验研究者的实践经验和发现问题的能力，对量化样本的设计是反应从事质的研究的研究者们是否具备这种能力的整体评价。

少数民族传统体育不仅是一门应用性研究的学科，其还是应当强调理论性研究的学科。"它通过田野调查、比较研究、文献研究和跨学科的综合研究去洞察少数民族传统体育的结构、特征、功能与社会的相互关系，探索民族传统体育理论与实践的问题，分析不同民族传统体育文化形态的个案，开拓少数民族传统体育进入国际空间的可行之路，谋求少数民族传统体育的社会、产业化的问题。"① 从目前对少数民族传统体育研究的现状来看，这种研究趋向是向着规范化、统一化、标准化和国际化的方向发展的，从全国少数民族运动会的正式比赛项目上可以明显地看到现代竞技体育的影子。从珍珠球与篮球、木球与曲棍球、抢花炮与橄榄球、射弩与射箭、龙舟与赛艇、民族式摔跤与国际式摔跤等少数民族运动会的比赛项目与现代体育项目的比较中，可以清晰地看出这些项目之间具有很强的相似性。"不可否认，许多少数民族传统体育项目是为了体现竞赛的公平性和客观性，在规则的制定、方法的研究等方面大量汲取了现代体育的竞赛特点，但却抹杀了许多项目的'固有特征'"。② 少数民族传统体育具有浓郁的民族文化特色，集中反映了一些民族古老的历史发展历程和价值取向，不同地域、不同语言、不同的生态环境和生活方式的文化具有多元性。对文化的研究，不是简单的嫁接范式，而确实应当确立一种跨学科式的研究范式来聚焦其研究的事项。

---

① 芦平生、杨兰生：《民族传统体育研究》，甘肃教育出版社，2002年，第16页。

② 方征：《少数民族传统体育学概论》，中央民族大学出版社，2009年，第27页。

三、研究方法的确立

目前对少数民族传统体育理论研究存在的不足主要表现在以下几个方面。首先少数民族传统体育的研究整体上看存在滞后性，即予即取的特点十分明显，单纯使用文字或图片对动作加以简单的描述和解释，而对其项目本身的文化内涵欠缺深入的阐释与再整理，尚处于一种简单的浅层认识建构阶段，容易使主体和客体失去深入研究的兴趣和动力；其次是研究范式和基本思维方法较为单一，项目元素的提取多以体育加民族的生硬嫁接的形式来体现，对其背后的民族文化的理解缺少阐释，实施方法和研究手段缺乏创新性；最后是现有研究方法的局限性，现时阶段在研究少数民族传统体育时，容易将民族文化事项和主体生活情景的严重剥离。

我们经常会说研究少数民族体育的最好方法是到少数民族地区进行田野调查，这也是人类学、民族学、社会学等学科奉为经典的研究手段，不管是不是经过专业训练的人员都会不自觉地采用。让·皮亚杰在《人文科学认识论》中说："跨学科研究可能处于两种考虑，一种是与结构或共同机制有关；另一种是与共同方法有关，这两种考虑也可能同时起作用。"[1] 我们先不谈结构的问题，而所谓的共同方法，应该是我们要具体掌握的基本素质。那么我们在调查过程中都考察什么呢？只是简单地观察和了解民族地区体育项目的表现形式吗？显然这是行不通的。所以我们还必须了解他们为什么这样做，这么做的内在意义和象征指代的是什么。除了愉悦身心和锻炼身体的功能外，是否具有其他方

---

[1] 转引自陈其荣、曹志平：《科学基础方法论——自然科学与人文、社会科学方法论比较研究》，复旦大学出版社，2004年，序言第2页。

面的教化意义。一种事物之所以能流传下来必定有其独特功能和存在价值，否则就会丧失人们研究和开展它的动力。现有许多少数民族体育的竞赛项目和表演项目在创编原则、提取的文化元素和展现民族特色上都与初衷背离，从展现民族文化的特性来说定位较为模糊。而如何选择少数民族体育的文化元素、为什么这样选择、其体现的是什么样的民族特色、具备哪些文化特征都令人质疑。我们会经常探讨自然科学与人文社会科学的差异，自然科学更多地强调研究的统一性，偏重于实证主义和事物发展规律的总结。这个时候就有可能牺牲一些个案的特殊性为代价，从而难以解释一些现象产生的文化背景，而人文社科会科学则在这一方面可以让此缺陷得以弥补。但我们应该清醒地认识到，作为人文社会科学研究的对象，少数民族传统体育的挖掘与创新，必须依靠一些经验性的研究策略。人文学科研究的是人的主观世界和人的精神文化；社会科学关注的是客观的人类社会，以获得社会发展的系统理论知识。二者之间的研究对象相对于人的关系不同。人文学科研究人的内在性，社会科学研究的社会是外在于具体个人的，它往往从社会的层面，包括社会关系、结构、体制、功能等方面来看待人类所从事的一些行为现象。只有将"行为"放置到特定场景中来，才是可以被理解和被认知的，于是要想理解和认知这种行为背后的原因和内涵，就需要采用一些观察和实验的方法，从事实而不是自己的主观猜测出发，运用比较、观察、模拟等手段，并尽可能用客观获得的素材来验证通过经验获取的假设，以此避免由个人经验所造成的认知偏差。所以我们应该打破这种简单嫁接的传统研究方法的局限性，拓展视野，以民族体育为主干线，将一些适用于少数民族传统体育的其他学科成熟的理论方法和理念融合进来加以深化和丰富，弥补对少数民族传统文化研究的不足，为教学创新提供充足的原生态材料。

四、原始资料是构建创新研究的基础

我们说在研究某个问题的时候首先就是要确定其研究方法，而某一方法的具体实施要配以理论依据的支撑，而方法论则是一个学科生存的理论基础。少数民族传统体育作为二级学科民族传统体育下属的一个分支，其方向和定位要界定明确。少数民族传统体育从内容上看，它是民族文化风俗的一部分；从功能上看它具有传承历史，展现各族风情的作用；从形式上看它是人们生计方式的现实反映；从特点上看它又具有文体相融的审美情趣和文化意韵。可以说少数民族体育是民族文化多元特点的集中体现，所以一定要慎重加以甄别和归类，并在此基础上选择适合其发展的有效途径，将人类学、民族学、历史学和社会学等较为成熟的理论学科的研究手段运用其中，构建起适于本学科研究方向的方法论，为深入研究少数民族传统体育并提供教学创新的理论依据和支撑平台。

现在研究少数民族体育的最大问题是理论体系构建的基础文献资料的极度缺乏。我国是一个多民族、多语言、多文字的国家。"目前我国少数民族语言有80种以上，其中多半属于汉藏和阿尔泰两大语系，也有一些民族使用南岛、南亚和印度语系。北方人口较多的民族一般有本民族文字，南方的彝、傈僳、景颇、傣、苗5个民族由于支系众多而使用两种以上的本民族文字，其他低于50万人口的民族通常使用周边较大民族的文字或兼用汉字。"[①] "现在，55个少数民族中有54个民族有自己的语言，其中22个民族使用着28种民族文字，所余的一个没有使用本民族

---

① 张海洋：《少数民族看奥运多少祈盼在心中》，载《中国民族报》，2008年8月9日，第6版。

语言和文字的是回族。"① 在历史发展的进程中，语言和文字起着传承历史文明和民族文化的纽带作用，是各民族交流的主要工具。但少数民族拥有自己的语言和文字也是一把"双刃剑"。民族语言和文字的使用在一定程度上保持了本民族传统文化的纯洁性和传承的单一性，但反过来说也同时阻碍和迟滞了与其他民族文化交流的途径和传播。由于少数民族的语言和文字的不同，还有些民族只有语言而没有文字，文字材料相对匮乏，传承的空间十分有限，这对各民族传统体育文化的传播与交流是极为不利的，在社会上的影响也大打了折扣。目前，"非物质文化遗产中最濒危的有三个方面：少数民族的文化遗产；文化传承人；古村落"②。非物质文化遗产的传承和延续，不像物质文化遗产那样有所凭依，其所主要涵括的民俗在根本上是一种生活文化，而不是书面文化，文献中的民俗资料虽不乏对少数民族体育内容的记载和刊录，但总体上看仍是概略的、零散的、杂乱的，"与文化遗产所蕴含的生活的丰富性与历史的复杂性相比，历史文献资料的相对匮乏对于研究作为生活文化的遗产来说作用有限，很容易失之空泛而细节不足"③。而少数民族体育的许多内容和资料都将面临即将失去或濒临消失的边缘，现在我们即使在少数民族地区也很难再看到原始的材料和表现形式了。至于一个民族或族群的本真，应当从多维立体的角度来审视它，纵的是历史，横的是社会，既要有充分研究古籍的力量，还要有切实钻到它的社会里面去，运用参与观察的方法来体察其原本就有的世俗生活。

---

① 牛锐：《保护语言多样性 构建和谐语言环境》，载《中国民族报》，2005年10月28日。
② 冯骥才：《灵魂不能下跪》，宁夏人民出版社，2007年。
③ 关昕：《博物馆开展"非物质文化遗产"田野调查的三个层次》，载《中国文物报》，2007年1月5日。

理论与资料的关系可以看成是一个问题的两个方面，没有充实的资料基础，很难总结出正确的理论；没有正确的理论指导，也就不可能科学地把握资料所蕴涵的价值。同时，资料建设在很大程度上乃是理论建设的基础工作，理论建设本身及其成果，又可以不断促进资料建设的广度和深度，并给资料建设提供新颖的观念与方法论的完善。可见这二者是相互依赖共生而缺一不可的。毫无疑问，产生于生产实践及生活生计方式中的少数民族传统体育，由于素材来源多为现实生活的真实反映，再加上语言文字的多样性，甚至许多民族并没有自己的文字，从而造成文献资料的极端匮乏。而如何界定其科学性以及在对选取元素的取舍上都会给我们带来巨大的困难。

第三节 基本实施途径与方法论的把握

目前在我国学术界，研究少数民族传统体育，通常存在两种情形：一类是单从体育的角度来研究，由于许多从事这方面研究的学者往往从技术角度出发，缺少理论的关怀，而理论的关怀是需要通过一定方式的学术熏陶和专业培训才能达到的，而这恰恰是体育界所最为欠缺的，只谈技术和实践应用，却没能梳理出其内在的文化内涵和所表征的意义；另一类是，一些从事民族体育研究的人，本人并没有实践的经验，单从理论角度去分析一些表面现象，始终不能获得实质性的认知，有隔靴搔痒之感，甚至有时会误导人们。这两种情形就是我们通常所说的"两张皮"现象。而且这种现象只在各自的学术圈子里，没能打破学科研究的局限，只闻鸡犬之声，却老死不相往来，形成谁也说服不了谁的一种尴尬境地。就目前学术界来说，在研究民族体育的领域中，借鉴其他学科的理论方法和手段还是较为少见，即使有，也缺乏一定的田野实践和个案的考察和分析，大多是从文化和梳理历史文献的角度来就某一个现象进行阐释，但由于学者自身从事的专业问题，汇聚的焦点不是很准确，尤其是在功法内容的习练和技艺的获得过程上，没有系统的研究，致使"两张皮"现象的一再出现。

上述这种情形的出现，可能不单是个人主观学习的认知，应该是不同学科之间的一种研究范式所选择的路径和思维模式的差异而决定的，这其中存在着体育文化与体育哲学的一种思辨关系。我们知道，少数民族传统体育的研究对象主要探讨的是对一种体育文化现象的认知，在作为一门独立学科的体育学难以为继的情况下，从文化的角度看，大力提倡体育文化学不失为一种弥补研究民族体育"瓶颈"的一个好办法，它至少可以为整体性和综合文化研究体育做出自己的贡献。而体育哲学则过多偏重于以理论逻辑的形式来反映体育客观发展的历史和人类对体育的认识。易剑东认为："体育哲学是从哲学的视角，运用哲学的方法，对体育这一特殊的社会文化现象所进行的认识。体育哲学是介于一般哲学和体育各具体学科之间的一门认识学科，它上以一般哲学为指导，下以具体的体育学科为基础，是探讨体育本身及其发展同人类对体育认识的发展关系的学科。哲学是文化学的理论基础，又是文化学的具体的、直接的研究指南。"[1] 另外，在讨论体育文化学与体育哲学彼此之间的辩证关系时，他又进一步指出："两者都是以关注体育在人的存在中的地位和作用为最高使命，都注意研究体育在处理人与自然、社会的关系中所起的作用。但是，两者的区别也是明显的，体育哲学是思辨的、逻辑

---

[1] 易剑东：《体育文化学》，北京体育大学出版社，2006年，第68页。

的、形而上的学问,而体育文化学在理论性质上属于'中型理论'研究,虽然它有各种理论模式,但它注重事实材料与理论推导的结合,更注意体育物质文化和精神文化的结合研究,不像体育哲学那样高度概括和抽象。"① 由此看来,作为一项研究体育文化现象的学科门类,探寻少数民族传统体育的研究路径就有可能会横跨多个学科门类,但不论采用哪个学科的理论,人文学科的理论无形中会成为我们实施研究的基石和途径。在童昭岗的《人文体育——体育演绎的文化》一书中提到:"事实上,体育哲学的研究并没有给体育生活带来深刻的影响。因为,属于体育哲学自己的东西仍然不足以说服人们。我们从体育的总体情况来看,把体育作为一种文化现象来研究更为科学、合理一些。当然,把体育作为一种文化现象来研究,必然与人类学、文化人类学、心理学、思维科学、社会学、体育史、文化学,甚至哲学有着千丝万缕的联系,这与把体育文化作为一门独立学科来研究并不矛盾,只有通过多学科、多视角地分析、研究,才能揭示出体育文化的本质和发展规律,而不会影响体育文化作为学科的独立性。"②

我们在探讨了学科之间的差异后,可以得出一个较为新颖的观点,在上文中曾提到的几个学科门类,运用人类学的理论和方法,来对少数民族传统体育实施研究,是一个较为可行的手段,因为它的学科要求就是要通过田野调查的工作,运用参与观察、深入访谈和民族志的写作,来完成对一个文化现象的认知,这种理论与实践相结合的研究范式恰恰弥补了体育文化和体育哲学之间的空隙。针对以上情形的认知,可以发现,采用人类学的理论和手段来研究我国的少数民族传统体育,尤其是蕴涵浓郁民族特

---

① 易剑东:《体育文化学》,北京体育大学出版社,2006年,第68页。
② 童昭刚等:《人文体育——体育演绎的文化》,中国海关出版社,2002年,第26页。

色的体育项目，是具有一定的现实理论意义和学术价值的。在这方面的探讨可以引申为两层含义：一是怎样用人类学的理论和知识来研究少数民族体育；二是人类学家们通常采用何种方法来研究少数民族体育。

关于第一个问题，我们可以借鉴一句古语，那就是"他山之石，可以攻玉"。我们应该借鉴人类学所归纳出的理论，通过田野考察和大量个案分析，来详细阐释文化认同与民族体育的关系。深入访谈和参与观察作为人类学的经典方法与手段，则可以为我们研究少数民族传统体育弥补这样的缺憾。我们可以在各种体育过程与多种文化模式中寻找一些规律，运用参与观察和跨文化比较的方法去实施自己的研究计划，这样不但有利于弥补研究视野的狭窄，还能为研究少数民族体育提供和搭构起一个良好的学术平台。

在第二个问题上，可以大胆借鉴人类学的方法手段来对体育进行研究。在20世纪中期，体育人类学作为一门独立学科在北美兴起，开始专门探讨体育运动在当代族群、身份认同、宗教仪式和文化变迁中的发展。体育人类学还涉及游戏、竞赛、锻炼、舞蹈以及人类身体运动的许多方面。在胡小明主持的国家体育总局课题《当代国外体育人类学——主要学说编译》[①]的项目中，集中介绍了当代国外有关体育人类学的研究情况，并翻译了多篇相关文章。其中研究内容主要涉及：（1）体育人类学的理论与方法，如罗伯特·R.桑兹的《体验型民族志：和男孩们玩耍》和萨莉·安·内斯的《解读文化行为：特罗布里安德板球》等文章，就是通过人类学的理论和方法来探讨不同族群的体育行为

---

① 胡小明等：《当代国外体育人类学——主要学说编译》，国家体育总局体育社会科学、软科学研究项目，项目编号：604SS04004。

以及背后附着的文化意蕴。(2)体育运动、文化、人种和赛跑，如安比·伯富特的《非洲人的速度和耐力》和约翰·霍伯曼的《世界上跑的最快的白人》等文章，就是将体育与不同人种通过文化差异来探讨运动能力的形成。(3)体育与文化变迁，如史蒂文·杰克逊、戴维·泽兰德的《全球主义者：迈克尔·乔丹与新西兰后殖民地时代的美国大众文化》和迈克尔·马利克等的《棒球、板球与社会变迁：杰基·鲁滨逊和佛兰克·沃雷尔》的文章中，就一些个案现象，从文化全球化产生的文化冲突来探讨文化对体育的影响。(4)体育与文化认同，如谢里尔·L.科尔等的《见证美国：城市篮球中的民族志和资本主义逻辑》和史蒂文·杰克逊等的《劫持连字符：多诺万·贝利与加拿大的种族认同和民族认同政治学》等文章，从族群认同的角度来探讨主流文化产生的"涵化"现象，以及被"涵化"过程中的政治、权势对不同族群文化的影响。

少数民族传统体育教学创新研究的基本实施途径和方法，应该在三个层面达成共识：

一是在研究创新项目的过程中，要做好深入少数民族地区进行实地考察和调研的工作。从人类学角度来说，就是要细致撰写调查报告。通过这种手段来研究和分析当地民族体育项目的开展状况和文化底蕴。在这个层面上有许多从事民族体育工作的研究人员都在参与，但参与者可能并未得到相关手段的训练，也就是对从事研究的方法不清楚，盲目性较大，只是从体育的角度来进行研究和提炼。通过到少数民族地区进行机械的采风和观察来提取相关体育的元素为吾所用，大多知其然而不知其所以然，这种初级的调查研究现象较为普遍，缺乏提炼元素的代表性，所以在进行实地考察前要对调研人员实施必要培训。

二是学科分类的理论升华。第一层面是人们在进行研究时，自觉不自觉地会采用人类学的方法实施调查研究,是一种基本行为,存在片面的错误倾向。但如果要深化细致地研究某一领域的时候,则需要具体的研究手段,而这时学科理论就显得极为关键。最终是站在什么立场上去看待你研究的问题或事物,这是需要相对专业的理论方法来指导的。也就是说要有自己的立场和判断提取元素本质的能力,以体现提取元素本身所具有的民族特点的代表性。

三是整体宏观地看待一个研究领域。学科的宏观把握和方法论的建立,是将学科与学科之间的界限打破,整合各类相关学科的研究方法,通过到少数民族地区深入的考察,以及对体育项目的习练和体会,以确定所提取元素的准确性。这个层面的研究实质上应该是一种意识形态上的认知,而意识形态则与当地人们如何看待世界的宇宙观以及宗教信仰有关,这种认知体现的是少数民族体育项目的真实内涵,通过对它的深层次感知和体会,以便将其内部的运行规律和技巧通过教学实践反馈出来,再通过教学实践和理论的归纳和总结来反证少数民族传统体育的内在文化特征。

在罗伯特·莱顿的《艺术人类学》中提到关于审美传统多样性的问题。在书中,他列举了弗斯对人们看待审美认知的观点,弗斯认为:"由于不同的社会条件,相似的心理冲动会隐含在非常不同的艺术形式之中……大量不同的传统决定了一位作者如何在作品中表现和谐、节奏和对称性等多样性"[1],以及博厄斯对艺术研究的方法评判,通过列举个案,来阐释艺术审美传统的形成应该是源于人们在一种长期的文化氛围中生活所养成的,是一种潜意识的审美存在。以上两人认为一件艺术品或是相应的

---

[1] 罗伯特·莱顿著,李东晔、王红译:《艺术人类学》,广西师范大学出版社,2009年,第20页。

艺术形式，如舞蹈、音乐以及诗歌等，都需要是建构在和谐、节奏和对称基础之上的。那么这种和谐、节奏和对称是否就是一个审美传统的表现形式呢？是用于四海皆准的标尺吗？也许这种形式会受到质疑，不对称的对称也许也是一种表现和谐的方式吧？审美传统的多样性是否也就是意味着文化多样性的存在？文化的多样性是否也对审美传统的形成起到促进的作用呢？这两个问题似乎是一个问题的两个方面，而如何衡量和确立二者之间的主次矛盾关系，则是较为纠结的一个困扰。和谐、对称富有节奏的艺术形式是一种审美传统，那这种审美标准的确立应该是以文化为基础的判断，这种判断是构建在以当地人的头脑中的意识为依据的，而这种意识是否就是我们研究者应该将其抽离出来的表征行为呢？换句话说，是否就是要将这种意识转化为艺术而表现出来？体育与艺术是一个藤上结的两个瓜，有相通之处，也存在彼此的差异。以民族健身操的创编为例，创编者大多是在体育健身的基础上融入一些民族舞蹈的文化元素，从而整合出来的有利于大众健身的体育项目。而民族舞蹈与健身操隶属两个不同学科，一个趋向艺术展演，一个趋向健身效果，如何界定其因为学科差异而造成的审美之间的误解，则是应该有一个导向的。

我们知道，舞蹈艺术注重情感表达，作为一种表征形式，通过身体形塑和肢体语言来传达舞者对世俗社会的认知；而健身操则是偏向"操化"的一种突出"美与力"结合的时尚健身运动。学科范式的差异造成研究趋向的偏差，但民族健身操作为两种范式融合的产物，在创编理念上无形中会运用民族学、人类学的理论方法来指导实践。基于以上认识，将民族学和人类学的研究范式纳入进来，以此为媒介构建起一个跨学科的模式，对研究民族健身操起到启迪与借鉴的作用，这个模式现在已经成为体育界较为关注的一个现实问题了。

第四节　实践创新与方法论的互动

我们在谈及少数民族体育的教学创新也好，还是技术创新也好，实际上是一种理念的创新与认识。创新理念不是凭空想象，而是在一定理论指导下进行的思维观念的创新，也就是方法论所涵盖的内容和范围，"思维方式、研究方法以及实现的机制"[①]。我们在前文中曾提到过少数民族体育不是民族加体育的简单形式的嫁接，而是在提取元素的背后的文化阐释，我们所提取的元素应该是具备一定实际意义，并在一定的时间和空间下经得起实践的检验的，也就是说其本身存在的价值如何，切不可拘泥于其中，而是应该跳出和超越体育方法和技术和技巧创新的狭隘空间，摆脱这种束缚，打破原有自身的局限性，也许这种超越才是当前研究少数民族体育最为艰难的客观实在。

少数民族传统体育教学实践的创新不是一般意义上的认识，分析起来也应该从三个方面来进行研究：一是表现形式的创新，这也是最为浅表层面的建构，但最为浅表的往往赋含深刻的象征意义；二是理论方法的创新，方法论的研究一直是少数民族传统体育不断创新的认识焦点。不能单纯地从民族加体育这种观念出发，而应该将不同的方法论融会到实践过程中去；三是人们头脑中的理念和对文化深层次的理解，创新一个项目不是将各种提取的元素拼凑在一起，而是提取的精华能展示给人们什么的问题，这些都需要我们认真的思考。

---

① 陈其荣、曹志平：《科学基础方法论——自然科学与人文、社会科学方法论比较研究》，复旦大学出版社，2004年，序言第1页。

我们在研究少数民族体育时经常会说最好的方法是田野考察，这是少数民族体育的特性所决定的。那我们都考察什么呢？只是简单地看民族地区的人们所展示出来的表现形式吗？所以在采风时还必须了解他们为什么这么做，这么做的意义和象征指代的是什么。除了其本身的娱乐功能外，是否还具有传承其文化属性的功能呢？我们说一种事物之所以能够流传下来是其特殊的功能价值，否则就会很快消失。在人类学历史上，著名的文化功能派代表人物马凌诺夫斯基很早就意识到文化与适应的问题，他的文化功能论认为："物质器具和社会思想质量有在具有满足人类的生物需求和社会需要时，才能存留与传播，若失去这种功能，便会在历史上消失。"①

谈起实践创新就不可避免地与提取少数民族体育元素符号的准确性联系起来。在教学创编过程中，我们应尽量能让人们一看到这种项目就会知道它是什么民族的，民族特点要鲜明，民族符号的代指要准确，所以许多创新内容要在此层面达成共识。现在的许多少数民族体育项目恰恰在体现民族特色和符号的代表性上有所欠缺。这种符号的代指意义就是必须十分清晰地让人们明白它是什么民族的，所以，艺术的表达很多程度上要建立在族群认同的基础上的。例如一看到孔雀舞就知道是傣族的，一看到布达拉宫就知是藏族的建筑风格，一提"那达慕"就知道是蒙古族的节日。而我们现在的少数民族体育项目在这一点上体现得十分模糊，也就是说这种符号的提取是不准确的，并不能真正蕴涵其民族的文化属性。以孔雀舞为例，在傣族的舞蹈中都有以孔雀肢体造型为元素的动作，但傣族舞中还有象脚鼓舞、赕白象等舞蹈，

---

① 夏建中：《文化人类学理论学派——文化研究的历史》，中国人民大学出版社，1997年，第131页。

而为什么不选取它们而单单选择孔雀舞的动作为代表符号,其原因就是其具有代表傣族文化的鲜明特征。再加上著名舞蹈家杨丽萍创编的舞蹈"雀之灵"的生动逼真,惟妙惟肖的精彩演示,一时间使得全国民众都知晓了孔雀舞是傣族的代表性舞蹈,不过有意思的是,杨丽萍并不是傣族人,而是白族人。其实这种现象也是很容易理解的,傣族和白族等民族,自古以来就是混杂聚居在云南各地的,同一地域的民族是会受到共同生态环境影响的。但孔雀舞中的许多造型并非单纯模仿孔雀的展翅高飞、觅踪捕食、寻泉戏水、浴身抖翅、蹦跳嬉戏、开屏比美,其中的许多肢体动作还融合了傣族人民崇佛爱水的文化内涵。由于傣族全民信佛,而傣族舞蹈的外在表象中就有佛祖打坐的造型和佛家手势,这才是其表征的真实含义。这种特殊的行为,是建立在傣族人清丽、柔婉、浓情蜜意的民族性格和美学情趣基础之上的真实再现。

在上文中我们也许过多地谈到了体育以外的东西,但我们不能认为它与体育之间没有什么关联和互动。其实这中间有一个不为人们所注意的地方,那就是文体属性的文化分野问题。在现实研究少数民族体育的时候,应该清醒地认识到少数民族体育的文化分类。由于少数民族文化的多元性的特点,这种文化分类不是很明显,可以说还没有达到文体分野的层次。"随着社会文化的传播与发展,特别是休闲体育时代的来临,体育被赋予了更宽广的概念空间,舞蹈、戏曲、杂技、气功等各种形式的文化活动不断与体育文化相融合,也呈现出这种复合文化的空前繁荣。"[1]我们可以看到,现在的许多少数民族体育的研究内容与其他学科的研究内容都有融合,例如体育与舞蹈、音乐、美术以及更高层面的美学领域都存在着你中有我、我中有你的交叉关系,这也是

---

[1] 方征:《少数民族体育学概论》,中央民族大学出版社,2009年,第126页。

不好界定学科属性的"瓶颈"所在。关于少数民族体育内容的表征意义及文化认同等方面的研究，在体育界还很少有文章和著述来进行深入细致的分析和探讨，应该说，少数民族体育与竞技体育的区别就在于其具有鲜明的民族特色和文化表征功能。从内在元素的提取到外在形式的展演，信息传达的是这种符号所代指的民族文化是否鲜明、准确。少数民族体育的独特遗存形态只是多种认同的一种，是附着在某些文化特征之上的，或者更确切地说是常用某种展演形式加以表达的。但到这个时候，会发现它逐渐地被固定在民族这个层面上，或者说民族这个层面得到了更多的强调。而所谓的"层面"应该是一种场景的再造，而一些在民族地区世代流传的一些舞蹈或武术形式的展演，同样是建构在民族这个层面上来谈认同的。

第五节　启迪与反思

对少数民族传统体育的研究，我们不能奢望每个参与此类工作的人员都具备理论分析、文化阐释和实践操作的能力。由于从事人员会受到研究背景、受教育情况以及介入领域不同角度的影响和制约，可能对少数民族传统体育达不到更高境界的认识，但我们这个领域需要一批把握这种能力的"精英"人士，尤其是跨学科的人才"精英"。也许这样的要求过于苛刻了一些，在现阶段出现曲高和寡的现象也是允许的，但我们不想就此停下探索的脚步。在这样的研究领域中，学科的纯洁性似乎已经不再被人们所关注，而是将注意力放在了跨学科的统一性方面。不过应当引起我们警惕的是，一定要处理好学科之间的从属关系和立场，这样才能既有建立在学科基础之上的理论追求，又有解决实际问题的跨学科交流。面对一个个少数民族体育项目的实践创新，可以和对相似研究感兴趣的学者共同协商和对话，也许不必过分在意其他学科人士的立场，只有在不同背景的交流与探讨中，才能把握事物运行的规律和方向，才能获益丰厚。

少数民族传统体育与少数民族艺术之间存在着千丝万缕的关系，如何将其有机地结合起来，是需要人类学和民族学等学科的一些相关理论作为支撑的。那么，作为一种现象的体现，民族体育的研究者们就应该能够具备透过现象看本质的功夫和能力，而阐释其背后的功能和意义则是一个最为基础的工作。在人类学界中，从民族志的写作过程来说，阐释人类学跨入了第三个历史阶段。当结构人类学和功能主义的光环逐渐消退的时候，以美国人类学家克利福德·格尔茨为代表的文化阐释主义当仁不让地跻身人类学研究的前沿，尤其在对艺术研究上，这个具备浓郁文化表征色彩的学科恰恰暗合了阐释学派的观点。也可以说在研究艺术领域的问题时，运用该学派的方法和方法论更容易接近和揭示我们研究事物的真相。王建民先生在《艺术人类学新论》中转引格尔茨的观点，他认为文化系统的意义是建立在人与人互动过程中的象征性行动之上的，"人的行为之所以是象征性的，是因为人的本质是象征性的动物，是使用象征性符号累积生存经验、代代相传进行沟通的"[①]。我个人感觉，在艺术领域中，阐释就是对细节的分析和把握在不同场景中艺术表达文化的转换形式，这种"转换"纠结着各种关系和利益之间博弈和张力，而其背后的"意义"正是我们所要研究的对象和目的。

艺术离不开风格，分析风格往往是艺术家或人类学家要经常面临的问题，而如何阐释得更到位，则存在不同学科间的争议

----

① 王建民：《艺术人类学新论》，民族出版社，2008年，第207页。

（只要有学科的存在，这个争议就会一直存在下去）。关于风格的分析，英国人类学家罗伯特·莱顿在《艺术人类学》中有过解读，他认为："分析风格最有意思也最成问题的方面就是，术语可以用于评价其中的相对价值。人们可以说某个艺术家'有风格'，意思是指他具备某种特殊技巧，实实在在地表达出了一种协调的美感、迸发的情感或者视觉意象的描绘等。除非人们很清楚作者的诉求，或者愿意将自己限定在研究异己风格是如何影响我们自己的特殊文化与个人的判断标准，否则将很难对其他文化的艺术作品做出判断。"[1] 我想，他的这段话不是出自一个人类学家的学科倾向吧？

　　再回到阐释主义角度来看，格尔茨认为，文化结构和社会结构不能混为一谈。他将文化比作某种生命情感的表现形式，具有游戏的、戏剧的、舞台的、文学的象征意义。[2] 另外，通过一些对格尔茨关于巴厘人斗鸡的点评的一些文章，了解了巴厘人的斗鸡游戏不是简单的赌博性游戏，而是隐含的一种身份、地位等权力关系在里头的所谓"深层游戏"。可以说是将巴厘人的社会地位等级之间的争斗转移到了斗鸡这种形式当中，看似一种游戏，但其背后的意义则是通过特殊场景和隐喻等形式来表达的。艺术，当然是一种形式，是通过作品、身体、感官、视觉等形式来诉说的方法，而阐释则是一种对这种"对话"形式的解读，更是一种方法论的体现。但是，阐释主义也不可避免地被后现代主义所质疑，过于主观的解释（主观与客观都是建立在实践经验基础之上的），是否也容易陷入一个纯感性的陷阱，这也是实证主

---

[1] 罗伯特·莱顿著，李东晔、王红译：《艺术人类学》，广西师范大学出版社，2009年，第173页。

[2] 夏建中：《文化人类学理论学派——文化研究的历史》，中国人民大学出版社，1997年，第341页。

义对它最不接受的一个方面。

其实，这个问题，我们在前文中已经有过讨论，从研究范式到研究方法，从技术分析再到理论的关怀，都会存在一些问题，只要能获知事物的真相和常识，才是我们研究的主旨和乐趣。所以在写文章和实践调查时，观点和数理同等重要，不仅是有数据的文章才能说明问题的，观点文章同样重要。关于如何看待这个问题，学术大家王元化先生在其《学术集林》第二卷的编后记中曾对考据和观点两种类型的文章有过精辟的分析和独到的见解，其中写到："长期以来，只有观点才被认为是最重要的，训诂考据则多遭蔑视。……不必讳言，过去不少训诂考据文章，往往流于琐碎，有的甚至变成了文字游戏。但不能因此断言考据训诂是无用的。正如不能因为有大量假大空的理论文章，就断言观点义理是无用的一样。我不同意把观点义理置于考据训诂之上，做出高低上下之分。这个问题不能抽象对待。对于庄稼来说，下雨好还是晴天好，要根据具体情况才能判定。观点重要还是考据重要，也是同样性质问题。……我觉得学术工作所采取的不同研究手段，其作用虽有大小，但也应该作同样理解。庄生所谓泰山非大，秋毫非小，也就是阐明万物并育互不相害之理。这句话隐隐含有平等与自由的意蕴。"[①] 以上这段来自学术大家的精辟见解，可以说是代表了当前学术界关于实证主义和人文思辨主义的研究范式的争论，而且这种争论也许会长久的维持和进行下去。由于现代科学尤其是量子论的发展，可能哲学一类的思辨学科处于一种两难的境地，人们探讨的旨趣在近些年当中，更为看重将宇宙学的无中生有的理论引入到一个特殊的场景中来，有识之士

---

① 傅杰：《王元化先生与"学术集林"》，南方周末，2009年5月14日，第24版。

也会追问宇宙何以存在，我们何以存在，如何理解生命、万物和宇宙的存在的问题。人类花费了几千年才从神话的朦胧走向理性的澄明。智慧生命逐渐意识到，宇宙整体及其万物是由规律来制约的，这种决定论的观点似乎使自由意志无有容身之处。对科学和哲学的探索结果，以及对这些学科的未来展望其实都是一个极为复杂的系统，人们也可以必须采取某种模型或者说范式来实施研究。

将人类学和民族学的各家学派的理论融汇进来，是目前研究少数民族体育的一个发展趋势，而怎么研究，采取哪些方法和理论则是一个较为纠结的问题。纵观各家学术流派，必须慎重加以甄别和选择，而选择的角度则应根据自身的研究需要来确立一个理论模式。在此基础上，作为一项研究体育文化现象的学科门类，怎样将与之相关的艺术形式纳入并融合而为一，是一个亟待解决的现实问题。根据以往经验和田野考察遇到的问题，我们可以大胆提出以实践——表征——阐释等三大主要理论作为我们实施研究少数民族传统体育的理论模式框架，以此来解决实际困境，并为之提供一个适于其发展的空间，尤其在指导实践和实际应用上都具有十分重要的意义。"在这方面，一些早期的人类学家如杜尔干、莫斯、布迪厄等人以人类学传统的重视个人的身体实践和训练，以及这一反复的实践逐渐内化进身体中并养成的习性，是这个习性不仅仅是身体性的，也同时可以以认知的形式出现。"[1] 但是，同时我们也必须承认，一切关于人类行为的活动，都是需要建立在实践的基础上的进一步的用经验或者说体验来进行文化方面的阐释，而文化解释确实具有一些特点使其理论发展

---

[1] 汪明安、陈永国：《后身体：文化、权力和生命政治学》，吉林人民出版社，2004年，第21页。

格外困难。首先,它要求理论始终要与实践保持着紧密的联系,而不是像在自然科学中那样的研究范式去通过实验以获得结论;其次,由于文化的解释可能过于冗长和繁杂,反而容易偏于原来的研究趋向和逻辑的合理性造成学术的困境。

正如克利福德·格尔茨所说的那样:"文化的符号学方法的全部要旨,在于帮助我们接近我们的对象生活在其中的概念世界,从而使我们能够与他们交谈。因此,深入一个陌生的符号行为世界的需要与发展文化理论技术的要求之间,领会的需要和分析的需要之间,必然存在着巨大而又本质上无法排除的张力。理论越发展,这种张力就越深,这就是文化理论的首要条件,它不能摆脱深描所呈现的直接性,它以内在逻辑形成自身的能力因此受到限制。它努力获得的普遍性来自其区别方式的精细性,而非其抽象的范围。"[①] 因此,有时候学者们对文化的分析是不完全的,也不可能完全。正是出于对以上的认知,也许借鉴其他学科的理论进行对少数民族传统体育的研究,可能未必尽善尽美,也许最终不能构建起一个研究它的用之四海而皆准的学科理论体系,但是,作为一项研究,如果比先于它的研究更加深刻,无论这意味着什么,这就是一种进步的表现,与其说是踩在巨人的肩膀上,不如说是迎接一种挑战。但不管是运用和借鉴哪种理论,都应该像格尔茨提倡的那样:"我们一方面都会尽量避免和抑制主观主义,另一方面抑制神秘主义,并试图使符号形式的分析尽可能紧密地与具体的社会事件和场合,即普通生活的公众世界联系在一起,以那样一种方式组织这种分析以使理论公式和描述性解释之间的关系不致被诉诸于尚未澄清的知识而弄得模糊不清。"[②]

[①] 克利福德·格尔茨著,韩莉译:《文化的解释》,译林出版社,2008年,第28页。

[②] 同上,第33页。

第二章　实践理念的确立

实践是一种理念，是最接近人们认识事物真相的一条途径，而并非属于某一家流派的理论体系和框架结构，这种理念也许更多地靠近方法论研究的范畴和领域。少数民族传统体育的多种形式可以看做一种独特的文化现象，而要了解这种文化现象背后的真实意义则需要通过实地调查和研究当地人的行为和他们的认知态度，这种态度则必须建立在实践的基础上进行的。法国社会学和人类学家布迪厄在他的《实践理论纲要》一书中，从"客观论与客观面之限度"、"结构与习性"、"孕生型图式和实践逻辑"、"结构、习性、权力"四个章节来详细阐释了在实践的基础上研究一个"异文化"的真实意义，并提出几个较为抽象的概念——惯习、场域、策略、象征资本，这对我们从事"异文化"的研究是附有深刻的理论内涵意义的。以上几个概念之间应该是在一个"实践"的场域中发挥着潜在的功能，起着一个认识客观世界的工具的作用，是贯穿在一起而起作用的。而惯习是一种无策略的，潜意识的行为，但这种潜意识行为仍然是一种策略行为，只是这种策略不被人们所意识到罢了，这种行为同样产生了象征资本的出现。

布迪厄试图建立一种实践理论，可以用来分析特定的群体或个人实践的机制，这便是围绕场域、惯习建立的理论。我们提起惯习，就是认为所谓个人、乃至私人的主观性，同时也是社会的、集体的。他将场域定性为一种在不同空间和时间里而出现的多种形式下的政治、权力、性别、身份等不同关系之间的博弈的场所；资本是一个更为抽象的概念，通常情况下分为经济类型和象征类型，而且还将其之间的关系阐述的十分详细，经济基础是象征性资本积累的源头，只有当各种资本积累到一定程度时才能改变在不同场域中各种角色的力量，实际上还是隐含着一种社会内部的结构分析。实践、惯习和场域是布迪厄学术理论所探讨的主要三个方面，同时也是其文化再生产理论形成的基础源泉。他认为社会实践本身进行的是一次社会学的检验。社会学能够借助自身关于社会世界的认知，在某种程度上避免这种历史主义的循环，而社会科学本身正是从它所研究的社会世界中被生产出来，以控制在这个世界发挥作用的同时对社会学家自身产生影响的各种决定机制的效果。之所以采用布迪厄的实践理论，是因为他早期的田野工作和他的实践理论很明显地是在人类学的视野内形成的。他的这种理论思维和认识，正是在解决实证主义和解释主义之间存在的矛盾和巨大张力，同时也弥补和拉近了这种鸿沟的距离。从我们到一些少数民族地区对其各种体育形式的田野考察过程中，经常会发现一个同样的问题，那就是，怎样才能还原其最初状态的游戏活动形式。因为现在当地人给我们进行的各种歌舞都是有组织地展演，而且只要来者需要和给予一定的资金，他们就可以为你展示，即使是像祭祀仪式这样庄严神圣的场面都可以模仿而为之，那么这恰恰就是一种类似布迪厄所说的，当物质资本积累到一定程度，象征资本自然会体现出来，这是利益的驱使，而其背后更有着当地政府的力量介入，有着深远的政治背景所制约。所以，当我们面对各式各样的，令人眼花缭乱的所谓的民间的、传统的、原生态的等等形式的表演，而不至于迷失我们的眼睛，则需要大量的实践性的考察和调研，这也正是我们要大力提倡布迪厄的实践理论的真正目的，而布迪厄的《实践理论纲要》一书，正是其通过大量田野实践考察，以及兼顾各家流派的理论汇集而成的一部堪称人类学领域的名著，而采用人类学的研究方法是最贴近我们研究少数民族传统体育文化现象的一个卓有成效的主要手段之一。

第一节 理论的实践

实践、惯习、场域和资本是布迪厄学术理论所探讨的主要几个方面问题，同时也是其文化再生产理论形成的基础源泉。在其学术观点中，布迪厄把场域设想为一个空间，在这个空间里，场域的效果得以发挥。由于这种效果的存在，对任何与这个空间有关联的对象，都不能仅凭所研究对象的内在性质予以解释。基于以上认识，布迪厄以"场域"的概念取代了空泛的"社会"这个概念，提出其所注重的"惯习"理论观点，重新找回了行动的主体，避免了列维-斯施特劳斯等人观点的局限性，从而建立起了自己独特的结构主义方法论。他认为对"场域"概念的思考就是从关系的角度进行思考，而近代科学的标志就是关系的思维方式，而不是狭隘的结构主义的思维方式。从分析的角度来看，一个场域可以被定义为在各种位置之间存在的客观关系的网络或一个构型。正是在这种客观位置上的存在和它们强加于占据特定位置的行动者或机构之上的决定性因素之中，才得到客观世界的界定。所以，他在其方法论的构建上，主张各种位置的场域和各种立场的场域，或者说基于客观位置的主观态度的场域是密不可分的。不管是客观位置的空间，还是主观立场的空间，都应该放在一起进行分析。同样的道理，在研究少数民族传统体育的过程中，一个民族或一个族群甚至一个村落的人们，往往具有一些共同的"惯习"行为，从事的游戏、娱乐、体育活动等都是这种行为的一种无意识的、没有目的的日常行为方式的现实反映，而这种行为方式则必须是在同一空间"场域"中才有可能体现出来类似秉性的东西。布迪厄的理论认知，同时"消除了存在主义对主体观选择力的夸大和结构主义对客观制约性的夸大，将个人实践的身体转化为个体与社会、主体与结构关系的模式研究中，从而排除了长期存在的主观与客观的二元对立的势态"。[①]

一、理论的指导

在众多的理论当中，前人学者们都是通过大量的实践调查后得出经验总结的，但由于受到各种环境和条件的制约，也许某种理论会在一定历史时期对人们的研究起到指导作用，而是否正确和完善，需要假以时日。不言自明的是，一些理论由于在研究的方向、区域和方法等方面的局限性，会受到后来学者的质疑，例如古典进化论、传播论、功能论和结构论等等，都在随着时间的流逝而得到了正确与否的验明正身。但是，这些理论同样为后来学者提供了大量的研究素材，具有一定的启迪和借鉴意义。实践理论是布迪厄根据自己大量的田野调查，以及亲身经历，在克服主观臆想的基础上创建的，通过长时间的田野实践来观察当地人们的日常生活，从他们看待世界的宇宙观和认识自然的过程中，探求一条解决实证主义和解释主义之间存在的矛盾和巨大张力的途径，同时也试图弥补和拉近这两种不同研究范式产生的研究偏差和鸿沟的距离。但在现实社会中，我们会发现人们其实一直在苦苦追寻实证主义和阐释主义或者说自然科学和人文科学之间的

---

① 刘建、张素琴、吴宏兰：《舞与神的身体对话（上）》，民族出版社，2009年，第152页。

交叉点，谁是谁非困扰着众多的学者。

西方自19世纪盛行自然科学主义以来，给太多的学者们提供了一个二者交流或是争论的平台，曾几何时，似乎实证主义占据了一定的优势地位，但越到后来，随着人文科学和思辨意识的不断进步，使得人们又重新来看待事物的发展规律。传统人文主义和实证主义解释观在方法论上表现出来直接的对立，前者坚持了人文、社科研究的特殊性，但却否定了人的文化的统一性和普遍性的解释模式的存在；后者虽然认识到了这种统一性并坚持解释的普遍性的观点，但这种正确思想的阐发却是从其科学主义的哲学立场出发的。这种态势，一方面说明了普遍适用于自然科学与人文、社科活动的解释模式研究的复杂性，另一方面也说明了对传统人文主义和实证主义解释观的超越是我们探讨解释普遍模式问题的出发点。[①] 当然，在现实高速发展的社会中，还会存在实证主义和阐释主义的分歧，相信也并将一直持续下去。但这种局面也必将促使学者们拥有更加敏锐的观察能力和深入阐释的功力，否则所解释的结果是没有什么说服力的。

所谓实践理论应该看做是一种方法论而出现的，遇到具体问题时，必须通过实践来反证理论的正确与否。由于少数民族传统体育本身就是作为一个文化的载体而出现的，是一种由众多具体的体育文化现象在文化的不同领域的反映而构成的多元化的复合体，所以它以特有的姿态融入进社会的每一个角落，并对社会整体文化的发展趋势产生影响。它绝对不是一种孤立的文化现象，它与政治、经济、宗教、教育、道德、法律、艺术、习俗、行为规范等交融互生，从而构建起一个反映民族生活状态的文化整

[①] 陈其荣、曹志平：《科学基础方法论——自然科学与人文、社会科学方法论比较研究》，复旦大学出版社，2004年，第211页。

体。正是由于其自身的多元文化现象,单纯借用某一个理论来研究或解释它,往往是行不通的。而布迪厄的实践理论则是打破这一框架的束缚,将多种理论融入实践的领域中来,在某一场域中来进行具体的研究,为后人指明了一条切实可行的探索路径。理论是对实践的指导,没有任何一项研究,无论是民族志的还是其他的,可以没有基本理论或方法的指导。无论它是清晰的人类学理论或者模糊的个人研究模式,研究者的理论模式都有助于定义问题和应对问题。理论的选择应当基于它的适应性、操作便利性及解释力。"理论的意识形态基础往往蒙蔽而非指引研究者,使得他们在面对从田野中收集的资料迷宫时显得寸步难行。当理论不再是向导时,它也就失去了效用,当资料不再符合理论时,就应该重新寻找适合的理论。"[①]

美国的人类学家迈克尔·赫茨菲尔德在《人类学——文化和社会领域中的理论实践》这本书中,提到了一个"感官人类学"的问题。他在书中提到:"尼日利亚的豪萨人就只把感官分为两大类'视觉感官和非视觉感官'。不同文化认可的感官划分方式之间存在的此类根本差别说明,感觉既是一种生理现象,也是一种文化现象。"[②] 既然是一种文化现象,抛开一些生理上的习惯,从文化相对论来说,一些生理上的现象也与文化相关,身体的感觉和文化价值在任何时候都互相关联,并且彼此互为作用着。而这一认识,人类学家早就有过这方面的阐释,例如玛丽·道格拉斯就认为,"脏"是一个文化范畴,而不是生物学的问题。事实上,一些关于肮脏与洁净的关系问题,以及与其类似的难闻的味

[①] 大卫·费特曼著,龚建华译:《民族志:步步深入》,重庆大学出版社,2007年,概览第4–6页。

[②] 迈克尔·赫茨菲尔德著,刘珩、石毅、李昌银译:《人类学——文化和社会领域中的理论实践》,华夏出版社,2009年,第271页。

道、讨厌的声音、恶心的触摸以及通过视觉看到的农舍里昏暗与杂物脏乱的摆放等等皆是如此。判断这种感官上的认识,应该是需要放在不同情境中来看待的。感官的体验必须与所谓的"常识"保持一致(也可以是对不同文化的认识)。通常情况下,当一个外人来到某地时,都会用自己的认识来分析当地的一些奇怪现象,这种情况在谢剑先生的《应用人类学》一书中曾多次提到。例如在对安第斯山区农民屋舍布局结构合理性的分析上,就存在一个"常识"的认识。文中提到"当外人进入该区的印象老是感觉一切都很凌乱。住处挂着一串串的玉黍;床旁靠墙堆放着农具;床下则塞满干枯的小马铃薯;猪在屋内乱跑,不时躲到堆马铃薯的草席后面。"[1] 以上这段描述,都是外人的感觉,尤其是对马铃薯为什么要放到阴暗的屋室内,致使造成昏暗与杂物脏乱地摆放的感觉。实际上这是一种错误的认识,关键是不了解当地的习俗和农事的规律。而真正的情况是"房屋的主要经济功能就是储放农产和工具,也用来作为部分牲口的栖息之地。在功能上它对人的庇护几乎是次要的"[2]。这种方式在我国的农村中也是如此的,黑暗的房屋可以防止马铃薯或其他农作物由于受到阳光照射而发芽变质,而屋内看似肮脏凌乱的器具摆放,则是为了免遭外人或窃贼的觊觎和偷盗。其实这些现象都是长期生活的经验,是一种无策略式的策略行为,这种情况在布迪厄的《实践理论纲要》中曾经做过重点分析与讨论。在当今社会,外界的一些因素可能渗透各个领域,如果脱离这些因素的影响而研究纯学术的物象似乎愈发艰难,但同时也给我们提供了很好的素材和机会来研究在各种力量博弈下所重新诞生的文

---

[1] 谢剑:《应用人类学》,台湾桂冠图书股份有限公司,1989年,第83页。
[2] 谢剑:《应用人类学》,台湾桂冠图书股份有限公司,1989年,第83页。

化及其衍生物。

　　少数民族传统体育的众多活动内容作为一种文化现象，是集中反映各民族现实生活方式的一个窗口，许多相关内容都与其传统的文化风俗有着密切的联系。而研究少数民族传统体育的重点，就必须以了解"少数民族"、"体育"和"文化"三者之间的有机联系，并从中寻找它们之间的从属问题，从逻辑思维来说，就类似我们平常分析问题采用"三段论"的模式去实施所要研究的物象。理论的借助和方法的运用都需要有一个明确的范式来支撑少数民族体育方法论的构建，而布迪厄所提出的几个概念或观点，例如他所提出的"场域"问题，实际上就是要将一个所要观察的物象放置在同一空间、时间和地点中来具体分析，而一旦穿越了时空的转换后，所研究的对象也可能会随着这种"场域"的改变而发生改变，在不同场域中发现的问题，在另一个场域中得到的结果也许是大相径庭的。要研究少数民族传统体育，就必须将"少数民族"、"体育"和"文化"放置在同一个场域中，并顾及事物的共时性和历时性，才有可能将一些理论和方法实施到其所研究的具体现象中来，通过实践的检验来确定我们所用理论和方法的准确性，这才是解决实际问题的关键所在。所以在借助一个理论的指导或构建一个理论时，要将所要研究的对象放置到实践的场域中来认知，以求揭示事物的真相和其背后发生的原因，少数民族体育的出现或者说产生，不是一个因素所能造成的，也许会掺杂和牵扯国家、政治、文化、宗教、性别等等方面的制约，是传统的还是被打造的，采用那一种理论来解释，就要通过实践来检验了。

二、理论的应用

　　关于理论的实践，通常情况下，是通过研究资料的获取并借鉴前人的理论，从而寻找出田野中获取的资料与掌握的理论之间的相合与相异的部分，并不断给予修正、补充和理解。哪些问题是能够解释的，哪些问题是不能够解释清楚的，运用现有的理论而无法解释的材料更要加以慎重选择。研究者的好恶与无意识对认识事物可能会左右研究的结果，所以在运用材料时才要保持一种警觉和严谨的态度，一旦大量引用别人的资料来进行分析或作为论证的依据，这些在田野中所搜寻到的原始资料以及经验的积累才是最为关键的。由上可知，正是由于人文学科研究规律的不确定性，才使得我们必须具有迎接各种观点挑战的能力和解释能力，对已有观点的质疑是应该建立在有足够的材料来支撑新的观点上，材料是能动的，结构是固定的，而结构的能动性就是体现在二者之间的博弈。

虽然布迪厄的实践理论中并未涉及太多关于体育方面的研究，但他的实践理论中所提出的几个核心概念放置到体育研究领域中来照样可以起到认识体育规律的作用。相对于国内研究而言，一些国外学者采用的研究方法和理论具有很强的实践指导意义，特别是对人类学中的参与观察和深度访谈等方法的运用上是值得我们借鉴的。以布迪厄的"惯习"（也有翻译成习性的）理论为例，所谓"惯习"不是简单意义上的习惯，它是人们在长期的社会化过程中逐渐习得并成为秉性的东西。[①] 对于一个社会或者族群内的人们来说，培养惯习不是一朝一夕就能够完成的，是必须经过长期不懈的努力才能达到的一种意识行为。许多日常行为都是由惯习生成的，是随机的、不假思索和没有策略盘算的，但这些行动的效果往往是合理的、有策略的。

我们在对云南弥勒县可邑村阿细人的田野考察中，曾经看到

---

① 王建民：《艺术人类学新论》，民族出版社，2008年，第116页。

了他们在一个"密枝节"祭祀仪式中的文体表演,其中艺术形式的歌舞带有明显的展演特点,是一种编排好的类似舞台演出的形式。而体育与艺术最大的不同之处,就是当地人并没有像舞蹈那样具有任何造作的痕迹,无形中将其日常生活的一种状态表现得淋漓尽致,是其秉性中附带出来的,而这种秉性中的情感可以看出不是一朝一夕所形成的,是这个族群传习已久的"惯习"行为的真实再现。虽然我们看到的这种仪式并非是举行仪式的正日子,当地的老毕摩也告诉我们说,正规的祭祀仪式都要由他来主持仪式的进程,通常要在仪式过程中讲经念咒,由于不是正规的仪式,只能是给我们做一个仪式的简单模仿过程,许多内容当然也就是通常意义上的展演了。在"仪式"开始前,当地许多人在组织者的统一指挥下站好队伍,所谓的"仪式"开始后,前边的一个人要燃放鞭炮,后边跟随几个人组成的鼓乐班子,有吹唢呐的、弹三弦的、敲鼓的,等等,再后是一个人高举着一根长杆,上面挑着一块由红布拼接在一起的布匹,他们称之为"挂红"[①]。在此人之后,就是由一些妇女在音乐的伴奏下踩着阿细跳月的节奏而翩翩起舞,边舞边唱,并不断要同男人对歌。当队伍绕行一周后,就由村寨的毕摩来主持仪式,但主持者并非像我们想象中的那样唱经念咒,而是一种类似开会领导的致辞形式,政治色彩很浓,完全没有了传统仪式的神圣庄严性。当正规的"仪式"完成后,就开始进行舞蹈和摔跤等多种形式的表演了。

摔跤是彝族人民十分喜爱的体育活动形式,在彝族主要聚集地都开展得十分普及,几乎每个男人都参与过摔跤活动。据当地

---

① 后经访谈得知,这些布匹是作为奖品而准备颁发给在仪式活动中获胜的摔跤选手的,这是因为早年人们生活较为贫困,只能用布匹来作为一种奖励,而现在基本上是以发放奖金来代替布匹了,而布匹的长短则可以证明选手的技术水平和比赛的成绩,是一种至高无上的荣誉象征。

人介绍说，当地在不同年代都有几个摔跤高手，这次就来了几个不同年龄段的高手，有 80 岁以上的，也有 70 多岁和 60 多岁的，最小的摔跤手只有七八岁，但中青年的摔跤好手由于出外打工，并没有来到现场。以上这些人都是当地摔跤的佼佼者，按照往常的惯例，通常都是由最小的选手先来进行比赛，类似表演中的垫场，然后依次由小到大的顺序进行，最后出场的都是中青年的选手，他们是最高水平的代表。虽然没能看到最高水平的摔跤比赛，但从那些小孩和老人的比赛中，我们同样可以看到高超的摔跤技巧。第一对上场的是两个 80 多岁的老人，虽然年岁大了，但技术和身体都很好，比赛进行得非常激烈，对抗性一点也不比年轻人差；第二对上场的是 70 多岁年龄段的，相比上一对更为精彩激烈；最后是小孩们的摔跤比赛，虽然身体单薄，但其勇猛顽强的比赛作风令人耳目一新，因为他们不懂得什么是表演，所以相比前边的几对选手来说，比赛更为真实。这种状况其实也在不经意间发生着变化，在这些乡民看来，参加比赛的都是同村或邻近村寨的村民，彼此之间都十分熟络，有些还是亲戚关系。我们知道，农村社会是一个熟人社会的结构框架，而比赛时就有可能碍于情面而出现彼此相让的情况，从而致使比赛的激烈程度大大降低。但小孩子的比赛却与之大相径庭，这是因为小孩子难以理解大人们的心思，所以往往是这种年龄段的比赛更加真实激烈。但这种环境的熏陶也许在这些孩子长大以后同样会因循这种结构而发生改变。

所以，一个民族或族群的"惯习"形成就可能会由于一个"场域"发生了改变而改变。而布迪厄的实践理论中所说的"场域"，实际上就是在空间和时间之间的时空转换而使得人们产生不同的行为准则，而这种行为准则往往会在潜意识中影响该"场域"中的所有人员。另外，彝族的摔跤还有一个独特的地方，那就是一个年龄段的获胜选手要挑战比自己年轻的选手，不分级别和年龄限制，最后产生一个获胜者，他们称其为大力士，奖品也相当丰厚，这种无畏精神和勇猛顽强的习性，就是在这样一种氛围中产生的。彝族是一个崇火尚勇的民族，由于其先民世居海拔较高的山林地带，气候较为阴湿寒冷，同时原始刀耕火种的生计方式，形成了本地域各民族对火崇敬的文化习俗，再加上地域环境的恶劣，养成了这些民族粗犷、强悍、勇武、善战的坚毅民族性格和共同心理特征。所以本地域的民族所从事的体育活动除去武术外，大多是赛马、斗牛、射弩和摔跤等一些民风剽悍的体育民俗活动。

三、理论的认知

彝族摔跤在该地传习日久，许多人都是从儿时就在老人的指导下开始习练此技，他们也没有什么正式的训练和比赛规则，小孩只要喜欢就可以来摔跤，这些小孩平常就能看到大人们摔跤，通过耳濡目染，也就慢慢地学会摔跤的技法。当地的男人们其实都或多或少懂一些摔跤的技术，同时在他们年轻时也经常参加摔跤比赛，纯粹就是民间娱乐的游戏而已，在日常休闲和田间劳作之余，他们都会三五成群进行摔跤的比赛。从可邑村这种情形和现象来看，彝族人的勇猛顽强和剽悍的民风就是一种文化熏陶的使然，并非刻意的表现。之所以彝族摔跤被人们所重视，不单是一种民族情性的体现，其实还隐含着别样的蕴意在里头。在《路南县志》中载有："所谓跌跤会者，其会无常，或因村中牲畜有瘟疫乃议举行，若汉俗斋醮之属。"[①] 从上文中可以看出，彝族

---

① 转引自《民族体育集锦》编写组：《民族体育集锦》，人民体育出版社，1985年，第38页。

的摔跤活动可能还与一些祛病逐邪的祭祀仪式有所关联，就像汉族人遇到一些瘟疫或者邪祟侵袭的时候要举行斋醮一类的降魔除怪的巫术活动一样。这样一来，我们似乎多少可以了解一点彝族为什么对摔跤活动如此重视，每每举行各种祭祀仪式的时候都会有摔跤比赛，而且还要给予优胜者以奖励，其奖品就是前文中所说的"挂红"，也就是挂在竹竿上的红布。"红色"在许多少数民族地区都被看成是具有驱邪逐魔的功能，"红色"往往具有太多的象征意义。远古时期的人们，在长期的实践中发现"红色"与人的生命相关，红色象征着鲜血和给人带来光明、温暖的焰火。所以他们把红色视为灵魂、生命、活力和温暖的象征。我们在许多少数民族地区的岩画中，都能看到用赤铁矿粉调和的红色染料涂染的岩画和雕刻，这是一种模仿巫术的综合体现，总之，是人们希望用红色带给死者新的生命的表达手段。现在我们看到的彝族的摔跤活动已经与仪式渐行渐远了，随着社会的发展，文化的变迁，利益的驱使，原先用于祭祀活动的摔跤，逐渐成为人们娱乐的传统体育项目了，而将"红布"作为一种奖品可能是后人不知这种情形而沿袭下来的行为模式而已。

　　按照布迪厄的观点，我们看待一个游戏或体育项目的形成以及其行为背后附着的意义，通常情况下会将惯习、场域、资本三者结合在一起进行讨论，从而就容易明确理论在实践过程的指导作用了。我们在可邑村看到的摔跤并非正式的比赛，也没有什么规则，只要是连续战胜两个以上的不同对手，都给予奖励。胜两个人但输给第三个对手就可以当场奖励红布一米，胜三个人以上的，就可以参加"挂红"仪式。每次摔跤结束时，大会将战胜三人以上者都集中在场内进行颁奖，战胜最多对手的选手被称为大力士，并在身上披挂缠裹十米长的红布，受到众人的欢呼和崇敬。现在彝族摔跤已经成为全国少数民族运动会的一个正式比赛项目，随着与国际的不断接轨，彝族摔跤的形式越来越"规范化"了，我们看到在当地进行的摔跤活动，基本上与目前大型正规摔跤比赛中的自由式摔跤形式相同，小孩子也是按照这种技术而掌握摔跤这种技巧。但是我们应该辩证地看待这个问题，彝族摔跤形式发生了转变，其与生俱来的那种勇武坚韧的情怀却并未改变，其民风民俗仍然弥漫在其生活的各个角落里。其实彝族的摔跤只是他们在一些节庆或祭祀仪式中的一个娱乐活动的内容，而这种活动内容是与前面的仪式有着紧密的联系，如果把整个仪式活动过程都视为具有民间信仰的意义的话，那么，仪式开始时由民间宗教组织和农户家庭相继进行的祭祀活动就是"敬神"、"祭神"，而紧随之后的摔跤活动，就有可能是"娱神"、"酬神"的一个环节。"在这种仪式结构的关系中，前者通常借助摔跤、斗牛等竞技娱乐活动而得以不断维系和巩固，成为一个村落或社区性的节庆活动；后者也往往因为依附传统祭祀仪式而获得了某种特殊的象征资本的神圣意味。"[①] 我们看到，摔跤在当地十分普及，只要是男人都会参与其中，其重视程度非一般项目可比，所有参加摔跤的选手都没有经过正规的训练，而是一种环境氛围的熏陶，天长日久之后，人们自然形成的一种"惯习"行为。但也许这种"惯习"行为的背后隐含着一种制度来制约这种行为的产生，其最初的本质，并不是出于怎样精微高远的理想，当然更不是一种特殊进步的制度，这只不过是在这种制度下面必然发生的一种当然"习性"[②] 罢了。

正如上文所述的那样，在可邑村这种古老的密枝祭祀活动，

---

① 肖青：《民族村寨文化的现代建构——一个村寨的个案研究》，云南大学出版社，2009年，第295页。
② "惯习"与"习性"相同，只是由于当前学术界对此称谓有不同的认识，翻译出来的用词也就会产生差异。

现在仍然延续着这种传统,但这种传统的祭祀行为中的一些活动内容,却在悄无声息地发生着改变,而改变的核心就是这种仪式功能的改变。这种主要源于民间信仰在仪式、禁忌、传说三者紧密结合的情况下所产生出的强大生命力,也在随着多重关系之间的博弈而演变。一些传统功能之外的力量介入打破了原有的稳定结构,而重新诞生出一个新的价值取向。在村民、毕摩、村委会、领导、政府等力量的重新分配后,如信仰禁忌对于村民、经济效益对于毕摩、民意基础对于村委会或当地政府官员等,往往体现的是现实利益的强大驱动力,因此,这种祭祀仪式必然也会转向文化资本的再生产轨道中来。每个人都受其所在社区的风俗和文化的影响。"在他出生以后,他就受到风俗的熏染。他长大后参加了文化创造活动,那么这种文化的习惯就是他的习惯,这种文化的信仰就是他的信仰。"[①] 人们对文化的认同是后天培养然后渐成最终逐渐形成的文化传承的实现。节庆仪式提供了感受民族文化的情境和氛围,通过周期性的重复能够培养人们的认同与习惯。惯习也好,习性也罢,可能都是一种集体记忆遗留下来的生活方式的现实反映,这种记忆的传承延续上百年后,后人都是在遵循这种记忆一代一代沿袭下来,并形成一种秉性的东西而附着在人们的心灵深处。

第二节　方法的实践

通常情况下,研究方法的实施是在理论的指导下进行的,将

[①] 李志清等:《仪式性少数民族体育的当代价值——以桂北侗乡抢花炮为例》,载《体育学刊》,2010 年第 3 期,第 81 页。

研究方法融汇实践调查中，从而形成这个理论的方法论。学科研究的方法论是由学科研究的对象、研究的内容和这种研究对象所存在的方式等三者之间相互联系而共同组成的。如果把握不好这三者之间的有机联系，并且去正确地运用其功能，那么，就会使我们的研究工作走上歧途，从而影响这项工作的进一步进行和深入发展。每一门学科都有特定的研究对象和一定的学科界限、学科研究与发展的范围。少数民族传统体育是针对"少数民族"这一特殊群体而展开的研究，"对少数民族传统体育学研究对象的探讨应符合民族传统体育学的学理，并根据少数民族传统体育的特点，从文化的视角进行界定才是准确的。少数民族传统体育的研究对象是少数民族传统体育的文化现象"[1]。同时，国内一些学者认为："用文化学的分类来对民族传统体育进行适度抽象，是目前最合理的方法。因为体育已经不仅仅是一种生物物理现象、教育过程、社会活动，而是一类文化成果。"[2] 文化学对于人类所创造的一切成果的宏观审视思路是当今社会文化研究最为重要的思想方法之一，已经成为各相关学科进行问题解析的一般方法论之一。所以"从文化的视角去透析民族传统体育学的研究对象，是深入和准确的"[3]。既然少数民族传统体育关乎一个族群的整体文化的研究，那么，在确定研究对象和研究方法时，借用民族学和人类学的研究方法、手段和理论则成为一个至关重要的途径选择。在人类学的学术流派中，各种方法都是对理论的检

---

[1] 方征：《少数民族传统体育学概论》，中央民族大学出版社，2009年，第21页。

[2] 周伟良：《中华民族传统体育概论高级教程》，高等教育出版社，2003年，第12页。

[3] 方征：《少数民族传统体育学概论》，中央民族大学出版社，2009年，第21页。

验,比如传播论、功能论、结构论、象征论、阐释论等等,都是建立在实践的基础上而形成的。但不可否认的是,某种理论在某个历史时期对人们的研究起到积极的作用,但必须要经受历史的检验才能有所定论,类似前面提到的几个理论学说,就备受后现代主义的质疑。质疑的焦点往往集中在他们所采用的方法是为其理论而服务的嫌疑之中。而关于少数民族传统体育的创新研究,所采用的是何种方法,对研究者来说则至关重要。理论的构建和研究方法的确立,都要严格遵循学科范式的规范。而少数民族传统体育自身的多元化特点,则又不能单纯将其归入到某一学科领域中,这就存在一个研究范式选择下的两难问题。

一、方法的选择

由于少数民族传统体育的发展受政治、经济、文化、地域、宗教等多种社会因素的制约,而要全面、准确、深入地实施研究,实属不易。实践是为了让研究者避免听取报道人的一面之词,就确认自己看到的和听到的就是事实的真相,更不能将其奉为真理,而是应当明白报道人的身份和地位以及所掌握的该族群的文化常识是否能够代表这个群体的共识。我们之所以要强调范式研究中的方法和方法论的问题,就是要不断反思传统研究少数民族传统体育所使用的一些方法的片面性和主观性。为了避免这种由于方法不当而产生的偏见,就应当将这些所采用的方法付诸于实践过程中来检验,通过实践来获知外在现象背后的隐性知识,同时也是对这些方法和其所建构的理论的一种修正。

其实关于人类学的研究方法,会涉及许多方面,这也是关乎一个学科生存的关键所在。简单来说,该学科的研究方法有:田野调查法、参与观察法、文化相对论、跨文化比较法、整体研究法、功能方法、主位研究法、客位研究法等等,这些方法都是目前研究文化现象所必须了解和掌握的方法。少数民族传统体育的实地调查的形式可以是多种多样的，调查者要根据自身的研究需要去制定不同的调查方案。虽然人类学的研究方法涉及诸多理论范畴，但在研究少数民族体育时，只要重点把握好参与观察和深入访谈两个关键所在即可，一旦涉及过多理论则可能会失去研究的焦点。现在对少数民族传统体育的研究，人们越来越依赖人类学和民族学所倡导的田野考察等方法了，而田野考察中的主要手段就是参与观察、深入访谈和田野民族志的写作。参与观察实际上包含着两个方面的内容，即主位体验和客位观察。在人类学和民族学界要求参与观察者要同吃、同住、同劳动，并在一个地方居住足够长的时间来实施调研，但目前由于受各种条件的制约，真正的"参与观察"还只是纸上谈兵，充其量做到局部范围和短时间的考察，俗称这种方式为"采风"或"走马观花"式的参与观察。我们在讨论研究方法的时候，应该考虑到少数民族传统体育与人类学研究的关系问题，既有共通性，也有差异性。其共通性是二者都要到少数民族地区进行考察和搜集民间素材；差异性是是否能够深入民族地区进行长时间的考察，人类学所倡导的田野考察，则是要长时间地居住在当地，不单是采集外在形式的素材，同时也要研究其行为与人们的日常生活之间的关系，以及形式背后隐含的意义是什么。

  关于研究方法的问题，一些研究者更多的可能就是所谓的"走马观花"式的"采风"行为，王建民先生认为："艺术界的采风和人类学的田野工作是有区别的，就目前的具体做法来说，相对的采风时间比较短，采风时人们聚焦于艺术形式本身，这是目前艺术圈采风时的大的弊病。因为它采的是'风'，'风'是民间艺术本身形式化的东西，它要的就是形式。可是人类学的田野工作的时候，在观察的时候，除去仔细考虑这个行为和其他行为之间的关系,更要知道的是整个大的文化体系和在那个体系中人们的行为,而且它主要的并不是观察行为本身,而是去讨论、去调查、去做访谈,探索行为背后的理念,将行为和理念勾连起来,并最后对行为的原因提出解释,这是更为重要的。"[1] 由此看来,方法的不同,表面上看是时间长短的问题,实际上是获得什么核心资料的问题。那么在短时间内怎样更好地运用所学的知识来指导实践,就目前状况来看,只有在第二个手段上下足工夫了。

深入访谈应该是我们在研究少数民族体育的过程中最为有效和切实可行的实践策略了。通常情况下,访谈对象往往寻找熟稔当地文化的本民族的知识分子、具有一定身份地位的"巫师"和掌握某种传统技艺的艺人,我们统称为"关键报道人"。在确定好访谈对象后,再根据事先制定的访谈提纲进行有针对性的访谈。采访"关键报道人"的问题,也等于是要他站到半科学的立场上,布迪厄曾就这个问题有过精辟的分析:"这时得到的回答,会是报道人在他可用的传统选一样来用,再以他对这传统的知识所拼凑出来的,其中的组成还未必次次一致,而他这些知识,除非是机械化的再制,便都是依他习性里的图式,依他以这图式而临时做出来的表述为本而选择出来的,也往往同时重做诠释……就算是同一次的访问,报道人在不同时候提到的同一问题,所给的回答也可能不一样。"[2] 布迪厄所说的这种问题在实践调查中会经常遇到,例如同一时节可以有不同的名称,同一名称用在同一年的不同时节也是不同的,这就要看不同地区、部落、村庄甚至报道人的策略是什么了。而实际上,策略和行为通常是纠缠在一起而存在的,许多当地人的行为往往是在一种无意

---

[1] 王建民:《艺术人类学新论》,民族出版社,2008年,第169页。
[2] 布迪厄著,宋伟航译:《实践理论纲要》,台湾麦田城邦文化出版,家庭传媒城邦分公司发行2009年,第202-203页。

识的策略支配下的叙述，是一种潜意识中遵从规矩的日常表现，是带有一定的责任和义务的，其目的性则是隐含在其中的。而如何获知其最终目的，则需要研究者进行更加细致深入的访谈才有可能理解策略背后的真相。要解决这个问题，构建访谈提纲的模式就显得十分重要了。一般情况下，访谈提纲可以分为"结构式访谈"、"半结构式访谈"和"开放式访谈"三种形式，这三种访谈方式也可以根据具体的研究内容自行设计或者融而为一，目的是为了更好地检验访谈对象所表述的真实性和可靠性。

当在田野调查过程中，从参与观察到深入访谈后，第三个方法的实施就是所谓的田野民族志的写作了。这个工作是在前两者的基础上才能进行的最后一道工序，也是反思在调查过程中遇到的问题最好的时候。民族志不是单纯地将一些所见所闻像记录流水账那样描述出来，而是应当对一些观察到的现象，运用所学的理论知识来分析形成这种现象的原因本质，以及隐含在其内部的整体结构模式，所谓的反思的民族志也就是这个含义所在。在写作中，应及时将田野中遇到的问题，通过写作与反思归纳出对事物认识的思路，找准切入点，再根据实际情况进行思考。马林诺夫斯基认为民族志学者必须记录文化以理解文化。今天，许多民族志学者都已认识到：这种记录也包括记录你自己、你自身的偏见，以及你自身带有的民族中心主义思想如何塑造了你的想法，以及你不断变化的理解，所有的民族志学者都会这样去做，典型的民族志学者常常会定期记录所有自己观察和体会到的一切。瓦格纳写道，田野笔记"必须从你看到、听到、尝到、闻到和感觉到的事物开始"[1]。

---

[1] 卢克·拉斯特著，王媛、徐默译：《人类学的邀请》，北京大学出版社，2008年，第95页。

二、方法的运用

方法的运用要时刻注意与理论之间的衔接和互动，前文中提及的参与观察、深入访谈和民族志的写作，是所有田野考察过程中的几个主要方法，所实施的第一个步骤就是参与观察。参与观察不单是民族学和人类学所要尊崇的主要方法，同时也是研究少数民族传统体育文化现象的一个重要手段，但在参与观察之前应该注意怎样进入一个特定的场景中来观察你所要考察的事物和对象，这往往是你能否了解到事物真相的关键所在。同时在进入考察点时还要注意自身角色的转换，将自己的角色定位好，这就存在一个"跳出"与"跳入"，或者说"主位"与"客位"的关系问题，而这种关系的确定会时时刻刻影响观察结果的真实性和有效性，同时采用一出一入的方式，也可以看到当地人对外来者的一种"态度"。我们在云南普洱市的菁元村（音译）偶然参与了一次当地村民的"杀猪宴"，从而有幸亲身参与和观察当地村民对外来客人的情感体现。我们采用角色之间的转换方法，分别扮演"跳入"与"跳出"两种角色，以看待他们对我们的认同与信任。

所谓的"杀猪宴"是我国许多地区，尤其在农村社会中是一个准备过年的传统习俗，不单是少数民族地区有这样的传统习俗，即使在许多汉族村落中，也经常能够看到。我们来到的菁元村离普洱市大约20公里的车程，据当地人介绍，许多当地的市民每逢邻近过年时都要来此吃"杀猪宴"，而当地人也经常邀请远来的客人到此地来吃，由此可见，这个村落的杀猪宴在当地可以说是名声在外。当地的杀猪习俗通常是在12月底到来年的春节期间进行，家家户户都要杀猪以准备春节和第二年全年的猪肉。在农村这个熟人社会场域中，这个习俗由来已久。我们在做田野考察时,恰逢一家杀猪并招待全村的村民以及外来的客人。这种"杀猪宴"应该说是一个古老的仪式,在杀猪之前,要请村里具有权威的人士或村长来主持,同时村里的左邻右舍都要来帮忙杀猪,帮忙的人通常也要带着一些礼物来祝福,礼物不必贵重,如烟、酒、糖、茶都可以。杀猪往往是男人们的活计,待切割完各部位的肉后,就准备张罗村民们吃饭喝酒。其余类似厨房的活计,再由妇女开始做杀猪菜。随着夜晚的来临,村民会聚集在该村民的家里,来得越多,说明该户人家在村里的人缘越好,威望也就越高,如果能够邀请到村里的官员出席,则更有脸面。一般情况下,村里的官员都会出席这个场合,据带我们前去的人介绍,村里的官员出席这种场合也是一个与村民沟通的好机会。宴会开始后,村民会陆陆续续汇集过来,即使是不认识的外乡人,主人也热情款待,宾客越高贵,他们就越有脸面。这种晚宴,只要有人在,主人就得一直陪同吃饭喝酒,即使喝醉了也不能离开。我们作为北京来的客人,自然受到该户村民的热情款待,因为我们的到来,这家人感到极为光彩,而且其他村民也流露出羡慕的眼光,并纷纷邀请我们出席他们的杀猪宴。

在吃杀猪宴的过程中,我们还发现当地村民对我们这些人的看法。而所采用的就是这种"跳出"与"跳入"的方法。我们同去的两个人,一个参与其中,与当地人一同喝酒、划拳,并说着共同的荤笑话,而另一个人则与他们保持一定的距离,故意表现出不适应的一种情形。结果可想而知,融入情境中的同事,受到他们更加热情的接待,他们认为这是看得起他们的表现,而我则备受冷落,没有人搭理你,并能从他们的眼神中感觉到自己被置身圈外的一种失落感,而且很难再次融入其中。他们认为只有跟他们一起喝酒、划拳才是最好的沟通和交流的方式,真诚与朴实是所有农村社会的人看待世界的态度。通过"客位"与"主位"的角色转变后,无所事事的"我"便利用这种"自由"的权力来观察围绕"杀猪宴"周围的事物。男人们在杀完猪后,便进入一种自我权力的享受阶段,而女人们则要完成"杀猪宴"的后续工作程序——做饭。因为女人是不允许上桌与男人共同吃饭的,只能待在厨房里,抽空吃一口饭菜。由于不能上桌,所以女人们要时刻注意饭桌上的变化,一旦没有菜时,就要添加饭菜,不能让饭菜吃光,宴会结束后,还要打扫卫生和归置器物,很辛苦。但在与她们的交谈中获知,她们并不感到辛苦,风俗如此,习惯使然,大家都在默默地遵循着这种民间契约所规定的责任,这也是一种农村社会秩序结构下的权势和地位的体现。

另外,在前文中曾经提到关于"礼物"的问题,从中可以看到,村民社会中这种"互惠"现象的体现。"互惠"这一概念最早是由德国人图恩瓦首先提出来的,指的是"建立在给予、接受、回报这三个义务基础上的两个集团之间、两个人或个人与集体之间的相互扶助关系,其特征是不借助于现代社会中的金钱作为交换媒介"[1]。而其理论的升华,则是法国人类学家莫斯在其《礼物》一书中的详细论述,后经人类学家们将其概括为三种形式:一般性互惠、平衡的互惠和负向的互惠。[2] 从不同的"互惠"形式可以看出村民之间一种隐含的关系链条。一般性互惠是指给予礼物的一方并不期望在未来的某个特定时段得到回报,属于关系比较亲近的,例如直系亲属或姻亲等;平衡的互惠是指送礼物的一方希望返还回来的是差不多等值的礼物,并且希望马上得到回报,这种情形主要出现在邻里之间,而这种关系则是主要起着维系村民社会结构的作用,就是通常意义上的礼尚往来;负

---

[1] 卢克·拉斯特著,王媛、徐默译:《人类学的邀请》,北京大学出版社2008年,第144页。
[2] 同上。

向的互惠是指送礼物的一方希望获得被给予方更多的回馈,这种形式的互惠更类似于市场交易,是带有一定目的和动机的。但我们的到来,可能无形中打破了这种村民互惠制度的结构,作为一种客人的角色出现,无形中增加了该户人家提高身份地位的砝码。我们的到来同样是一种"礼物",而且对当地人来说,是高贵的礼物,其他村民想请也请不到的贵客,但实际得益者除了这户村民家庭在村寨里的地位提高外,还应该增加上带我们来吃"杀猪宴"的陪同人员,这是因为,陪同我们的当地体育局的官员,将我们北京来的客人当成一种"礼物"来送给这户家庭,致使以后他在该村的威望和地位也相应得到肯定。可以说,通过这次参与观察和角色的转换,我们简单了解了维系一个农村社会秩序和村民关系的内部含义,虽然不是单纯意义上的考察民族体育项目,但这种考察方法却让我们认识到,研究少数民族体育不单是考察其外部形式的体现,而是更应该考察体育在村民社会中所起的作用,以及他们如何看待一个事物的态度,研究少数民族体育现象同样应该如此。

在上文中,我们用了比较大的篇幅来叙述这次吃"杀猪宴"的经历,其实无形中融合运用了参与观察、深入访谈和民族志的写作,同时也将我们所掌握的一些理论知识对这种现象进行了分析与讨论,以便达到对一个所谓"常识"现象的理解。将研究方法放置到田野考察中进行检验,是必须经过的一个环节,在确立研究方法后,其后续的工作就是要随时撰写田野民族志。所谓的"民族志"就是对人以及人的文化进行详细的、动态的、情境化描述的一种方法,探究的是一个文化的整体性生活、态度和行为模式,它要求研究者长期地与当地人生活在一起,通过自己的切身体会获得对当地人及其文化的理解,同时根据访谈内容及相关的文献资料,并结合自己的实践体会和客观报道，对研究项目进行合理的文化理解和阐释，避免主观判断，尊重客观事实。民族志的写作过程，实际上也是一种方法论的探讨。人类学学者们向来注重研究的客观性和精确性，所引用材料的准确性是首要条件，民族志对田野中的本地人的想法有多了解，以及判定是否应用了合适的资料来支持结论是极为关键的。因而，民族志必须选择那些符合描述情景及事件特征的原话，运用不具备代表性的谈话或者行为来支持个人的观点是不科学的，而从事这方面研究的人也可能会发现这些材料的不规范和逻辑性的欠缺。

关于少数民族体育的民族志特别强调对特定体育活动所展开、实现的具体情境信息的掌握，进而确定该体育活动对其文化语境的具体索引性，以及其文化语境对体育活动的规范意义，最终以尽可能地呈现该活动的"地方性"意义为契机，展开对体育——文化——人之间多种关联性的探讨。这同时也意味着，少数民族体育民族志的书写对象不能仅仅停留于活动行为本身的书写，而应当透过这种行为深描其所表现与内含的经验或审美体验。在这一研究策略、路径的导向下，进行体育民族志的书写方能彰显出其本身的意义和独特的文化内涵来。在面对充满阐释诱惑的文化景观和处于阐释虚弱尴尬的单一学科时，体育民族志也许是一种有效的整合性中介，至少是一种不错的尝试和有益的姿态，它改变了传统体育研究局限性，从而将体育现象引入到一个大众实践和日常生活的场域中来。民族志的写作过程就是人类学家亲自参与被访者的生活和行为，在周密观察和记录的基础上，用详尽的笔调来描述和说明所观察到的现象和文化，并按照一定的叙述框架写出自己的体验与发现，只有这样，才有可能对某一文化事象加以把握和阐释。

关于方法的运用，在其他学科的研究领域中，都会列举大量个案来进行实践分析。在人类学界中，许多学派的理论并非一时空想，而是经过长时间的田野调查之后得出的结论，只是由于出发点和研究范式的不同而产生了研究结果的差异。例如王明珂在其《华夏边缘——历史记忆与族群认同》一书中，就是将自己的一个"边缘"观点来佐证自己的理论的合理性，这同时也是一种对族群边界研究的方法论。他采用"族群的边缘方式"来研究族群。他认为，族群的边缘恰恰是界定一个族群对外表现出的"异己感"和对内表现出的"亲切感或是认同感"。族群边界的形成和维持在于资源的竞争，资源环境的改变会影响到族群边界关系的变迁，这一点，他赞同"工具论"也许还有"互动论"的观点，族群认同是人类资源竞争的工具。在验证自己的方法论的过程中，他通过对大量历史文献的研究，利用考古学和民族学在不同领域研究的局限性和一种惯性思维，大胆提出在不同时期，根据各种场域的变换以及国家政治权利的需要，"历史"是在不断建构和解构之间摆荡的。这种摆荡是有选择的，从而引申出几个核心概念：历史记忆、集体记忆和结构性失忆等。他通过到四川对羌族聚集区的田野调查，以及对历史文献和历史遗存的考证，认为历史学中用"二重证据"来判断真实"历史"是一种选择性的建构，这个判断可以说是一个颠覆性的学术观点。由此在一个历史可能是建构的前提下，我们谈论的历史只能是一个建构的"历史"，而并非真正的历史问题，很难从生态环境来解释游牧与农耕的边界，这种漂移所带来的不确定性可能应该从更多的角度来思考。但在人类学的研究领域中，一直将族群的亲属制度作为核心内容来研究的，而族群这一概念事实上包含了一个人类学研究领域中的难题，即如何将它所研究的客体分离开来、区别对待。

三、方法的检验

在现阶段，在文体分化不是很明确的情况下，我们研究少数民族传统体育的一个热点就是对地方或者族群中的艺术家或艺术群体进行详尽的个案研究。我们知道，经验方法是获取科学事实真相的主要方法，在自然科学中主要指观察和实验，在人文社会科学中除了观察、实验外，还包括抽样调查、测试和长期的田野实践，以及比较性研究文献资料、个案跟踪、内容分析、总结归纳等。实质上，人文社会科学经验方法的多种类型和各种不同类型方法之间是存在比较大的差异的，其主观因素和价值取向存在左右研究方法的可能的。让·皮亚杰认为："当研究者把可检验的东西与只能思辨或直觉的东西分开，制定出适合于自己所研究的问题的专门方法——可以同时是比较法和检验法，这时，研究才能开始进入科学阶段。"[①]所以，在研究少数民族传统体育时，对他们的研究和考察中，应重点调查乡民艺术传承人的组织形式与宗族、家族等社会组织形式之间的关系，对其在具体的艺术活动中的行为方式，特别是传承与习得方式、具体的表演活动、在不同的社会环境和场景中的角色及其不同的应对方式等加以深入的探讨，同时也要关注艺术活动中的表演者、接受者、参与者之间的互动关系。只有在这种扎实的研究基础上，对少数民族传统体育的研究才可以切实起到对民族文化资源的保护、开发和借鉴的作用。

田野调查与深入访谈，以及参与观察和书写民族志等方法的作用，其实就是将在实践中获得的知识和认识通过理论分析与总

---

① 让·皮亚杰著，郑文彬译：《人文科学认识论》，中央编译出版社，1999年，第19页。

结，整理归纳并形成一种常识性的东西以便后人运用和经验积累。例如我们在对全国少数民族运动会的比赛项目——木球运动的考察中，就通过这些方法了解它的起源发展和名称的由来。根据一些资料显示，木球运动是回族的一项传统游戏活动，多流行于北方各地，其中又以宁夏回族自治区开展得最为普及。我们在对木球之乡——吴忠地区的考察中获知，打木球，当地的回族群众将其称作"打篮子"或者叫"赶铆（毛）球"，是宁夏回族民众代代相传下来的一种传统的民族体育活动。

关于木球的起源和称谓，至今并未形成一个统一的认识，在官方文献中很难找到确切的记载，只是在今人杨春光先生编著的《宁夏文化的源与流探析》一书中有过简单的说明："（木球）相传清同治年间流行于宁夏回族中，由牧童'打毛球'或'打篮子'演变而来。"[①]不过，在民间传说中的"打木球"年代由来已久，相传，康熙微服私访时曾扮作乞丐来到宁夏地界。一天，看到几个牧羊娃娃在草滩上玩得特别热闹，康熙走上前去观看，原来，牧羊娃娃正用一个圆形牛毛球做游戏，十分有意思。于是，康熙就模仿牧羊娃娃的动作打起球来。回到京城后，想起牧羊娃娃们玩的游戏，康熙帝便命人按照在宁夏见到毛球的样式仿制出来，组织宫廷里的人比赛。根据民间描述，木球在清初就流行于民间了，至少有三四百年的历史了。在宁夏吴忠市还有一种"外来说"的观点，认为木球来源于西亚地区，是由伊斯兰教朝圣者带入到吴忠地区的。过去，冬天的时候地里没有农活了，再加上天气寒冷，没有什么娱乐活动，闲暇之余，便在腾出的打谷场上，人们集合在一起，用一根木棍击打木工匠们做活剩下的"铆头"，用来游戏，久而久之，逐渐形成多种玩法。

---

① 杨春光：《宁夏文化的源与流探析》，宁夏人民出版社，2008年，第66页。

那么木球的前身到底是叫"打篮子"还是叫"赶铆球"呢？从对游戏的命名来看，一个突出的是"打"，一个突出的是"赶"，而从两个动词所指代的含义来说，这两个游戏形式必然不同。当我们来到当地后，通过观察与访谈获知，名称的差异是因为游戏的形式不同，之所以会产生称谓上的差异，实际上就是在不同时期，对这种游戏形式的不同称呼，而称谓的不同也往往说明木球运动发展的前身与项目形成的过程。所谓的"打篮子"可能就是木球前身的最早称谓，这种形式的游戏与现代木球比赛是存在着较大差异的。我们在吴忠的马莲渠乡的田野考察中，看到当地的许多人都会玩这种"打篮子"的游戏，其中一些水平较高的人还能打出各式各样的花活来，例如常用的姿势有：燕子衔泥、铁把木哈、绞儿钻、隔山掏水、鹞子翻身、木锨插把等，而且越往后难度级别越高。打的时候，将一个 8 公分左右长的用刮刀削制而成的球用以上各种姿势抛起，然后用白蜡木制成的大概 65 公分长的木棍击打木球，这种游戏在北方的许多地区都曾流行过；而"赶铆球"则是在"打篮子"的基础上发展演变而来的又一种游戏方式罢了。其与"打篮子"最大的不同之处是产生了身体对抗，一方用特制的球杆来赶击小球，并最终打进得分区，而另一方则要千方百计地设置障碍阻挡对方的进攻，这种"赶铆球"的游戏方式已经较为接近现代的木球竞技比赛形式了。方式的改变必然会引起游戏规则的改变，一旦产生了游戏规则，则游戏娱乐形式的活动也将逐渐转型为一种体育比赛的运动形式。

现在我们不能简单地断定"打篮子"产生的时间一定比"赶铆球"要早，因为这是两种不同类型的游戏活动形式，但是，可以肯定的一点，这两个项目都是在宁夏当地或是吴忠地区，开展得十分普及的民间娱乐活动。后人将这两种甚至还有其他类似的在宁夏当地开展得较为普遍的游戏形式也容纳进来,比如打梭、砍尖等,从而将这些游戏活动融汇在一起,去粗取精,才发展成为一个较为成熟的体育项目。对木球运动形式的打造,可以看成是为了适应或是宣扬一种民族文化,而这种文化却不一定就是某个民族的,在中国传统体育的项目中,曾经记载过一个现今已经失传的游戏活动,这就是——击壤。① 击壤是一种我国古代的投掷游戏,据《逸士传》记载,早在尧时就已经有了击壤活动的开展。晋皇甫谧《帝王世纪》亦载:"(帝尧之世)天下大和,百姓无事,有八十老人击壤于道。"由于击壤游戏比的不是力量,属于纯粹的民间娱乐活动,所以老年人参与的比较多,东汉刘熙的《释名》中明确记载:"击壤,野老之戏。"或许因为击壤属于野老之戏而难登大雅之堂的缘故吧,它的普及程度和影响力都远远不及其他体育项目,但它在民间一直流传不绝,则是客观事实,这一点从许多古代诗词中可以得到佐证。晋代张协在《七命》诗中说:"玄龆巷歌,黄发击壤。"其意为黑发幼儿在巷中唱歌,黄发老者在玩击壤之戏。

古代的击壤游戏活动,在一些文献记载中有两种不同的玩法,一种是三国时期魏人邯郸淳在《艺经》中的记载,一种是清代周亮工在《因树屋书影》中的记载。魏人邯郸淳在其《艺经》中记载:"壤以木为之,前广后锐,长尺四,阔三寸,其形如履。将戏,先侧一壤于地,遥于三四十步以手中壤敲之,中者为上。"后在明王圻的《三才图会》也有相同的记载。此文中,首先介绍了壤的形状,然后简单将其玩法做了介绍和说明。其实这种游戏十分简单易学,木制的壤很轻,所以击壤不是一种体力

---

① 对"击壤"的介绍及部分引用文献,参看冯国超:《中国传统体育》,首都师范大学出版社,2005年。

性很强的活动,而主要是比准头、眼力与动作的协调性,对老年人的身体康健很有好处,否则也不会成为老年人也能参与的游戏活动了。清人周亮工在其《因树屋书影》一书中又介绍了另一种有关击壤的游戏方法,他在书中说:"所云长尺四者,盖手中所持木;阔三寸者,盖壤上所置木。二物合而为一,遂令后人不知为何物矣。阔三寸者,两首微锐,先置之地,以棒击之,壤上之木方跃起,后迎击之,中其节,木乃远去。击不中者为负,中不远者为负,后击者较前击者尤远,则前击者为负,其将击也,必先击地以取势,故谓之击壤云。"其实清人周亮工所介绍的方式与魏人邯郸淳所说的击壤游戏是两种完全不同的游戏活动,可以这样说,也许周亮工是在古老的击壤游戏的基础上有所创新和改革。但不管其怎样改革和完善,击壤毕竟是一项在民间开展的游戏活动,不需要什么规则的限制和束缚,只凭个人喜好罢了。所以,现代的木球运动就是不仅延续了"打篮子"、"赶铆球"、"打木球"的玩法规则,同时,还借鉴了足球、曲棍球的打法和规则,逐渐发展成一套具有鲜明特色的民族体育项目。所以说,通过实践调查看到木球这项运动可以发现,"一种游戏不可能是封闭的,它自身的边界本身就是开放的,它还有着向别的游戏转化、向更广泛的其他情境延伸的驱使;另一方面,就算我们局限在相对稳定的一种游戏的范围内,那么我们也没办法衡量每种要素自身所隐含的差别"[1]。

其实方法的实践,还是遵循的是民族学、人类学等人文学科的系统研究基础,用务实的研究方法和丰富的研究成果来为少数民族传统体育的科学研究提供理论的指导和保障。人类学和民族

---

[1] 姜宇辉:《德勒兹身体美学研究》,华东师范大学出版社,2007年,第118页。

学是民族传统体育学的母学科，体育界虽然对民族传统体育进行了大量的研究，但普遍是无序的，或者说是没有理论体系的，甚至普遍不了解人类学和民族学为何物，缺乏相关基础的理论知识，致使在实际研究中遇到一些问题和困惑，也许是一种想当然的"常识"背后的误解。因此，在少数民族传统体育学和体育人类学这些母体学科不能够很好地起到理论支撑作用时，就必须紧密依靠民族学、人类学等学科的理论方法进行研究。

第三节 身体的实践

从某种哲学角度来说，身体应该包括两个方面，即"身"和"心"。对于身心二者的关系问题，在哲学的研究领域中始终纷争不断，早期的哲学家笛卡儿就认为身心是二元对立的，彼此之间没有互动或者互动性很少，从而这两个领域或者主题都是被各个不同的学科分别提出来的，是一种理性的思维方式。布莱恩·特纳认为笛卡儿的这种认识造成了一种学科的分类形式，即："身体成为包括医学在内的自然科学的主题，而心灵则成为人文科学或文化科学的主题，后来，这种分割成为社会科学基础的一个重要特征，在有关自然科学方法论实用性的讨论方面尤其如此——这种方法论服务于'人'的解释性科学。"[①] 而社会学家则将"身体"看成是一种行为，是社会环境中的一部分，而人文社会科学的目的就是对一些社会行为进行文化理解和阐释。

作为一项人文研究领域关注的社会现象，来讨论身体的社会

---

① 汪明安、陈永国：《后身体：文化、权力和生命政治学》，吉林人民出版社，2004年，第4页。

生产、身体的社会表征与话语、身体的社会史以及身体、文化和社会的复杂互动关系，都是对身体行为的一种认知和理解。所以，马塞尔·莫斯提出来的身体行为的一些基本方面，如走、站、坐等，都是社会建构。这些实践行为要求有官能性基础，但是官能的潜力得以实施则需要一个文化语境的存在。他还认为，身体技术虽然依赖一个共同的器官，但它既是一种个人培养，也是一种文化培养。我们在日常生活中，很少意识到思想对身体的控制，而是一种类似俗语说的"下意识"的行为支配，是一种无策略的策略选择，从来没有人会对自己的身体下坐下、起立、行走、卧倒等这样的指令，反而是身体在应该坐下的时候坐下，应该起立的时候起立，那么不管是哪种类型的舞蹈或者体育，都是身体在一定实践场景中的需要而确定的规范，而这种行为都是人们根据不同的语境、情境、场域等来作出的一种判断，从而通过身体的外在表现凸现出来。"人"有一个外在的身体，也就是说，人将自己体验为这样一个存在，他完全不等同于身体，而是相反，他有一个可以随意支配的身体。由于这种原因的存在，在一些诸如健康、体育、休闲领域中，身体、社会和文化的互动才是社会实践的关键特征，他们不是让自己的需求来适应既定环境，而是改变环境使之满足自己的需求，例如，人们制造了大量的生产工具来从事生产，而不是等着自然的进化来达到具备生产的功能，就像人建造了船来从事航行、渔猎等活动，而不是通过进化长出了类似鸭子等便于潜水、游泳的脚蹼一样。身体的政治化倾向实际上就是一个价值观的体现，西方价值观先是因为一些苦行原因强调内心的控制，现在则因为审美目的而强调对身体表面的操控。审美是因为强调对身体的控制来实现的，而古代人的舞蹈或体育等行为，也许并没有这种审美观念的存在，它只是一种内在的功能体现而已，只是到了后来，由于受到各种权势政治的束缚，才将审美重新构建成一个规范标准。现在对身体的审美性质日渐重视，是从长相的角度来强调苗条和自我调控。身体成为趣味和区分的一个基本特征，根据这种区分，对人的形式的管理就成为布迪厄所说的那种身体资本转化为象征资本的主要部分了。

一、身体的认知

前文中谈及的有关对身体方面的认知，大多是从一种哲学范畴的思辨形式体现的，较为抽象，在西方社会科学对于身体的探讨中，身体是被置于日常生活当中活生生的身体，即身体在理念上被认为是一个象征系统和交流系统。而作为一个生物有机体的身体，则被分割给了自然科学和医学领域。在这样二元对立的基础上，社会科学讨论的身体大多是社会和文化建构的身体观。而这种探讨，已经不再是一个时髦新鲜的问题了。那么如何将身体作为一种工具运用到实践场域中来，则是人们关注的焦点。在布莱恩·特纳的《身体与社会理论》一书中提到："身体是我们劳动的对象——包括进食、睡觉、清洁、饮食控制与运动。这些劳动可以被称为身体实践，它们既是个人实践，也是集体实践。一方面，这些实践将我们与自然界联系在一起，因为我们的身体就是自然环境；另一方面，这些实践还将我们置于难解的社会规范体系中来，身体具有象征的潜力和作用。"[①]

身体实践，应该包括两个层面的认知：一种是对身体观的认知；一种是将身体融入特定场景中的感受，也可以称为体验。第一个层面，其实就是人们如何看待自己和别人、男人和女人的身

---

① 布莱恩·特纳著，谢明珊译：《身体与社会理论》，台湾国立编译馆，2002年，第246页。

体观。身体是政治神话在现实里的实践和体现，一个人的身体和别人的身体，都只有通过感知的范畴才能察觉。而这种感知往往是通过身体的外在姿态表现出来的。关于对身体的认知，马塞尔·莫斯第一个为我们论述了社会成员对身体的实际运用和社会运用。西蒙·威廉姆斯和吉廉·伯德洛在其《身体的"控制"——身体技术、相互肉身性和社会行为的呈现》一文中，对莫斯的身体技术有一个总结："身体技术有三个基本特征。首先，顾名思义，它们是技术的，因为它们是由一套特定的身体运动或形式组成的；其次，在一定意义上说，它们是传统的，因为它们是靠训练和教育的方式习得的，没有传统就没有技术和传递；最后，在一定意义上，它们是有效的，因为它们服务于一个特定的目的、功能或目标，例如跑步、行走、跳舞等。"[1] 在此，引申和总结一下莫斯理论的含义：第一，它是由一套特定的身体运动或形式组成的，所以它是技术的，身体是人最自然的工具；第二，身体技术是传统的，因为它靠训练和教育的方式来习得的，没有传统就没有技术；第三，身体技术是有效的，因为它服务于特定的目标、功能和目的。

以上三条总结，我们在少数民族地区所观察到的一些现象可以证明其观点的合理性。舞蹈是主要表达人们内心情感的方式，而男人和女人的情感会通过肢体的展演来倾诉。例如身体的弯和直，表情的豪放与拘谨等等的对比，都能从中发现一些隐含在里头的意义。舞蹈中男人们的身体和舞步通常是趾高气扬、昂首阔步，颇显男子汉的阳刚威猛，以表达其沉稳、坚定的意志品质和家庭地位及世俗权力；反之，女人们在舞蹈中则表现的是一种小

---

[1] 转引自汪明安、陈永国：《后身体：文化、权力和生命政治学》，吉林人民出版社，2004年，第400—401页。

心翼翼,低眉顺眼,目光下垂,只看她下一步落脚的地方,这种表现都是女人们在日常生活中的真实反映。在世俗社会中,女人走路就应该躬身碎步缓缓前行,臀部不可摇摆得过于厉害,大踏步行走就会使得身体姿态失去女性特有的妩媚和矜持,这同样是一种等级阶序的体现。总而言之,女性专有的美德——谦卑、矜持、保守、拘谨、羞怯等,都让女性的身体朝下、朝内;而男性的特点则是朝上、朝外。正如布莱恩·特纳所说的那样:"在历史上,透过知识与权威所进行的社会控制,正是与女性身体为对象,因为女性负责繁衍人类,但男性负责管理作为商品的女性与财产。我们有理由相信,男性透过家庭与国家等制度机器,在意识形态上控制女性。"[1] 人们的生活方式是掌握身体技术的重要手段,后天的训练恰恰是这种生活方式在人们头脑中秉性的、根深蒂固的观念所决定的,或者说是一种文化模式影响下的习惯使然。可以说,这种训练是按照人们日常生活中潜在的规律而决定人们应该采用何种方式的训练来训练他的后人。许多传统技艺的获得,同样都是在沿袭着共同的训练模式来沿袭传统。

我们在四川甘孜藏族自治州看到的来自雅江县表演的锅庄舞蹈时,这种情形就表现得十分明显。传统的锅庄舞蹈都是一个场景的描述,而描述是不用话语的,使用的是"肢体语言",这段锅庄的名字被称为"情侣锅庄"。叙述的是一个男女青年谈情说爱的情境,其过程是由两队青年男女手拉手,随着音乐的节拍,缓步进入舞场,从一开始的羞涩相识,到逐渐的熟络,最后是充满浓情蜜意的心灵交流,整个故事的过程就是将"爱情"作为一个场景来体现藏族儿女们的爱情表达方式。他们通过脚碰脚、

---

[1] 布莱恩·特纳著,谢明珊译:《身体与社会理论》,台湾国立编译馆,2002年,第248页。

手牵手以及相互对望时那羞怯的惊鸿一瞥,将彼此双方的爱恋之情通过心灵的交流而达到舞蹈的高潮。这个时候,眼神的碰撞,将一切外在的肢体动作和语言替代一尽,从羞怯偷看,到四目相对,都在表达着一种过程,一种时空穿越其间的感情历程,话语失去了原有的功能,而身心的交流和融合已完全打破了笛卡儿"身心二元对立"的结构模式。但是,这种锅庄同时也体现了男人和女人在世俗权力的差异,男人表现得豪放英武,而女人则表现羞怯、内敛,即使是四目相对,眼光也是含蓄下视的。由此而知,在早期的一些民间舞蹈表演形式中,受各种社会因素的影响和在人们头脑中形成的意识而使舞蹈这一行为蕴涵了太多世俗权力之间的博弈,肢体会不断和它所再制的知识和政治混杂在一起,而类似的许多艺术形式同样是这样一种利用身体的再造。

布迪厄试图用他的实践一元论来克服身体和意识的二元对立,尤其要克服意识在认知和实践中对身体的压制,身体和意识在此水乳交融。另外,尼采和福柯的传统根本不想调和身体和意识的关系,"在这个传统中,只有身体和历史、身体和权力、身体和社会的复杂纠葛。从尼采和福柯这里开始,历史终于露出了它被压抑的一面"[①]。由此可知,身体是可以被权力所改造的,而权力可以隐藏在政治、经济和文化的实践中的。"身体总是被卷入政治领域中,权力关系总是直接控制它,干预它,给它打上标记和符号,训练它,折磨它,强迫它完成某些任务、表现某些仪式和发出的某些信息。这样的身体因此是备受蹂躏的身体,被宰制、改造、矫正和规范化的身体,是被一遍遍反复训练的身

---

① 汪明安、陈永国:《后身体:文化、权力和生命政治学》,吉林人民出版社,2004年,第21页。

体。"① 现代我们看到较多的舞蹈形式都是一种文化场景的再造，尤其被加工过的用于舞台表演的舞蹈则与原初舞蹈的形式大相径庭。甚至一些仪式中的舞蹈以及操控这种仪式过程的巫师也被各种政治权势所瓦解掉了，巫师的行为本身就是一种权力的再造，其实质是为某种政治权力而服务。所以我们现今看到的舞蹈中的对身体控制已不再是洋溢着愉悦神灵的身体，而是洋溢着权力意志的身体，不是洋溢着超人或者精神理想中的身体观了，而是一种悲观、被动、呆滞的身体。被动的身体的最终出路只能是隐秘的自我美学的改造，身体不是根据它自身的主动力量而展开，而是根据美学标准来自我发明和创造。身体的政治化趋势，促进了人们对身体现象进行社会分析的兴趣。正是因为身体再现了人类主体经验与参与真实世界的场景，因此它的大众舞台热衷于鼓励并维持将真实转变为转喻的功能。

第二个层面，实际上就是将身体作为一种符号代指，在融入特定场景后对自己身体的认知，也可以说是一种身体的体验。以往的人类学家十分注重"经验"对认识事物的作用，而关乎艺术或体育来说，可能用"体验"这个术语来解释更适合一些。身心的体验，情感的投入，艺术以及体育的实践，是亲身体验实践这种工作，亲力亲为，在做和学的过程中把握艺术和体育创作的过程，注重的是过程性的东西，体验应该是一个过程性的讨论，讨论不仅仅是以访谈和观察来说这个过程，而应该是将这个过程作为一种亲身体验来实现，体验意味着知觉、感觉的问题。在人类学界怎样突破视觉主义的束缚已经成为后现代主义质疑的焦点了，而知觉和感觉比视觉层次更高一些，身体的实践和体验，则

---

① 汪明安、陈永国：《后身体：文化、权力和生命政治学》，吉林人民出版社，2004年，第19页。

应该更为注重一个物体或艺术作品带来的知觉和感觉的冲击。视觉主义往往代表了西方人对非西方社会的一种"语言",而这种语言则代表着一种"态度",这种态度已经被后人所质疑,但知觉和感觉则是更接近的一种"体验",也是最为接近事实真相的途径。应该说"体验"是人类学尤其是体育人类学和艺术人类学的一种实施方法,更是一种研究方式和手段。

我们以日本传统的剑道项目为例来探讨关于身体体验以及超越身体界限的哲学认知。日本的传统体育项目——剑道,并不是完全意义上的体育活动,他们将许多自己的情理也融入项目中来,富含浓厚人生哲理。日本人崇尚自我修行,而日本的修身术的形式来自印度的瑜伽思想。瑜伽原意是结合、和谐的意思。古代印度哲学有瑜伽派,古代西藏和印度人将其外化为一种修身术,重视调养、静坐、吐纳调息与肌肉牵伸等修行方法,意在追求自我和天神的统一。瑜伽在印度是一个极端禁欲苦行的教派,"瑜伽"的梵文原意为"比通常所能承受的更痛苦"。① 它认为这是一种从轮回中获得解脱的方法,除了这种解脱(涅槃)外,别无其他解脱之道,而获得解脱的最大阻碍是人本身的欲望。人的欲望只有在通过忍受饥饿、自取其辱、自我折磨后才能消除。瑜伽是一种摒弃世俗世界,逃脱无边苦海从而得到解脱的一种修行方法,同时又是一种控制精神力量的手段,越是极端艰苦就越早达到脱离凡尘的目标。

但日本却没有将类似"瑜伽"的修行方式作为宗旨,而是将禅宗思想作为一种训练武士的重要方法和手段。他们认为禅宗没有什么神秘可言,只是通过神秘的修行法来训练武士的格斗,而不是用它来追求佛法宗旨。日本的许多教派,包括佛、道教都

---

① W. Bruce Cameron、Sparkler 译:《瑜伽置我于劣势》,载《西南航空》,2009年,第64页。

特别强调苦思冥想和入定这类的神秘修行法。并通过这种修炼以达到"忘我"的境界,这种境界换言之就是以赴死的勇气去面对即将到来的困难,我们称之为"以必死之心而匡扶正义",所以也就没有任何可怕的事情来阻挡他们的前进之路,他们强调通过自己的努力才能达到增强潜力。所以日本的禅宗教义明确规定:"修禅所追求的目的,就是在自己身上可以发现光明,根本容不得半点的阻碍,要铲除路上的一切妖孽……遇佛杀佛、逢酋灭酋、遇圣屠圣,只有照此做才能得以解脱。"① 武士们除了学习必要的剑法的技巧外,还必须学会做到"忘我"的境界,而忘我的境界在日本剑道对抗以及真正实战搏杀中都体现得淋漓尽致,不单纯是方法击刺之论。所以我们看到日本剑道搏击时的方法多为进攻,勇猛直前、不畏艰险,用进攻代替防守。同时其两个主要技术"立劈"与"突刺",都象征其勇往直前的武士道精神,这种精神,多少会受到日本禅宗教义的影响。

二、身体的记忆

作为一项偏重身体实践的"技艺"行为,对少数民族体育的研究,应该突出对身体"艺"的获得途径的研究,而实现这种途径的可能,主要靠的是身体实践中形成的一种"记忆",在此可以称作"身体记忆"。"身体记忆"的过程也就是"艺"的获得过程。关于"历史"与"记忆"方面的研究,台湾学者王明珂在他的《华夏边缘——历史记忆与族群认同》一书中就根据自己掌握的大量素材,大胆提出"历史"在不同时期,根据各种场域的变换以及国家政治权力的需要而在不断建构和解构之

---

① 露丝·富尔顿·本尼迪克特著,晏榕译:《菊花与刀》,光明出版社,2005年,第161页。

间摆荡。这种摆荡是有选择的,从而引申出几个核心概念:历史记忆、集体记忆和结构性失忆等。他是通过人们对历史记忆的建构来研究族群认同中所遇到的问题的。王明珂的"记忆"理论探讨的是一种建构中的"历史",既有选择性记忆,也有结构性失忆,是根据自我的需要而形成的一种族群认同的工具,即非血缘关系,也非原生情感的纠葛,而是一种文化的认同。历史记忆有可能是选择的,但身体的记忆却是真实的。皮埃尔·克拉斯特里斯认为:"烙印使人难以忘却,痛苦的印记可以使身体变成记忆,身体所记得的是法律、规范和强制。"① 莫里斯·哈布瓦赫在《论集体记忆》就曾说过,痛苦的印记会使记忆更为深刻。而痛苦有可能是身体上的,也有可能是心理上的,但是随着时光的流逝,人们心理上的感受就会逐渐消逝和淡漠,而身体上的感受却相对记忆深刻和真实。

我们在上文中探讨了日本人的这种改造思想和修行的艰苦过程,但却将修行的宗旨放在脑后,他们利用这种艰苦的修行过程来达到提高自身能力的目的,就是不单在身体训练上,同时在思维理念上也同样被灌输了一种身体观和价值观,他们认为,身体不是生物学上的客观存在,是集体记忆和传统的生活方式被融入社会后一种价值观的体现,我们看到的剑道以及日本士兵拼刺刀的状态同样依赖这种精神理念的支撑。由此看来,我们以前的武术家们只是在剑道的一些招法和技术上对日本刀的功法特点进行了分析,而恰恰忽略了日本国民性格上的阐释,这当然会受到历史认识的局限,只知其然,而不知其所以然。所以日本刀法的厉害之处,并不在其技法上有多么诡秘和精深(这与我国传统武术

---

① 迈克尔·赫茨菲尔德著,刘珩、石毅、李昌银译:《人类学——文化和社会领域中的理论实践》,华夏出版社,2009年,第252页。

之博大精深相去甚远），而是隐身其后的民族性格上的精神理念，所谓"武士道"也许就是这种精神的现实写照吧！以前我们对日本军国主义的研究多侧重于从社会结构和政治组织方面揭示其发展过程和形成特征，而在丸山真男（1914—1996）《现代政治的思想与行动》一书中的第一篇"极端国家主义的理论与心理"中就明确指出：日本走向近代国家时，天皇制的确立用"忠孝"的观念封杀了个人主体的自由，根本的"国体"独占了所有真善美的内容。[①] 另外，本尼·迪克特将她在《文化模式》一书中提出的观点运用到日本这个国家中，"她的假设是每一种文化都具有一致性，某些优势的主题——价值和信仰的核心是这种一致性的表现，而个体人格的发展受到这些文化假设的束缚。"[②] 所以，由此看来，在日本当时许多有关学术、艺术、体育甚至战争等都只能依附这一价值体系才得以存在。

  体育训练和艺术的培训都是一个痛苦的过程，而这个过程已通过身体的感悟转化为"艺"的一种方式和实现途径，但这种途径是一种社会行为型塑在人们的身体之上的具体体现。我们通过到河北邢台拜访一些健在的回族老拳师和清真寺的阿訇，在同阿訇的交谈中，我们了解到一个细节问题，那就是在礼拜的跪坐时，与一般跪坐不同，他们的跪坐是一脚跛一脚立，通常是左跛右立，起立十分方便，而且不会由于跪坐的时间过长而产生麻木，这种宗教礼拜已经根植于回族人民的日常生活当中，成为一种潜意识中的惯习行为。武术中抢背摔的起立动作与这个动作十分相似。另外，回族群众讲究以身事主、意向主、

[①] 丸山真男著，陈力为译：《现代政治的思想与行动》，载《南方周末》，2008年11月20日，第24版。

[②] 转引自弗雷德里克·巴特等编，高丙中等译：《人类学四大传统——英国、德国、法国、美国的人类学》，商务印书馆，2008年，第356页。

心敬主。在礼拜中能做到正容而立、端庄而坐、威仪而起、轻缓而念、至诚捧手、优雅退步。在上述对礼拜过程的描述中，我们依稀看到在回族武术中都存在这种宗教仪式的影子，在回族拳术里许多姿态都受到影响。上述的回族礼拜过程是一个民族或一个族群集体记忆的体现，这种记忆不是作为个人的记忆，而是整个族群都要共同遵守的一个原则，同时也体现出宗教信仰对身体观的影响。

再以查拳为例，查拳的基本功套路，包括以腿法见长的"弹腿"、以"仆步穿掌"为主要动作的"滑抄"以及以拳法为主的"捣捶"组成。弹腿是以腿法为主要内容的查拳基本功，按阿拉伯阿文28个字母排列组成的28个基本动作组合，又叫二十八路弹腿。目前流行的是前十路、后十八路比较复杂，为了便于记忆，把它编成两套类似拳套的套路叫腿拳势，分为一趟腿拳势、二趟腿拳势，又称为"二路腿拳"，故有"南京到北京，弹腿出在教门中"之说。① 回族武术中的动作与仪式结合，具有浓重的穆斯林文化特色。传统武术的习练方式和方法跟现代竞技武术的训练方式有很大区别，其特殊的训练方式也决定了训练效果的不同。

法国社会学和人类学家马塞尔·莫斯曾提出身体技术的分类原则，从四个方面来探讨身体技术的形成过程。这四个分类分别是：(1) 身体技术按不同性别区分；(2) 随年龄的改变身体技术的变化；(3) 与效率相关的身体技术的分类；(4) 技术形式的传授继承。以上这四种分类方式，分别从不同角度来探讨身体技术与人们在日常社会生活中关系，并怎样化成一种身体记忆方

---

① 王杰、姜周存：《回族查拳 武坛奇葩》，载《中国穆斯林》，2008年第6期，第53页。

式的。在第一种分类方式上，莫斯列举了一个男人与女人关于"握拳"方式的个案。他说："男人握拳时一般拇指在外，而女人握拳是拇指在内；可能因为没有人教她们，但我敢肯定即使是有人教也很难改变。她们击拳与投掷都软弱无力，大家都知道不仅软弱无力，而且与男人不一样。"① 他认为这是因为由于男人有男人的社会生活，女人有女人的社会生活，是两种不同的社会生活的训练方式的差异而造成男人和女人的身体技术的形成。另外，莫斯还在第四个方面，即技术形式的传授继承中有过详细的分析与讨论，他认为："教授技术是最基本的，我们可以按这种教育、这种训练的性质给技术分类。这是一个新的研究领域，许许多多应当观察而没有观察的细节组成了两种性别所有年龄段的人体教育的内容。"② 与此同时，他又根据以上言论进一步分析道："了解一个人为什么他不做什么动作而做其他的，仅有人的运动不对称的生理学与心理学是不够的，还应当知道对人极其重要的传统。"③ 通过这些社会学家的分析，我们可以从一个全新的角度来重新看待身体技术的形成模式。人们的生活方式是掌握身体技术的重要手段，后天的训练恰恰是这种生活方式在人们头脑中秉性的、根深蒂固的观念所决定的，或者说是一种文化模式影响下的习惯使然。

可以说，这种训练是按照人们日常生活中潜在的规律而决定人们应该采用何种方式的训练来训练他的后人。许多传统技艺的获得，同样都是在沿袭着共同的训练模式来沿袭传统，师父们从他的师父那里获得的技术训练手段而再教授给自己的徒弟，并一

---

① 马塞尔·莫斯著，林宗锦译：《人类学与社会学五讲》，广西师范大学出版社，2008年，第93页。
② 同上，第95页。
③ 同上。

代代的传承沿袭下来。

三、记忆的技艺

我们之所以强调身体记忆,是因为一个族群的人们在口耳相传的过程中,文化变迁可能会丧失对历史的记忆,而身体的记忆则会潜藏在内心的最深处。事实上,除了大脑的记忆之外,我们的身体至少有五个部位能够产生身体的(或肌肉和骨骼的)记忆,并划定人类行为与动物行为的不同。正如有人所说的:"自由行走的两足,灵活操作的两手,躯干直立,五官和头的表达能力以及听说系统。如果再除去原始舞蹈载歌载舞中的听说系统,那手、足、身躯、五官和头恰恰就是舞蹈的所有原始资本,它的每一部分都可以成为人类记忆和释放符码化的情感仪式的工作子系统。"[1] 故而,在对少数民族体育的研究方面就可以借鉴上述理论,身体记忆的形成与痛苦的习练过程相关联,而习练过程则是隐含在规范和强制背后的策略。痛苦的印记可以使身体变成记忆,将身体的记忆与学艺过程中的痛苦经历相结合,也是增强这种记忆的一种方式,越痛苦,记忆越深刻,技艺掌握得就越好,痛苦成为记忆的载体是一种手段。

通常情况下,身体的记忆同样可以和族群认同联系起来,特别是在一些少数民族聚居的村落里的一些我们称之为"体育"的项目或者说"活动",人们经常从事这些活动的时候,不自觉地会将其纳入到自我认同的层面上来。在民族认同不那么强烈的时候,可能没有特别的民族符号,民族不经常在当地人考虑的范围之内,也不需要用象征性的东西来说明其差别,但是,一旦当

---

[1] 刘建、张素琴、吴宏兰:《舞与神的身体对话(上)》,民族出版社,2009年,第155页。

民族意识开始强化时,就会有一些象征民族的东西加进来,而这个时候,身体上的表征因素就会体现出这种认同的差别。例如,在同以游牧文化为主的藏族、蒙古族和哈萨克族的舞蹈在身体上就产生了这种差异,藏族舞蹈腿部和脚部动作多,强调踢踏,铿锵有力,步伐豪迈而粗犷;蒙古族舞蹈则以抖肩、揉臂和各种马步步伐为特色,在表现人的同时也表现马的雄姿,充分体现马背民族的文化特色;哈萨克族的舞蹈敦厚强健,充满力量和热情。① 另外,在同一民族中,也会存在不同的认同,例如我们在云南弥勒县可邑村看到的彝族的两个分支——阿细人和撒尼人,他们所跳的阿细跳月就存在细微的差别,不但如此,在他们所用的伴奏乐器上,也有大小三弦之分。而这种由身体塑造的肢体形态,往往也是一种认同的方式之一。应该说,"身体属于这样一个领域,即使它只是通过符号语言和形象来获得表达,它也能超出任何再现系统。身体产生于真正物质性的母体,把那些文化符号和律令嫁接其上就产生出了我们的想象技能以及我们的象征性代码。"②

莫斯对身体技术的解释与布迪厄后来的使用有着有趣的相似性。莫斯认为身体是工具的一部分,他曾说:"我们在许多年中都犯了一个根本性的错误,即认为只有在有工具时才有技术……我把一种传统的、有效的行为称为技术,如果没有传统就没有技术相传。就是在技术相传、而且极有可能是口头相传这方面人首先区别于动物。……我们谈的是身体技术,身体是人第一个、也是最自然的工具。或者更确切地说,不讲工具,人的第一个、也

---

① 徐万邦、祁庆富:《中国少数民族文化通论》,中央民族大学出版社,1996年,第211页。

② 汪明安、陈永国:《后身体:文化、权力和生命政治学》,吉林人民出版社,2004年,第121页。

是最自然的技术物品,同时也是技术手段,就是他的身体。"①在布迪厄看来,人们联系和对待身体的方式本身揭示了惯习发生作用时的最深层的倾向。布迪厄十分看重自身的身体实践,他采取了一种关系式研究姿态,使社会学打破了个人和社会分离的学术传统,从而关注到具体而微的日常社会实践而不是抽象演绎的理论思辨,他所提出的"惯习"的概念,实际上就是一种身体上的认知。对于这个观点,一些学者认为:"对于身体研究而言,这一概念的提出,同时消除了存在主义对主体主观选择力的夸大和结构主义对客观制约性的夸大,将个人实践的身体化为个体与社会、主体与结构的关系式研究中,从而排除了长期存在的二元对立。"② 进而,由于布迪厄用身体语言这个概念表示个体所负载的社会方式进一步强调了这一点。

身体语言,简而言之,就是"实现、体现,转化成永久倾向的政治神话,是站立、说话以及感觉和思考的一种持久方式,是出于心灵有意识的范围之外的准则"③。在莫里斯·哈布瓦赫《论集体记忆》的书中,虽然没有过多的谈及艺术的问题,但他对个人和集体记忆的关系阐释使人受到一些启发。其中谈及的一个问题就是在个人记忆中,提到了有关个人经历与记忆之间的关系。他比较重视个人在成长过程中的亲身经历,而技艺的形成我个人认为与这种亲身经历或体验有着很大的关联。在一定的时间和空间下,人们在对过去某个场景的记忆时是相对固定的,而学

---

① 马塞尔·莫斯著,林宗锦译:《人类学与社会学五讲》,广西师范大学出版社,2008年,第91页。

② 刘建、张素琴、吴宏兰:《舞与神的身体对话(上)》,民族出版社,2009年,第152页。

③ 汪明安、陈永国:《后身体:文化、权力和生命政治学》,吉林人民出版社,2004年,第401页。

艺的过程同样也是这样一个过程。莫里斯·哈布瓦赫在《论集体记忆》中说："我们回忆特定的意象，其中每一个意象都对应着一个单独的事实和场景……它再现了极为丰富的画面，非常有穿透力，因为它使得我们恢复了我们个人通过亲身经历所了解的现实。"[①]

身体文化和教育都是人类总文化中的一部分，体育既是身体文化的下位概念，同时也是教育的重要组成部分。随着社会文化的传播与发展，特别是休闲体育价值观对现代社会的影响，体育被赋予了更为宽广的空间，例如舞蹈、戏曲、杂技、气功等各种形式的文化活动不断与体育相融合，也呈现出一种复合文化的空前繁荣。这些都是大量的实践活动，它们既是身体技术，又是深刻的生物学的反响和结果。所有这些都能够并且应该进行实地的观察，有数百件这样的事物有待于我们去了解和认知。少数民族传统体育对体育的研究重点是对肢体形式和物质实物所表现出来的文化特质进行研究，是以整体论的观点去看待这种文化现象的，而不是针对某个个体进行文化的鉴定和区分。以武技立国的日本人，把武技用于民族精神的铸造，通过习武的艰苦过程来激励和培养青少年的成长，在注重个体对抗实用性的基础上，更重视程式和礼仪，通过让青少年练习这些项目而达到了解民族传统遗留下来的一些礼仪和文化内涵。文化是习得的，不是靠生物性的遗传而获得的产物，用人类学的术语来说就是"濡化"。这个概念是由美国人类学家赫斯科维茨提出的，他认为："从个体角度来看，濡化是人的学习和教育；从群体角度来看，濡化是不同族群、不同社会赖以存在和延续的方式和手段，同时也是族群认

---

① 莫里斯·哈布瓦赫著，毕然、郭金华译：《论集体记忆》，上海人民出版社，2002年，第122页。

同的过程标志之一。"① 同时他认为:"人类具有两种传承功能,一种是生物性传承功能,即人类的生存与繁衍;另一种是人类与动物不同而独有的,即文化的习得与传承,也就是文化濡化,其本质意义仍是人的学习与教育。"② 在日本除部分项目走现代竞技之路外,大部分武道仍保留较强的民族传统。现在的剑道、相扑、空手道等一系列日本传统项目追其源头都是由我国传入的,这些项目在日本生根发芽,焕发出青春的气息并长盛不衰。③ 而在其发源国,则有许多项目已消失殆尽,甚至要反过来向日本学习。

在前文中,我们将理论与实践问题划分为理论实践、方法实践和身体实践三部分,就是想通过布迪厄从实践中获得的常识来指导我们对少数民族传统体育文化现象的认知。而我们之所以对布迪厄的实践理论感兴趣,是因为他发展了很具有隐秘性的身体社会学,他将身体社会学作为他更为广泛关注的习性和实践概念的一部分。在趣味方面的身体禀赋和身体的象征再现是他文化资本概念的一个重要特征。

布迪厄社会学中的人体表现为一个场所或空间,不同社会阶层的文化实践刻写在它上面。每一个阶级和每一个阶级分支都有一个极具特色的活动,特别是体育活动,这个活动可以展示他们的文化和经济状况。于是,身体就成为个体的文化资本的一部分,在这个意义上,身体是权力的记号,同时,身体在一定层面上隐喻了政治权势对它所实施的一种控制和协调,不管是舞蹈还

---

① 转引自卢克·拉斯特著,王媛、徐默译:《人类学的邀请》,北京大学出版社,2008年,第74页。
② 同上。
③ 王晓芳、张延庆:《同源异流的中日传统体育文化现象思考》,载《体育文化导刊》,2008年,第57页。

是体育，人们所做的各种动作或是肢体造型、姿态模式等，在某种场域来说都是权力政治的符号代指。在法国哲学家德勒兹的《意义的逻辑》中认为："'意义的逻辑'即'差异'的逻辑，也就是说，'意义'总是产生于不同的'差异'的层次之间。因而，'意义'并不仅仅局限于语言内部的差异层次的增殖，它理应存在于更为广泛、丰富的异质性的层次、领域和维度之间。从这个角度上来说，身体所内在的'多元性'和'开放性'就使得它成为'意义'创生的一个重要媒介。"① 我们经常能够看到和感觉到，在两个不同阶层之间的交流往往会存在话语权的问题，而身体的外在体现，例如舞蹈和与体育相关的身体行为，则是在话语权缺失的情况下，才有可能出现这种用身体语言来解决的现象，无声不代表沉默，而更有可能是一种情怀的宣泄和抗争的体现。身体可以是"语言"的，同时人体的各种姿态也往往是一种意义的表达，而这个过程则恰如是一种推理式的逻辑："'身体—语言'思索的是'意义'的创生，'表现'则进一步探索此种创生的深层机制——'差异'，而'感觉'则最终将'意义'的创生与身体的'表现'关联在一起。"② 可以说，所有的身体形态都带有人格的存在，但人格及其价值的培养只有通过身体和身体形象的媒介才有可能实现。由此确定，身体形象的奠定、构成和保留就变成了一个完整人格价值的符号、标记和象征了。

---

① 转引 姜宇辉：《德勒兹身体美学研究》，华东师范大学出版社，2007年，序言第2页。

② 同上，序言第3页。

第三章 表征与认同

  传统人类学的研究往往将焦点汇集到一个族群的婚姻、宗教、家庭和亲属制度等方面,并由此针对某一现象作进一步的深入研究。作为一种表征的形式,通常情况下,人类学也涉及艺术以及其表征的意义,而这种意义隐含着各种关系之间的博弈。从认识论的角度来看艺术,其在对文化的表征行为上,充斥着太多的情结在里头,政治、权力、秩序、宗教、亲属、性别、地位、族群认同等等都是其所表征的对象和实施策略。象征人类学家维克多·特纳在此方面具有较深入的研究。例如在宗教祭祀与巫术仪式的关系上,其在《象征之林》和《仪式过程——结构与反结构》的书中有过详细的评述和讨论,许多仪式背后所蕴涵的是人们身份地位的改变。特纳认为:"宗教就和艺术一样,在这方面没有哪个民族是'头脑相对简单的',只不过有的民族使用的技术手段比我们的更为简单一些而已。人类的'想象'和'情感'生活无论在何时何地都是十分丰富而复杂的。至于展示部族仪式的象征意义能够丰富和复杂到什么程度,就是我们的一项任务了。这里所涉及的并不是不同的认知结构,而是从相同的认知结构派生出的众多各异的文化经历。"[①] 特纳强调仪式在社会变迁中的作用,对于深化诸如仪式

---

① 维克多·特纳著,黄剑波、柳博赟译:《仪式过程——结构与反结构》,中国人民大学出版社,2006年。

过程等现象的解释是相当有用的,正是他的研究改变了人们分析仪式的思路。"我们所用的'仪式'这个词,指的是人们在不运用技术程序,而求助于对神秘物质或神秘力量的信仰的场合时的规定性正式行为。"①

在迈克尔·赫茨菲尔德的《人类学——文化和社会领域中的理论实践》书中提到:"'感官人类学'概念的根本前提是,感觉既是身体行为,也是文化行为。视觉、听觉、味觉、触觉不仅是理解物理现象的手段,也是传递文化价值观的渠道。虽说这方面的主要领域是表演艺术,但它也是社会关系中不可或缺的一部分。"② 感官是身体的一部分,既然"感官"隐含着各种权势和政治在其中,那么作为身体,其涵盖的表征功能和象征性则更为明显。"对'身体'的认知,梅洛·庞蒂关于身体现象学的研究可谓独树一帜。他的观点与笛卡儿的相悖,他认为身体是隐喻性的,既是事物,同时也是语言、历史,既是可见者,也是缠绕在我们身体中的不可见者。"③ 人们的身体进入不到现象本身之中,往往是对身体的一种感知,怎么去感知身体,则是现象学的一种体验。王建民先生曾提到:"身体的和隐喻的两个层面是相互关联的。在身体层面上,舞蹈是调动能量和技术去做出动作,而在隐喻层面上,舞蹈将不同文化的人们联系在了一起。这条联系的纽带就是把人们与自然世界连接在一起的身体的原质点。"④ 在法国人类学家马塞尔·莫斯的《人类学与社会学五讲》一书中,

---

① 维克多·特纳著,赵玉燕、欧阳敏、徐洪峰译:《象征之林——恩登布人仪式散论》,商务印书馆,2006年,第19页。

② 迈克尔·赫茨菲尔德著,刘珩、石毅、李昌银译:《人类学——文化和社会领域中的理论实践》,华夏出版社,2009年,第268页。

③ 张尧均:《隐喻的身体——梅洛-庞蒂身体现象学研究》,中国美术学院出版社,2006年。

④ 王建民:《艺术人类学新论》,民族出版社,2008年,第115页。

其中有一章节就身体技术有过深入的讨论,他认为在人的一生中始终伴随着身体技术的学习和训练,人的一生其实就是通过训练获得为社会所承认的各种身体技术,从而表现自我并与他人交往的过程。身体的技术是个体进入文化的社会化过程的重要手段,在此意义上,身体是一种工具,借助身体这个工具才能在一种文化中认知和生活。"在身体的各种象征符号中,身体的结构是一种重要的表现形式,与身体有关的其他文化现象都是在身体结构的基础上派生出来的。世界不同社会文化背景中的人们出于自身的各种特殊需要,往往在象征思维的导向作用下,经过类比联想,将身体结构与自身文化中的价值观和宇宙观相联系,对其赋予各种相应的象征意义,使其成为表达思想观念和反映社会结构的象征符号。"[1]

少数民族体育丰富多彩的活动形式往往与一个民族或者说一个族群的认同具有密切的关联。目前对族群认同的研究也是当前我国学术界,尤其是人类学和民族学界最为关注的一个学术热点。在这些人文学科的带引下,不单单是体育界,一些艺术学科,例如民族音乐、民族舞蹈、美术界等等都已经意识到艺术创作要与族群认同紧密衔接起来。那么,民族体育从某个角度来说,提取民族的元素而创新的项目也必须应该以族群认同为基础,简单拼凑起来的各种形式的体育项目只能是让人产生模糊的认识,而辨别不清其项目的渊源和来历。但是族群认同往往也不是固定不变的,那么它的"边界"在哪里,则是应该慎重斟酌的问题。由于认同在不同场景和层面上会产生较大的差异,所以这种所谓的"边界"也往往是一个飘忽不定的"模糊边界",除

---

[1] 瞿明安、和颖:《身体部位的象征人类学研究》,载《世界民族》,2009年第1期,第33页。

去血缘、地域、文化、宗教、语言等因素制约外,应该说,目前人们越来越关注身体与认同的关系,例如在艺术和体育领域内,这些与身体相关的主体会在现代文化建构中成为族群认同的表征符号,成为创造族群认同的想象,成为动员和组织族群集体力量的一种工具。而这种人为创造出来的标准,有时候也会被这些族群不同程度的接受,而成为当地人的观点和表征形式并向外人展演出来,我们在一些少数民族地区会经常看到这种被打造过的"认同"模式。应该说,在更多的时候,这种"认同"模式可能是在多种力量共同参与的情况下作用的结果,尽管有些力量可能表现得并不明显,但并非完全缺席。在此过程中,参与者也有各自的考虑和利益在内,因此,我们说族群认同与少数民族体育建立特定的联系,往往就是一个诸种力量在特定场景中协商或者说共谋博弈的结果和过程。

第一节 符号的象征

符号与象征似乎多出现在艺术领域和层次较高的哲学领域中,并通过各种形式表达人们对审美的认知。在艺术领域中的舞蹈、音乐、美术等学科都会用一些专业的技法来代指一种象征,这种技法或形式从某种角度说就是一种"符号"功能的体现。符号是一种精神性的东西,是人们的意识产物,动物是不懂的,只有人通过符号活动使人脱离了动物的生活状态。符号的代指功能在日常生活中处处能够体现,一个动作,一个表情都可能是一种符号,而与符号结缘最多的莫过于艺术了。人们把艺术看作是一种符号语言,但这是一种特殊的文化符号,是人类情感的符号形式的创造。此处似乎过多牵涉到哲学等思辨学科的范围了,但不辩不明,当我们了解到符号所具有的象征功能后,我们在研究少数民族传统体育时,对待与之相关的文化因素才能够清醒地认识到当地人的精神世界和他们的审美观。任何一种事物都有区别于他种事物的特别明显的象征和标志,体育文化同样如此。作为一种人类社会文化,体育文化除了具备一般性的文化特征外,还具有一些与他种文化不同的特性。人类的各种文化活动,根据人的活动作用对象的不同可以分为物质文化、制度文化和精神文化三个部分。三者分别作用于自然、社会、人。也正是这种原因,不少文化学者把体育文化列入精神文化的范畴。其实,体育文化作为一种文化,其作用对象虽然是人本身,但既有自然性,也有社会性,是一个综合体,尤其是少数民族的体育活动,许多内容都隐喻了这三种制度在活动过程中所表达的含义,其表达的方式就是运用了符号的象征体系。

一、符号的表达

关于符号与象征的关系,莱斯利·怀特为此做过详尽的研究,他指出:"象征符号使人类从动物转变为真正的人;而且,人所具有的使用符号的能力,在本质上是积累的和进步的。象征符号是人类意识的主要功能,是我们创造和认识语言、科学、艺术、神话、历史、宗教的基础,是理解人类文化和各种行为的'秘诀'。"[①] 另外,埃德蒙·罗纳德·利奇根据自己的研究,又进一步分析了符号与象征的区别:"符号表达了一种内在的关系,它与它所表达的事物同属于一个文化背景,是一种'局部代表整体'的关系;象征则代表了属于不同文化背景下事物。"[②] 所谓

---

① 转引夏建中:《文化人类学理论学派——文化研究的历史》,中国人民大学出版社,1997年,第288页。

② 同上,第293页。

的象征，实际上就是一种符号代指的文化现象的精髓体现，只有将各种不同的符号、标志及其转喻和隐喻的对象置身于一定的场景之中，才能具有特定的象征意义。人类是能够使用符号的动物，这也是人类与动物的最大区别之一。人们利用符号或使用符号，往往是将关注点放在对符号的认识和分析上，其承载着知识和情感两个方面的意义。象征符号的意义是开放性的，符号形式越简单，它的象征力就越大。特纳主张应该把象征符号放置在具体的社会行动的场域中来理解，他认为没法脱离具体的事件来分析仪式符号，象征符号是社会行动中的一个因数，是行动场域中的一种活跃力量。正是在社会过程中，象征符号才与人们的利益、目的、手段联系在一起，因此象征符号的用法和表演成为人们关注的焦点。

  身体是可以言说的，具有很强的解说力和阐释力。身体动态语言与影像一样，本身包括丰富的应当深入挖掘的意义。关于对身体方面的认知，采用舞蹈式的"语言"表达则最为鲜明。舞蹈中的喜怒哀乐都可以将舞者的内心诉求和对世俗社会的认知通过肢体和身体形态表现出来，一般情况下舞蹈编创的过程都是在这种模式的框架下产生的。现在人们已经意识到，运用单学科的研究模式来研究一种文化现象，已经不能充分解释或者不能够深入挖掘其背后的文化意义了。"换句话说，身体作为文化的场所，超越了它的表征，以至于无法诉诸语言的肢体符号，尽管它涉指的是真正肉身的物质性，但也常常超出这一现象学的肉身性。作为身体的物质性与它的可见的或叙事性的表征之间的分界面，身体在美学以及各种科学话语中扮演着重要的角色，尤其是用来区分美和畸形、自然和文化、男性和女性的气质等方面，显得尤为重要。"①

　　以舞蹈艺术为例来说，人们不再停留在单纯的情境表述和技术分析的较低层面上，而是更多关注一些其背后人们所不注意和意识不到的各种因素之间的博弈问题。正如福柯在其《癫狂与文明》的书中所说的那样："因为言语和形象的统一，语言描述和艺术造型的统一开始瓦解了。"② 舞蹈作为一种情感表达的艺术形式，更多的学者将焦点汇聚到或者是扩延到艺术之外的领域中。这是一种发展趋势，也是提高人们审美情趣培养的一个重要途径。"现今人们更为关注的是将多种形式的舞蹈艺术，是如何通过身体动作塑造、展示来达到延续社会文化认同的功能，并探求这种认同在舞蹈中的身体体现；在舞蹈中的身体操控与特定历史背景中的日常生活方式和潜在规则之间的联系；身体地位之间的关系；分析舞蹈所反映和折射出的不同阶级、族群和性别的权力关系等等。"③ 身体作为一种表征形式和符号代码，仅仅是出现在为建构它们而搭建的话语舞台上的，这个意义上讲，身体是可以被陈述性的，而在这个话语形态之外，它们是不可感知的，因为它们的社会存在和决定它们的文化习惯有着千丝万缕的联系。身体内在的那些思想、感觉等等都仅仅变成了身体状态突变的一种效应，在这个过程的一些阶段，或者从更为根本的意义上说是"力"的表现，而这些表现又必须从身体的变化方面才能得到真正的理解。所以，"艺术创造中的身体是一种表现性的身体意象，它是突破生理学的身体状态与结构的'能动的力'的

---

　　① 汪明安、陈永国：《后身体：文化、权力和生命政治学》，吉林人民出版社，2004年，第123页。
　　② 转引姜宇辉：《德勒兹身体美学研究》，华东师范大学出版社，2007年，第15页。
　　③ 王建民：《艺术人类学新论》，民族出版社，2008年，第116页。

运动的一种表现"①。身体被重新看做既是文化的母体又是文化的产物,而在经验和意义的生产中既是主体又是客体,因而身体知识具有一种价值功能。

关于符号与象征方面的研究,维克多·特纳的研究可谓详尽周到,他最为著名的学术贡献体现在对非洲恩登布人的象征符号和仪式过程的研究之中。他的《象征之林》就是他在象征和仪式方面研究的一本代表之作。在这本文集中,"对恩登布人的仪式进行了较为详细的描述,进而探讨了象征和仪式的相关理论,从而确定象征符号本质上是社会过程的一部分"②。与此同时,特纳依据《简明牛津词典》来说明象征符号的概念:所谓"象征符号"是指某物,它通过与另一些事物有类似的品质或在事实或思维上有联系,被人们普遍认作另一些事物理所当然的典型或代表物体,或使人们联想起另一些事物。③ 王建民先生在《艺术人类学新论》中提到:"人类学家用'仪式'这一术语来指与正式的、非功利目的的地位有关的活动,包括诸如节日、庆典、诞生礼、入会仪式、婚礼、葬礼、游戏等事件,而不是仅仅限于宗教仪式。甚至从最广泛的意义来说,仪式还涉及所有人类活动的表意方面。特纳将仪式定义为"适合于与神秘物质或力量相关的信仰的特殊场合的,不运用技术程序的规定性正式行为"④。其实在少数民族的舞蹈中包含两个方面的内容——舞仪和展演。舞仪注重的是仪式,属于宗教范畴的内容;而舞蹈展演则是属于表演

---

① 姜宇辉:《德勒兹身体美学研究》,华东师范大学出版社,2007年,第15页。

② 王建民:《艺术人类学新论》,民族出版社,2008年,第41页。

③ 维克多·特纳著,赵玉燕、欧阳敏、徐洪峰译:《象征之林——恩登布人仪式散论》,商务印书馆,2006年,第19页。

④ 王建民:《艺术人类学新论》,民族出版社,2008年,第42页。

范畴的内容,其作用和目的是不同的。

符号往往隐含着太多的内容在里头,从外在的表现看,换句通俗易懂的话,就是特点是否鲜明。从象征人类学的角度来看,身体或躯体是一种可以从文化角度加以描述的自然物体,以及能够表现出某一社会的具有代表性的象征性体系。那么,怎么才能证明一个符号所代指的事物的准确性呢?这一点,特纳给出了一个答案:"人类学家应当运用其独特的技巧和概念,将某一特定仪式的表演看成是发生在整个共存的社会实体中,同时又受到它们的影响,这个社会实体指的是诸如各种各样的群体、亚群体、类别或人物,以及它们之间的障碍和它们相互联系的模式。"[1]在身体这个象征体系中,凡是与身体有关的各种生理和文化现象都成了表达人们观念意识和社会结构的符号载体,包括:不同社会文化背景中具有象征意义的身体部位、器官、骨肉、毛发、分泌物和排泄物等基本的内外部结构;某些人为造成的身体缺陷,如男子割包皮、女子割阴蒂、放唇盘、钻耳洞、割鼻子、拔牙齿、砍手指、断臂、文身、黥面、缠足等不同的象征表达方式;某些传统社会中的自刎、剖腹、猎头、斩首、食人俗等具有特定含义的死亡方式;通过手势、眼神、表情、动作等体态语来传递信息的非语言交流形式;以及双胞胎、侏儒、阉人、阴阳人、残疾人、裸体、模特、选美、看相等与身体有关的生理和社会文化现象。[2]

---

[1] 维克多·特纳著,赵玉燕、欧阳敏、徐洪峰译:《象征之林——恩登布人仪式散论》,商务印书馆,2006年,第26页。

[2] 瞿明安、和颖:《身体部位的象征人类学研究》,载《世界民族》,2009年第1期,第33—34页。

二、符号的隐喻

由于少数民族舞蹈与少数民族体育之间的姻缘关系,二者之间存在着纠结不清的情怀,许多舞蹈的表现形式都是一些民族自身在长期的生产劳动或祭祀仪式中的真实再现,而特点是否鲜明准确则是一个族群认同的基本条件。这些特点,除了反映在地域、经济类型、生态环境等方面之外,必然也反映在文化和艺术上,最明显的例子就是每个民族都有自己独特的认同方式,许多艺术形式的表达也同样会纳入到一个族群认同的层面上来。

我们以各民族的舞蹈为例,只要是稍微了解少数民族文化风俗的人士都可以通过不同民族的舞蹈形式来达到认知一个族群的文化习俗的目的。以游牧业为主的北方少数民族的舞蹈粗犷而豪迈,动作潇洒飘逸,举手投足之间自然体现出该民族的胸怀万里、豪放不羁的生活状态,而这种状态则与其日常生活紧密结合,浑然天成;在同一稻田耕种为主要劳作方式的民族中,南方和北方也存在着巨大的反差,北方的朝鲜族舞蹈多是肩部下压,臀部收缩,头部稍低,目视斜下方,以拧、倾的舞姿为主,给人以亭亭玉立、柔柔曼舞、端庄娴雅的感觉。这种感觉除去体现日常劳作的生活情趣外,其实还是将一种男尊女卑的权势地位通过舞蹈真实地反映出来。而南方的傣族舞蹈,其最大的特点就是通过肢体造型来反映人与自然的和谐相处,在傣族的许多舞蹈中,都能看到一种"三道弯"的身体姿态,即胯、腰、肩向相反的方向自然轻柔地扭、斜、偏,是一种立体的造型,动作灵巧典雅,袅袅娜娜,给人一种行云流水般的唯美享受。这种特殊的行为,是建立在傣族人清丽、柔婉、浓情蜜意的民族性格和美学情趣基础之上的真实再现。这种浓情蜜意体现的不单是傣族人民的日常习性,同时也将自然之水化身为灵动的身姿,从而构建起傣族人民独特的宇宙观。而喜水敬佛则是他们现实生活的真实反映，而将自然之水化为生命之水，并融入舞蹈当中，又具有文体相融的文化艺韵和审美情趣。我们通常认为舞蹈艺术是通过外在的肢体造型而表现人们内心所表达的情感，而艺术理论界则把注意力放在内部主观世界中，即人感受的情绪和情感等方面。正如美国当代著名美学理论家布洛克所指出的那样："表现有两个基本含义，一是表现人的内在的情感状态；二是用语言或者艺术品来表现某种'意义'。"① 对这一概念的理解，姜宇辉分析认为："人们通常会认识到其实第二种的'表现'的含义更为重要，因为它涉及与'意义'的问题的更深层次的联系。"②

我们在研究少数民族传统体育的时候，往往较为注重一些符号对外在事物的表征，但有时候许多符号本身蕴涵着常人所意识不到的内部情感的纠结，符号的象征和代指也许会存在一个隐喻的层面上的。例如在我国非物质文化遗产中，有三项回族武术的内容——沧州回族武术、天津回族重刀和山东冠县查拳。查拳被称为回族的教门拳，作为回族武术中一种具有标志性的门派而被人们所认同，其地位和表征意义自与沧州回族武术和天津重刀武术不同。沧州与天津的回族武术只是回族群众习武的一个流派而已，并未达到整个族群的共同认同。例如在回族中广为流传的八极拳、通臂拳等，都各自有自己的流派和练习方式，西北地区与河北地区的拳术套路风格肯定有较大的差别。而查拳则与此大相径庭，一提起查拳，人们自然认同它是回族的一个拳种流派，反而不用在名称上再添加回族"商标"了。所以，山东冠县查拳

---

① 布洛克著，滕守尧译：《现代艺术哲学》，四川人民出版社，1998年，第107页。

② 姜宇辉：《德勒兹身体美学研究》，华东师范大学出版社，2007年，第115页。

不用更名为"山东冠县回族查拳",而只是说明查拳在山东冠县这个地方具有悠久的历史,流传较为广泛,而其他地方虽然也有习练查拳的,但影响力却不如冠县深远罢了。

关于我国的传统武术而言,许多门派和拳种都有自己独特的风格和特点,而这些所谓的"风格"和"特点"往往是判别武术流派的符号象征。这种区别的划分,主要体现的是区分武术人师承关系的重要手段和形式之一,独特的练功方式所塑造的身体姿态则会形成这种不同的套路动作与不同的拳种流派技术的拳势表征,各家流派基本上都要遵循这个规律来实施。所以,对于中国武术中的套路认同、拳种认同,也就自然而然成为中国武术认同中十分重要的表征形式。例如我们在田野调查中所搜集的一个《查滑拳谱》中,可以十分清晰地看到这种通过专业训练后所打造出的身体所隐喻的"常识"来。

在搜集的民间《查滑拳谱》中有过说明,通常是将查拳定为"身法拳",将滑拳定为"架子拳",只有将二者融而为一才可能在拳术造诣上达到较高的水平和境界。在此,通过《查滑拳谱》中对动作的记载可以做一个简单说明。在"身法拳"中,以七路查拳为例,七路查拳又称"七路梅花",拳谱记载"有诗赞此拳:此拳名为云中仙,百生巧计实难占。有人解开拳中法,一身绝妙灵巧技。五花砲擂人难闪,变化无穷在里边;歌赞此拳:梅花上手异人传,开势震步盖面掌。伸手跺脚上下撑,侧滑步伐七星拦。掩手冲拳劈盖法,转身搂盖片山脚。肘广搂盖黄莺架,退步托天撩阴掌。冲拳划起横边式,百广洗脸左右□。左片山右片山,趄可回身张飞枪。回劈五花掌,在此划起十字拳,右拳败式诱敌法。单义左腿盘,转身划起二起脚。穿袖震步勒马式,梅花砲冲拳。"以上是"身法拳"的文字描述。在"架子拳"中,以头路滑拳为例,拳谱记载"开手先拉四平拳,震步如雷转身还。一起一落似猛虎,两国相争造战船。箭步劈似钻云端,如似八仙走长川。前手望的汉江女,后手打的汉江男。一文一武燕小乙,走在当场把话言。王母使得顺天报,二郎解开三泰拳。金枪徐宁伐箭弹,一边似霹雷,一边似闪电。当初陈州打过擂,当场立下虎头圆。"①

通过上述两种拳势和招法的描述,经过对比后发现,单从描述来看,"身法拳"的动作更为简练、直观、细致一些,类似白描的手法,即使没有练过的人,可以按照文字指引,也能依着葫芦画成瓢,大概看得明白;而"架子拳"对动作的文字描述多靠近意象性一些,而这种"意象性"的动作,就是将身法融入拳套架子中,通过"拉架子"来展现功力的高低,实际上是拳术的"势"的体现,也就是圈内人所说的"范儿"或"法儿"。这种"架子拳"如果单纯按文字描述来学习是难以按图索骥的,必须经过多年的习练之后才能形成的一种体悟。所以,常人练拳习武要想达到更高的境界,就必须将二者融会贯通,方能技艺有成。在经受了特殊功法的训练之后,使得身体产生高超的自我控制能力。而"架子拳"则是一种"拳势"的体现,是将身法融入拳套架子中,一抬手、一投足,甚至是一个眼神,都可以体现出习武者的功力水平,或者可以这样说,当自己对身体达到具有一定的控制能力之后而表现出来的一种"风范"。二者互为作用,相辅相成,彼此促进。它们之间并非是单向式发展的,当习武者达到一定程度后,二者又会互相转化,你中有我、我中有你。

查拳体系中,这种存有"身法拳"和"架子拳"之分的情

---

① 上述拳谱中的文字多为口述整理,许多字迹已不清楚,而且原文多为错别字或通假字,此文字经作者整理后而来。

形,在传统武术中是正常现象,当然不是将其截然分开,只是互为作用提高拳技而已。但现代竞技武术的训练模式却没有分得这样细致,之所以人们能够通过拳架来认同传统武术的门派拳种,都是通过其拳势表征来实现的。这在现代竞技武术中是很难理清武术运动员演练的武术是什么门派的,通常只是将其定义为一种被"操化"了的健身运动而已,传统武术中的神韵和精华在现今体制的操控和引导下,已渐行渐远并慢慢存在殆尽消亡之虞了。

通过习拳练武来达到自我对身体的认知并形成一种技艺和风格,必须是要经历刻苦地练功和有效的训练方式来实现的。在查拳或者说传统武术中的各家拳种流派,都有自己独特的练功方式。"身法拳"与"架子拳"二者之间的辩证关系,恰恰是通过练功后的身体形塑来达到业内人士的认同。它把拳势打造为一种场景,一种能通过身体来对话的场景,同时留给人们无限遐想的空间,而人的能动性则是在这种历经时空转换的场域中体现着它应有的作用,并在对武学理念的认知上得到了升华。在行家看来,这种通过训练后的身体表征形式,不单可以品评习武者的功力水平,同时还可以从习武者所展现出的"风范"来认同某个门派的师承关系。这种"风范"就像遗传基因一样会通过人的身体记忆传达出一种独特的信息,而被人们所捕捉到的这种信息,正是人们认同某一拳种流派的标准。

三、符号与传承

我们说,象征符号最简明的特点就是其高度的浓缩性,一个简单的形式可以表示许多事物和行动。象征本身也不是一种纯粹理性的活动,正如审美不是纯粹的感性一样。维克多·特纳曾经指出,支配性仪式象征符号包含两个极端面,一为"理念极",

一为"感觉极","前者是透过秩序与价值来引导和控制人,在群体或社会给予的分类中安身立命;而后者则是唤起人们最底层的自然的欲望和感受。象征符号的两极将不同的,甚至于相互对立的含义聚集在一起"①。我们应当把两个方面看成具有整合趋势的一种综合,理念和感觉这似乎对立的两极,在实践中也许会更接近一些。"感觉极"聚集了那些被期望激起人的欲望和情感所指;"理念极"则能使人发现规范和价值,它们引导和控制人作为社会团体和社会范畴成员的行为。② 也许是同一个象征符号,其在不同的两极的场域中,所含指的意义也是不同的,"感觉极"在外在表征上可能是粗鄙的、丑陋的,更为直观一些;而"理念极"则可能代表着各种社会群体的团结与延续,在象征意义上更为深邃和涵盖的范围更广阔一些。

在人类的诸多社会文化中,有多种不同的表现和传承方式,如文学和诗歌用文字来表现,建筑用构图和绘画作品来表现,饮食文化用出土的器具和实物来表现和传承,而传统体育以及与体育相关的文化现象则通常利用身体来传承。在这里,身体已经成为符号的代指,更是一种符号能指的建构。体育文化的传承靠的是一种非语言文字的方式来实现的,这种"非语言性"已经转化为身体符号来表征和传承我们的传统体育,这是体育文化不同于非人体文化的鲜明特征。但这种传承方式又与舞蹈、戏剧、杂技等有相通之处,虽然表达的情境不一样,但从身体传承的角度来看,它们之间的功能和目的是极其相似的。

从身体外形看,人们通常可以判断出这个人是舞蹈演员、运动员、戏剧演员或是从事某个职业的人士,这种判断的依据则是

---

① 王建民:《艺术人类学新论》,民族出版社,2008年,第46页。
② 维克多·特纳著,赵玉燕、欧阳敏、徐洪峰译:《象征之林——恩登布人仪式散论》,商务印书馆,2006年,第28页。

根据一个所谓的"身体常识"为标准的。比如我们选取一个最为普通的例子来说明,军人在现代社会是一个较为特殊的职业,由于其特殊经历,让我们从他的一些日常姿势就可以了解其曾经受过某种特殊的训练,同时也可以根据一些细节分辨出他是军官还是士兵,比如肩膀上扛枪的痕迹,或是从军帽对额头的勒痕等。另外,我们还可以从不同的运动项目对运动员所实施的训练模式来分辨出这是一个什么项目的运动员,也就是不同的运动项目由于人体运动方式的差异所导致的身体形态的外部特征。例如,从事过武术训练的人,其外形尤其是下肢,多为罗圈腿形状,这是因为其在训练过程中,要经常做一些下肢的马步、扑步等动作而形成的一种特殊身材,这种身材并非天生,而是得自于后天训练所馈,其功能和目的是为了下盘稳定,重心不易偏离,能以一个正常的攻防姿态来保护自身,从而避免来自外界的袭击和侵害。同样道理,我们看到的许多少数民族的舞蹈的表现形式,虽然有后天训练的痕迹,但其原有的生活方式也蕴涵着这种源自一种社会训练模式在其身体上打下的烙印。例如,蒙古族舞蹈就能从其外在形式看出其舞蹈的特点。这些游牧民族祖祖辈辈生活在大草原上,骑马放牧是他们的主要生计方式,也是他们出行的主要代步工具。由于很少步行,使得其肩部保持一种比较松弛的状态,所以他们的舞蹈也体现出多用肩、臂的抖动动作,这也是他们日常生活的现实反映。类似舞蹈的形成,并非后天的训练,而是一种传统生活模式对其身体的一种塑造。所以我们通常情况下,一看到这样的舞蹈,就基本能分辨出它是哪个民族的,或是什么地域的,其中符号的准确性集中反映了一个民族的舞蹈特征,而这种特征也将一直传承下去,符号的表征作用一览无余。

在人类的文化活动中,处理各种关系都夹杂着对自身生命体的认知，人类早期的物质活动与精神活动是交织在一起的，由于体育是用身体来表现文化的，因此从萌芽到成为独立的文化形态，始终是把物质和精神交织在一起的。但值得注意的是，体育文化中的身体表征与其他人体文化以及一般生活中的身体语言又有着自身及其特殊的规范性，其身体表征的所指和能指也不可能完全一样，我们仍以舞蹈和体育的比较来分析这种现象。在袁禾的《中国舞蹈意向论》一书中提到："舞蹈是以人体为物质材料，以动作姿态为语言，在时间的流程中以占有空间的形式来表达思想和情感的符号。简单地说，舞蹈就是一种人体文化，一种情感符号。体育、武术、杂技都属于人体文化，但舞蹈却同时具备人体文化和情感符号的共性，并且与二者存在个性上的差别。就人体文化而言，所有的类型都以身体为创造对象，但舞蹈之不同于体育，就因为体育是以保健与竞技为目的，杂技是以惊险与奇巧为旨归的超常性的人体文化，而舞蹈是以展示心灵与情感世界为宗旨的人体文化。"[1] 易剑东认为："两者都以身体动作为表征，但要受到各自身体条件的限制和约束，但舞蹈以抒发感情为基点，身体动作要为这一目的而服务，而体育则以掌握器材和肢体为手段来展现技艺，后者具有更广泛的人体施展空间和余地。"[2] 同时他还认为："体育文化的特殊性就体现在它以满足人的生命有机体的需求为基本目标，通过对生物的人的改造达到对社会的人进行塑造的目的，进而通过自身深邃的思想力度、宏阔壮观的表现广度来影响社会生活，影响整个人类的物质和精神世界，达到丝毫不逊于任何文化的目标。"[3] 从易建东的观点来看，舞蹈与体育之间，除了在目的功能上存在差异外，在人体文化的

---

[1] 袁禾：《中国舞蹈意向论》，文化艺术出版社，1994年。
[2] 易剑东：《体育文化学》，北京体育大学出版社，2006年，第115页。
[3] 同上，第116页。

认知上，是具有异曲同工之妙的。

但艺术毕竟不同于体育，从身体文化的延展性来说，身体艺术，比如舞蹈、戏曲等更靠近人们的精神生活，应该归属于社会意识形态上的范畴。而体育则更为接近物质领域的范畴，但它与人们普通生活中的一般表达方式不同，单从身体表征来说，一般的人，比如钢铁、煤矿、纺织等工种的工人，由于其特殊的工作性质往往会形成特殊的身体动作定向，这从形式上看，与运动员在经过特殊训练后的身体动作是相似的，但两者导致的原因是不一样的，前者受生产劳动的目的支配，容易使人体具有工具性和机器性的特征，而后者在特殊的运动方式的要求下进行，以形成某些专门的技巧和姿态为目的，具有相对科学和合理性。在西方资本主义社会中，普通人的身体异化严重就主要是劳动动作不以科学为指导而造成的，而体育的技术一般是经过科学的分析和研究的。关于身体的工具性，我们曾在前文中有过细致的讨论和分析，在此不再赘述。

通过上述的讨论，我们虽然不能由此直接得出，体育的身体与人们的精神生活息息相关，但它也是一种在时间的流程中以占有空间的形式来展现的一种文化方式，它的文化延展性和传承性同样要通过身体这个媒介或工具来传达人的心灵与情感，这种功能往往不是体育竞赛的表演者自身要刻意来表现，而是社会化的体育活动给予了它这种价值。最后，易剑东认为："舞蹈被认为是一种意象艺术，体育其实也是与精神和意识密不可分的，舞蹈以表达情感为出发点，以情感需要来支配身体动作，而体育以强身健体和在竞技中取得胜利为目的来支配自己的身体动作，两者都需要遵守和符合人体运动的生理、物理等科学特性。舞蹈的意与象、体育的形与神之间都存在一个自我（表演者和运动员）发生和接受（欣赏者和观众）的机制问题。从易于接受性着眼，体育比舞蹈更易理解；从情感丰富、深刻性看，舞蹈优于体育。因为体育本身以展现技术为基本手段，较易模仿，而舞蹈的动作是为了表现情感的，动作背后的情感较难理解。"[1] 易剑东的这种观点，虽然从表面功能来看，起到了区分体育和舞蹈的目的，但他所说的对情感的认知上，所谓的"较难理解"是建立在一般从事体育工作的人员的角度来看待舞蹈艺术的，而将舞蹈艺术容纳进体育范畴中来，就必须要掌握一定的理论知识和分析能力，尤其对不同身体符号所代指的象征性，和如何才能将符号提取的准确，以及这种表征系统对传承这种文化的功能上，都要做到更深层面的认知，这也是我们从事少数民族传统体育研究人员所要达到的理论水平。

当今文化的传承方式主要是语言，而体育文化中的身体运动同样具有语言的功能。例如身体运动的节奏、技巧、姿态以及它们自身之间的衔接规律和组合方法就像语法一样，三者有机地结合在动律中的形态与神态组成一种特有的语言交际功能，而这种功能恰恰是传承体育文化的符号表征系统。正是因为人们在现实生活中缺少规范的非语言文化的交流，所以，体育文化的传承常常利用身体这一"符号"来达到对民族文化的表征，从而认同该符号的准确性。追溯少数民族传统体育的形成脉络，可以看出每一项游戏活动都能反映出一段少数民族历史文化和文明发展的历程，在这个历程中，记录着民族的荣辱、社会的兴衰和文化变迁的足迹。少数民族传统体育是民族文化发展的浓缩，是反映民族文化的重要窗口。各民族的传统文化也正是将语言、艺术、体育等文化形式作为主要的生存载体而进行繁衍的，并通过这种载体和途径来透视少数民族的世界观、宇宙观、价值取向和文化精

---

[1] 易剑东：《体育文化学》，北京体育大学出版社，2006年，第118页。

神。因此，少数民族传统体育不仅是一种文化现象，同时又是一个反映少数民族传统文化的"符号"表征，人们通过这种表征形式来深入探讨和阐释其深层次意义和内涵，才能真正体现体育对少数民族文化的影响和贡献。

第二节 场景的建构

在象征意义的形成过程中，可能会有某种权力的介入，从而影响到象征意义的表征，甚至造成象征意义的改变。在许多地方，我们现在可以看到的某种仪式象征，在过去和现在的历史发展中，存在于当地人头脑中的认知诠释发生了变异，现在大部分的少数民族地区作为旅游表演的仪式中的能指可能完全背离了过去神灵信仰仪式中的那些所指。即使都是属于信仰层面的仪式，能指和所指之间的关系及指向的所指也都发生了变化。[1] 而场景的构建也决定了不同形式的舞蹈或者艺术都有可能受到这种框架结构的制约，所以我们在看待一个艺术形式的展演过程中，就必须将它置身在这个特定场景中来分析和阐释它所表征的真实含义。在探讨场景的再造问题时，我们可以借鉴一些艺术领域对此的理解和研究，例如单纯的艺术媒介是不能完成信息的充分传递，它们必须在特定的情境中才能得以实现。"像演奏交响乐的音乐厅、展览微雕的美术馆和具有转换人们地位、权力的各种仪式场合等等。任何一种圣化艺术都像宗教祈祷一样，离开固定的活动体系和活动时空——离开仪式程序、节日时令、禁忌戒律特别是活动场地（像神山圣湖、寺院庙堂）都是不可思议的。这

---

[1] 王建民：《艺术人类学新论》，民族出版社，2008年，第56页。

些时空毫无疑问要具备着一定的审美魅力，能让被召唤者像教徒一样在情感上激动起来，能唤起它们不同的超越意识。"①

一、仪式场景的再造

我们在云南弥勒县可邑村就观摩了一次类似仪式的展演过程。弥勒县可邑村是彝族的一个分支阿细人居住的村落，它被当地政府建设成为一个人类学研究的试点和考察基地。由于我们去的时候并未赶上他们祭火的节日，而当地最重要的节日——密枝节，也要到农历的四月份才举行。但是，这个村落已经被完全开发成一个展现阿细人日常生活的人文旅游景点了，只要游客或是采访的记者以及从事研究的学者想看，在交纳一定的费用后，他们就可以将这种模式化的仪式完全展演出来，而且展演的程序和内容跟正统仪式基本相符。更有甚者，在祭火仪式中，还人为地做了一个阿细人祖先的雕像，其外形长相都颇似古代猿人，为了达到复古的效果，还在雕塑的臀部凸出了尾骨，以至于将人类共同的祖先牵强地纳入为阿细人的祖先。在对塑像雕刻者的访谈中了解到，其实以前的祭火仪式中，并没有这样的雕塑形象，只是在几年前，为了达到仪式展演的效果，才在当地村政府和相关部门的要求下，做了这样一个雕塑。由此可知，随着现代对民族地区旅游开发的不断深化，许多艺术表现形式都发生了根本性的变化。

按照阿细人的祖训，其先民祖祖辈辈都要在固定的节日期间进行祭火的仪式活动，至今，在弥勒县阿细人聚居的西一镇红万村、起飞村和西三镇的可邑村，每年都要举行隆重的祭火仪式。

---

① 刘建、张素琴、吴宏兰：《舞与神的身体对话（上）》，民族出版社，2009年，第135页。

在仪式开始之前，参与祭奠仪式的人都要把衣裤脱光，只穿内裤，然后用棕树叶、树皮之类做成的草裙遮掩下体，用灶灰、泥土或是颜料涂抹在脸上、身上、脚上、手上等处，手拿柴刀、木叉、木棍等各种狩猎武器和生产工具，装扮成古人取火时的模样，在当地"巫师"毕摩的带领下，手拿各种器具，抬着除妖送旧火的礼物，来到先祖取火的山林里，这时的毕摩会摇着铃铛一类的法器，口中念着经文和咒语，领着祭火队从获得圣火的山林之中回到祭火仪式场内，这时祭火队开始模仿先人钻木取火的情形，当成功取得"圣火"后，全场欢声雷动，并吹打各种乐器，点燃火堆，鸣放鞭炮，然后从村头走到村尾，逐门逐户将"圣火"送到每个村民家中。这种仪式场景在过去只有在祭火节庆时才有，而现在这种建构起的"仪式"行为则根据需要，随时可以进行。仪式之所以神圣，就是由能够体现出当地人如何看待这个世界的宇宙观来决定的。而场景的改变，甚至像仪式这样庄严而神圣的行为，在人为需要的情况下，都可以任意改变，而所搭构起来的场景是否能够承载着一个族群对神灵和祖先的崇敬之情呢？是附媚还是去媚，都是值得人们去思考的一个问题。关于场景的再造，要看舞蹈或者说体育是在什么样的情境中展示的问题，从舞蹈来看，一般可以分为两种情境下的表现，"其一是原生的自然场景，其二是人为再造出来的场景。第一种场景中，舞蹈就是与自然（包括世间的万有神灵）合一的生活本身，是一种生命过程的仪式；在第二种场景中，舞蹈开始匍匐于人造自然（包括人造神）的脚下，而成为舞姬"。①

从上边的例子可以看出，场景的构建可以随意改动传统仪式

---

① 刘建、张素琴、吴宏兰：《舞与神的身体对话（上）》，民族出版社，2009年，第135页。

中人们的行为标准,这种标准已经达到了没有底线的制衡,而我们在这种场景中看到的一些舞蹈或艺术形式,又让从事民族文化研究的学者获得什么常识呢？在前文介绍弥勒县可邑村阿细人的"密枝节"祭祀仪式中可见,由早期的原本属于民间宗教组织负责的仪式环节已经被村委会全权接管,传统的民间权威也相应地失去了实质内涵的象征仪式角色,不单是由村委会的官员接管了这种仪式主持的权力,甚至让外来参观或是考察的官员或专家发言取代了仪式的开幕致辞,这种本来应该是一个起到辅助性的角色,反而成为仪式中的主要环节,仪式已经完全没有传统的象征性,成为发展旅游经济的很功利的项目之一。比如在"密枝节"仪式中的摔跤活动,传统的"山神头"是祭祀场所中不可或缺的仪式性角色,是具有神圣权威的在场,是对当下摔跤活动依然延续某种传统神圣意义的仪式性表征。而现在,虽然摔跤比赛仍然需要在民间神职人员举行了简单的祭祀仪式之后才能进行,但与过去不同的是,宣布比赛正式开始的既不是作为神职人员的"毕摩",也不是所说的"山神头",而是坐在摔跤主席台后的政府官员或外来的有身份的游客。

我们在田野考察中,这种关于仪式场景的再造比比皆是,除了上面提到的云南弥勒县可邑村彝族的分支——阿细人的"密枝节"祭祀仪式外,我们还在广西南丹县芒场镇黑泥屯看到了一个"春社"的祭拜仪式,以及在广西金秀瑶族自治县看到的由当地文艺团体将祭祀仪式经过艺术加工后的展演,这些经过加工后的仪式,同样是由于季节和时间的不符,而为我们单独组织举办了一个仪式的展演活动,虽然展演内容与正式祭奠雷同,但人们在仪式中的表现则与实际大相径庭。由于仪式是一种关乎当地人看待世界和认识自然的主要模式,而对它的再造无形中打破了这种结构框架,成为一种纯展演化的表演,自然也就使得人们内心对世界的景仰和崇敬之心被解构得荡然无存了。仪式不仅是对社会需要的回应，更是人类创造意义的行为。仪式象征符号指的是那些合乎规范的、普遍的和具有独特个人特征的东西。王建民在《艺术人类学新论》中认为维克多·特纳在田野调查中经验性地观察得到的象征符号，指的是仪式语境中的物质、行动、关系、事件、体势和空间单位。他总结到："特纳对非洲恩登布人的象征符号除了指向许多物品外，还包括社会存在的基本要求，如打猎、农业、女性生育、天气等，包括人们共享的价值观念，如慷慨、情谊、敬老、血族关系的重要、好客等。"[①] 在一个既定仪式中，多义的象征符号可能只会强调一个或少数几个意义，或者会在一个仪式不同场景中变得极为重要，因此，一个象征符号只有在不同仪式表演的其他象征符号的关系中才能够充分展现其意义。

二、神秘情境的重塑

研究少数民族传统体育，就不得不讨论一些与之相关的宗教仪式和仪式中关键人物在仪式中所起的作用。所谓仪式场景中的关键人物，当推巫师莫属。巫师是巫术的解释者、宣扬者和执行者，他是专门从事巫术活动的宗教职业者，是人和鬼神之间的媒介。我们国家的各个民族及其分支下属的族群都有自己的巫师，汉族统称为"巫觋"，而"巫"单指女性，"觋"则特指男性。其他少数民族的称谓各不相同，例如纳西族称"东巴"、独龙族称"隆木沙"、基诺族称"卓巴"、佤族称"巴猜"、彝族称"毕摩"、羌族称"释比"、壮族称"师公"、土家族称"梯玛"、傈僳族称"相通"、拉祜族称"比莫"以及北方许多民族信奉的

---

① 王建民：《艺术人类学新论》，民族出版社，2008年，第42页。

"萨满"等等都是对这些巫师的称谓。大凡一切非人力可以预期必成的目的和事务，人们就通过巫师使用巫术来实现。其形式五花八门，无奇不有，"占卜吉凶、预言祸灾、祈雨求福、驱鬼辟邪等，甚至医术都包含在广义的巫术的范围内，人们认为患病时鬼邪附体作祟，故医病之术多采用驱邪赶鬼的巫术活动"①。

巫术曾长期影响着人们的生活方式、价值标准和心理状态，也曾经对社会政治、经济生活产生巨大的影响，并且与艺术、科学、医学以及哲学结下了不解之缘，对人类文化的进化有过极为重要的意义和作用。在我国众多的少数民族中，这些传统仪式中的"巫术"行为，化身为类似宗教的形式而存在，其神圣性和神秘感始终伴随着人们的日常生活。那么何谓巫术呢？至今学者们的看法不尽相同。"一般认为，巫术是人们企图借以超自然影响周围事物和现象的各种信仰和专门巫术的总和，其特点是人凌驾于自然之上，企图用臆想的、虚幻的一套技术手段（即巫术仪式表演）来战胜和控制自然，直接为一定的实际需求服务。巫术的仪式表演常常采用象征性的歌舞形式，并使用某种据认为赋有巫术魔力的实物和咒语。"② 一般情况下，巫师通鬼降神的方式主要是在仪式中使用歌舞表演的形式来体现的。古代之巫，实以歌舞事神、娱神为职业。可以断定的是，巫者的舞蹈是一种降神仪式的再现，而歌的内容可能就是通鬼接神的"咒语"，这种"降神仪式"和"咒语"构成了巫术的主要内容。巫师通过巫术畅游于人鬼之间，其形式主要为"请神附体"和"过阴"。③ 请神附体又称神灵降身，即鬼神的灵魂附在巫师体内，从而巫师成为鬼的化身，以代鬼神传达旨意。一般程序是先在神桌上摆上各

---

① 郑小江：《中国神秘文化》，当代世界出版社，2008年，第16页。
② 同上。
③ 同上，第24页。

种祭祀贡品，以供奉鬼神之灵，然后由巫师身着特制的巫衣，头戴神帽，手执刀剑等法器，口念咒语，癫狂起舞。不一会儿，巫师便浑身颤抖，如醉如痴，信口歌唱，据说这标志着鬼神之灵魂已经进入他的体内。此时，巫师会有许多超常的惊骇之举，如把瓷碗咬成碎片、铁链穿肩、钢针透腮、锄刀割体、吞食火炭、攀爬刀梯等；而"过阴"则是巫师的灵魂出游，到鬼神的世界中去，问讯死者死后生活的情况，并向死者询问阳间病人的生病原因，祈求为病人治病的药方。不管是请神附体还是过阴，巫师都会出现浑身颤抖、面色骤变、如醉如痴的超常状态，颇能迷惑人。

事实上，这种情形是古人认知世界的观念造成的。古人在看待万物起源及构成的问题上，他们认为一切事物与人一样都是由神灵创造的，其思想构成与宋明理学唯心主义的宇宙发生论是基本一致的，所以，他们认为巫师们的这种本领也是由神灵赋予的。但是，我们在田野考察中，与一些这样的"神职"人员做过交流，他们不否认，这种本领的掌握，除去神灵的眷顾外，还要经过长期的专业训练才能获得，有时甚至会使用一些药物来麻醉肢体。所以巫师的许多特异功能，如爬刀山、下火海、吞铁钉、舐炽铁、过刀桥等，也是要经过长期训练才行的，他们掌握了一套特殊的方法，使他们在做各种功法演练时不至于受到伤害，而普通人不了解其中奥秘，则认为他们是真神附体，得到神灵保佑的才使得巫师具备了常人所不具备的功力。

关于这类巫术的表现形式，在2009年3月，我们来到了广西金秀瑶族自治县和宜州市下辖的北牙乡的一个瑶族村落，对这种神秘仪式中的功法进行了了解和对具备这些功力的师傅进行了访谈。通过观摩和访谈，以求获得神秘背后的真相。

金秀大瑶山的瑶族有盘瑶、茶山瑶、山子瑶、坳瑶、花篮瑶五个支系。上刀山、过火海等瑶族传统绝技,源自于这五个支系共有的一种深受道教影响的传授法术的宗教仪式——"度戒"。这一仪式有三个方面的基本内容:一是传授法术;二是传授传统文化;三是进行伦理道德教育。受戒者一般是十六七岁的男子,经过受戒仪式就能够"神通升天,求神送鬼",才有资格参加法事活动。受戒者有两种,一是度师公,二是度道公,前者是驱魔赶邪,后者是超度亡魂。① "文化大革命"期间,由于"破四旧"对民族传统文化和民间文化的摧残,"度戒"被认为是"迷信"而遭禁止,一度中断。一些身怀绝技的瑶族传人不敢组织"度戒",也不敢传授这些绝技。

　　金秀瑶族的度戒仪式较为复杂,每个支系瑶族的度戒仪式也不尽相同,但基本内容大同小异。首先,被度者要学习经文和咒语。受戒者要认真听取度师的教诲,度师一字一句的教,受戒者认真地听,牢牢记住这些内容并能背熟。通常情况下,这些经文和咒语都是由度师口传心授给受戒者,没有文字的记录,个别有文字的,也都是由汉字来代为转述的,经文的内容只有受戒者自己知道,外人是无法知晓的。其次,要受戒者喝符水。这种符水是需要度师经过处理后才能给受戒者饮用。最后,在传授完法术和饮完符水后,受戒者要跟随度师游坛,就是围绕祭坛游走一定的圈数,表示带领受戒者游历天上神界,并在此后教授给受戒者跳道教舞蹈和学唱教歌,直至最后受戒者摔倒在地,仪式才算圆满结束。② 而经过这种仪式后,受戒者就会成为一个不再是以前意义上的"人",而是成为一个介于人神之间能够与神沟通的师公或道公,也就是我们常人认为的"巫师"了。

---

① 黄必贵、卢运福主编:《世界瑶都》,岭南美术出版社,2006年,第115页。
② 同上。

以上这种情形,在其他的少数民族当中也存在,基本上都是通过某种仪式来获得常人所不具备的与神沟通的能力。在许多民族中,巫师是世代相传的,或父子传承、或师徒传承,但不管是哪种传承模式,都要经过挑选和培养,然后还要经过严格的训练才可以掌握巫师的本领。一般情况下,选择巫师的候选人都是一些年轻的后生,通常要学习3—5年的时间。"经书"也就是所谓的"咒语"都是由师傅口传心授,而巫术的仪式、法术,则由师傅带徒弟去见习。在东北和内蒙古地区的鄂伦春族和鄂温克族等民族的萨满,就是由死去若干年的萨满的灵魂选择,出生时未脱胎毛的人、长期患病或精神错乱、许愿当萨满后病愈的人被认为是萨满灵魂选中的,这种人就可请一老萨满为师,学习跳神技术,学习祭神祷词,学习萨满所应具备的所有本领。三年后,当新萨满跳神跳到如痴如狂、神志不清时,即认为神灵已经附体,具备了萨满的资质,并成为神灵的代言人。① 在马昌仪所著的《中国灵魂信仰》一书中,也较为详细地介绍了湘西土家族梯玛的传承仪式。书中所介绍的仪式虽然与金秀瑶族和东北的萨满等的仪式不太相同,但仪式的功能是一致的。在仪式过程的几个阶段中,同样有学习经文和咒语,同样要学习施法舞蹈和歌曲,同样是没有书面文字的口传心授,而唯有一点略有差异,那就是在入口传教时,有一个较为独特的方式:"入口传教士指法师在传法时,嚼一口敬神的献牲,然后吐入跪在面前张着嘴的受戒者口中,并由他吞吃下去,于是便意味着受戒者得到了真传。"② 英国的象征学派人类学家维克多·特纳在其《仪式过程——结构与反结构》一书中,通过对非洲恩登布人的各种仪式过程的详细描

---

① 郑小江:《中国神秘文化》,当代世界出版社,2008年,第25页。
② 马昌仪:《中国灵魂信仰》,上海文艺出版社,1998年,第405页。

述和深入分析，阐明了仪式在世俗社会中所具有的功能和作用。并由他根据阿诺德·范杰内普的观点，卓有成效地发展和概括出了阈限概念。他将阿诺德·范杰内普提出的分离、过渡和组合改称为阈限前、阈限、阈限后三个阶段。而第二个阶段（阈限中）则是最为关键的，受礼者进入了一种神圣的仪式时空，它处于一种中间状态，所有世俗社会中的种类和分类都不复存在。① 另外，特纳同时强调："在阈限中，为初次受礼者赋予新身份的力量，尽管是由社区的代表们所发起和调节的，却被看作是超乎人类之外的力量，这在全世界的仪式中都是如此。"②

三、真相的认知

由此可知，巫术是用来达到实用目的的"技术"，这套技术程序就是巫术仪式。巫术来源于咒语，咒是巫术里面最为重要的成分，也是巫术里最神秘的部分。咒语是秘不外传的，只有在经过拜师学艺后才能了解其中的奥秘所在，外人不得而知。"巫师的技术（包括咒语）是师徒口耳相传的，巫师们有时也可能组成一定的组织，其性质类似行会，它不包括巫术的信仰者，而仅仅单指一些巫师。从一定意义上说，巫术仪式本身也就是古人的一种祭礼形式。"③ 而巫师在仪式过程中边念边舞，就是强调他是在与神灵的沟通和对话，其舞蹈的形式和方法，具有一定的象征意义，每个动作都蕴涵着十分强烈的当地人看待世界的观念。仪式是庄严而神圣的，而神圣的原因，是由当地人如何看待这个

---

① 夏建中：《文化人类学理论学派——文化研究的历史》，中国人民大学出版社，1997年，第315页。

② 维克多·特纳著，黄剑波、刘博赟译：《仪式过程——结构与反结构》，中国人民大学出版社，2006年，第106页。

③ 郑小江：《中国神秘文化》，当代世界出版社，2008年，第20页。

世界的宇宙观来决定的。居住在我国不同地域的少数民族，大多属于对自然、神灵和祖先的崇拜，每个民族都有自己崇敬的图腾和圣物，巫师让不同的神灵附着在自己身上，或让自己的灵魂脱离肉体的束缚而神游天外，是神灵赋予他们的特殊能力。由此看来，我们仍然没有能够解释清楚和揭开这种仪式中的特殊功法的神秘面纱，而要一窥全豹，则必须真正成为这种仪式中被度的受戒者才行，但我们心里也清楚一个宗旨，就是一旦真正成为其中一员，你自然不会向外人透露出其中的奥秘。在这些人看来，他们也无法科学解释为何会产生这样超自然的功力，只能理解为是对神灵的敬畏以及多年的读经使得神灵对这些"神人"眷顾，在这些仪式过程中所表演的内容、类似的舞蹈以及他们的绝技绝非与杂技和气功有关，只能是来自于宗教的神秘性。

但是，由于社会分工的不断细化，许多仪式已成为他们获取利益的手段了。而利益的获取就需要搭构起一个让外人看到的场景，场景的再造，已使得仪式以及巫师的巫术的神秘性大大降低了。仪式的展演化倾向越来越严重，现代的许多少数民族体育项目的竞技化和舞蹈的编排的模糊性更容易让人迷失在其中，许多从中提取的元素的能指性愈发含混不清。如果要想将民族体育背后的文化场景解释清楚，就需要更加谨慎地提取元素符号所代指的准确性。为了还原其真实性，但又不能过度拘泥于其中，这就要求我们从事研究的人员要详细了解某个族群的体育或舞蹈的形成过程和文化意韵。从某种意义来说，巫术仪式本身是具有特殊功能的，也就是要了解这种功能背后所附带的本质含义，才能真正创新出被这个民族或族群认同的少数民族体育项目来。

创新不单是提取元素准确性的问题，而且还是怎样将这些元素按照其原生状态放置到一个规范的场景中来。例如特定场景中的舞蹈是不可以置换的，本来是属于宗教祭祀里的舞蹈，其主要作用和功能是敬祖娱神，如把其中提取的元素和内容安置在狩猎舞蹈中，或者把日常生产劳作里舞蹈放置到仪式祭祀中，就会不伦不类，现代研究者一定且要注意处理好这种关系，不要形成不明就里地乱点鸳鸯谱的情形出现，避免贻笑大方。因此，我们要对某一行动或某一文化现象有所了解，就必须将这种现象放置到它所应该存在的文化场景之中来进行具体地解读，由此方能阐释其背后的意义所指，而意义则是在同一场景中的行动者所共同建构、共同分享的关键所在。另外，场景的不断转换同时也能够体现较多的能动性，行为者处在一个场景中所表达的意义，和他在另一个场景中所表达的意义就有可能存在较大的差异性，通常情况下，场景都会与社会之间产生一定的互动性，而社会环境的变迁同样会影响一个场景再造的问题。再造的场景使得庄严而神圣的宗教祭祀仪式发生了裂变，而发生裂变和场景的再造的原因，无非就是利益的驱使和文化再生产的需要，政治、经济等因素毋庸置疑成为其裂变的真正幕后推动者。

节庆仪式是民族文化活动的载体，乡土社会的仪式性体育能形成一种节日开展的活动，一方面，民间仪式性体育活动有社会组织基础及信仰和传统力量的支撑；另一方面，体育活动又是把人们聚集和组织起来的重要手段，体育的竞技性激发集体荣誉感、制造狂欢气氛，因此村落仪式性体育具有顽强的生命力。有些时候，人们希望能看到还原后的真实场景中的行为表现，而这些人的真实表现则往往会将其人生观、宇宙观、道德观、伦理观等哲学观念掺杂进来，这无形中会增大我们了解这种行为背后的意义的困难。宗教祭祀场所是产生非物质文化遗产的重要文化空间。少数民族的信仰非常丰富，民间宗教其实就是与自然威力有关的任何一整套制度、信念和习俗，这种自然威力是人民对力量、神、鬼、精灵或是妖魔的敬畏之心。在我国少数民族地区民间信仰的文化空间十分广阔，很多村寨都有多神崇拜的祭台，而这种多神崇拜的宗教祭祀场所与民间生活的水乳交融，同样也为少数民族武术提供了良好的生存土壤和传承的文化空间。流行在湘鄂渝黔桂边等地区的巫傩之戏就是一个很好的例证。"傩"的意思是驱疫逐鬼，巫傩之戏在历史上传承久远而众说不一，但就其民族文化的特征来看，与这一地区的民族信奉鬼神相关联，这才使得巫傩习俗世代相传。武术作为这一地区民族生存和种族优化繁衍的重要手段与巫傩习俗有着千丝万缕的联系。巫傩之戏具有很强的宗教色彩，它集武术、舞蹈及鼓乐于一体，是少数民族武术传承形式的主要载体。

傩舞有很多种形式，其中最具有特点的当属"矛谷斯"和"爬刀梯"了。最具土家族特色的传统舞蹈"矛谷斯"亦称"摆手舞"，是土家族人民纪念先祖而举行的盛大祭祀活动，其内容均以祭祀、狩猎、自卫抗敌、模拟农事动作为主。表演时，除了身体动作外，还运用棍、叉、梭镖表演各种防身围猎的技艺，似舞似艺，对舞蹈家来讲是带有原始粗犷美的民族艺术，而对武术家来讲，就是拳术器械套路表演，只是动作略嫌笨拙粗野而已。由此可见，土家族的舞蹈中有"武"、"舞"、"巫"相融的成分，人们在舞中用"武"的动作来体现人们对神灵的敬仰。

如果说"矛谷斯"还多少有舞蹈成分存在的话，"爬刀梯"则更具有武术功法的特点和浓厚的宗教味道了。"爬刀山、下火海"是西南少数民族地区十分流行的一项民俗体育形式，在许多少数民族中都有这种形式的表演，其中以云南傈僳族的表演最具特点，傈僳族称为"爬刀梯"。例如我们看到的云南傈僳族人在"爬刀梯"和"下火海"之前，都有类似形式的仪式行为。每当遇到节假盛会时，傈僳族人都会进行表演，而且往往是黑傈僳

"爬刀梯"，花傈僳"下火海"。人们经常将"刀山火海"比喻为极其危险和困难的地方，而把敢于上刀山，下火海的人视为勇士。攀爬刀梯时，表演者需赤脚爬上绑有多把锋利大刀的长杆上，一般性的表演是爬36把的刀杆，在重大节日和盛会时则攀爬72把刀杆。在攀爬之前，表演者要接受宗教仪式的洗礼。通常是要身穿画有图案的"甲马"又称"符咒"以获得神灵的眷顾，甲马是一种古老的符咒，传说可以为佩戴者带来神奇的力量。"甲马"通常用绵纸制作而成，除以马为主图外，还常画有巫教、佛教、道教等各路神祇图案。纸上的图案因祭祀对象、扮演的角色、场合的不同而各异。[①] 从严格的意义上说，爬刀梯不是武术的套路形式，而是具有浓厚宗教色彩的武功表演。以上只是一种简单的仪式过程中对"爬刀梯"这种功法形式的描述，其实，在这些功法背后往往隐含着当地少数民族看待生死的态度和一种认识自然的宇宙观念。但是，我们前文中曾提到的广西瑶族的"爬刀梯"则具有另外一种功能，是一个男人成人的象征和标志，当地人称为"度戒"。度戒是瑶族男人的成人仪式，是瑶族特有的一种习俗，是瑶族男人成长程中不可少的神圣一课，比娶新嫁女还要隆重。瑶族不认为18岁是成人的年龄，在他们看来年龄无论大小，只要度戒过关，就是男子汉，就得到了神灵的保护，得到了社会的承认，可以担任全寨的公职，获得男性人生的社会价值。没有度戒或度戒没有过关的男人就不能算是真正的有价值的男人，就没有社会地位，得不到姑娘的爱慕，甚至找不到老婆。

但无论是哪种场景，按照学者们的传统观念来理解，应该不存在没有场景或者缺失场景的文化或艺术、体育等现象，至多是

[①] 马昌仪：《中国灵魂信仰》，上海文艺出版社，1998年，第170页。

观察者没有发现而已。但研究者的任务则恰恰是要发现隐藏在文化和艺术、体育现象背后的意义，而这种意义应当是在场景中才能体现的，结合场景分析能更好地发现意义。文化中的意义是特定场景的交流和互动搭构而成的，如果只站在观察者的角度上去研究异文化就可能对真实的意义产生曲解。一种事物能够流传下来必定有它一定的文化背景和适宜的生存环境，是需要经历长年的历史积淀和文化积累才能体现出来的，并不是一朝一夕的事情。非物质文化遗产的传承和延续，不像物质文化遗产那样有所凭依。少数民族武术也是民族文化的一种表现形式，就像宗教祭祀、民族歌舞、音乐、服饰、彩画以及各种手工艺品被定性为非物质文化一样，而诸如彝族、土家族的"跳武丧"、"矛谷斯"、"镰甲舞"，傈僳族的"爬刀梯、下火海"等这些少数民族武术的独特留存形式，同样具备非物质文化的品性与特点。所以我们在尽量保存这种少数民族武术的多元表现形式和文化载体外，还必须保护和创造良好的传承环境和物种的生存土壤。非物质文化遗产实际上不仅仅是一种技能，还是一种生活方式和一种生活态度，所以它的传承者往往是一个区域的全体民众。

我们应当意识到，由于传统的生计方式、政治制度等方面的变化与变迁，许多附着在艺术或者体育形式上的功能也在悄无声息地发生改变，过去的一些功能虽然丧失了，但它自然会产生一种适应于现代社会的新功能，比如说过去的仪式通常是具有特指功能和含义的，主要是在人的生命的不同阶段，个人通过各种仪式来改变自己的身份、地位、权力等，简单地说，它是人在身体发育或社会发展过程中的重要时刻，比如出生、青春期、嫁娶或是死亡。世界上大多数较为简单的社会和许多"文明"社会，都有许多典礼或仪式标志着个人从生命或社会地位的一个阶段过渡到另一个阶段。① 而现在许多重新创造出来的仪式尽管也许保留有传统仪式的部分功能，但由于场景的重新打造，许多功能已经黯然消逝了。所以，我们研究少数民族传统体育的时候，也一定要将这些东西放置在一个特定的场景中，比如具体的地方、具体的个案中来探讨，而这个特定的"场景"一定不是人为构建起的一个"场景"。

第三节　创新与认同

少数民族传统体育的创新过程实际上也是一个探讨民族文化认同的过程。创新是为了更好地与民族文化接轨，以便于拓展项目的开展和发展的空间，同时创新是为了更好地将民族体育上升到一个文化认同的高度。族群认同的重点是强调其成员的认同，是一种文化归属的分类，这种分类有时也和外部的压力有关。我们在田野考察中曾遇到一个十分有趣的案例，在对广西马山的一个项目"打花扁担"考察的时候，给我们表演的都是当地学校的小学生，当表演完毕后，我们随机找了几个小学生闲聊，当问及她们是什么民族时，大部分都说自己是壮族，其中有一个小姑娘说自己是瑶族，但她又问我们，说为什么我是瑶族却要跳壮族的舞蹈，为什么还要穿着壮族的服装，带着壮族的服饰，而且是在学校的老师要求下她去跳的，这个问题一时让我们语塞。其实我们心里清楚，由于地域环境和生态环境的影响，在广西境内的众多少数民族混杂聚居在一起，很多少数民族体育项目已经不再

---

① 维克多·特纳著，赵玉燕、欧阳敏、徐洪峰译：《象征之林——恩登布人仪式散论》，商务印书馆，2006年，第6页。

是某一个族群的符号象征了，也许是多民族共生的关系，可能会让他们共同从事一个项目，不过从这个简单的例子中可以看出，隐藏在人们内心深处的情感认同是不能被外在服饰或其他因素所代替的。区域与族群是两种不同的认同方式，有时候似乎会有区域认同和族群认同相互抵触的认同，但是，认同往往是场景性的，人们会根据场景来选择区域和族群认同，地域性和民间艺术有时候恰恰就是族群性的。不仅族群是与文化相关联的，区域也常常是和文化相关联的，区域认同多数情况下也是一种文化认同。许多少数民族体育项目背后都掺杂着各种权势、利益等关系的博弈，是强调一个族群的认同，还是在政治、经济等利益驱动下功利地打造一个所谓的文化品牌项目，如果不在一个特定的场域中是无法理清彼此之间的认同关系的。

一、认同的观念

我们现在并非要研究族群认同的问题，但少数民族传统体育中的许多项目，又不得不牵扯到关于族群认同的原则问题。族群目前在学术界还没有一个统一的定义和看法，但就多数派别的观点来看：族群是一种人们在交往互动和参照对比过程中自认为和被认为具有共同起源或世系，从而具有某些共同文化特征的人群范畴。而以本民族的传统体育形式作为认同的工具，也无形中成为了一个"符号"标志。以我们国家对民族的划分为例来理解这个问题，民族研究可能更应该是在一种政治关怀下的问题。在中国的场景中，民族是被国家认定的，具有政治法律地位的人类共同体。中国有56个民族，不能随意添加和更改，这也是我们国家在研究和使用族群这个概念的局限性的根本所在。但随着国家改革开放30年来的变化，这种局面得到缓和。试想一下，如果使用族群的称谓就可能在具体事情上灵活一些，因为这个概念强调的主要是文化，可以与民族等同，也可以大于或小于研究的范畴。在当代一些人类学家运用族群认同这个概念时，多数都要强调维系族群的文化性、变化性和场景性。而在西方社会中，族群理论往往是指那些已获得国家主权或在一个国家政治、经济权力结构中已获得某种自治地位的族群，或具有某种政治自觉和要求的族群。

族群认同，正面来说可以解释为彼此之间的相似性有多少，反过来说也就是寻找相对于他群的差异性。而相似性与差异性一般是通过生物和文化两个层面来达到认知的。但族群认同理论远没有这样简单，应该说在目前人类学界还没有一个让人完全信服的理论定义，这是因为各家学派所关注的对象和切入的角度以及看问题的层面都不尽相同，所以也造成对族群认同理论上产生较大的争论。我们在创新少数民族传统体育项目时，族群认同应该是一个最为基本的条件，是建构起一个民族的共识问题。体育和艺术作为一种文化的表征形式，在族群认同中可能更为直观一些。另外一个问题，就是在认同的认知上。

实际生活中，地缘关系与族群认同往往纠葛在一起，同一地域的不同族群有可能将同一形式的艺术作为自我认同的标志，在王建民先生的《艺术人类学新论》的书中曾举秀山花灯的例子来说明这种情形。在原来属于四川，现在归重庆市管辖的秀山，秀山花灯是非常有名的传统艺术形式，以前在秀山跳花灯的时候，并不去强调它的民族属性，就是当地民间为了祈求一年中风调雨顺的重要仪式而已。但是后来发生了变化，在1983年秀山土家族苗族自治县成立后，就有许多的文章说秀山花灯是土家族的传统艺术形式，甚至是流传了上千年的艺术形式，而这里的土家族也就因此有了上千年的历史，秀山花灯和这里的土家族是伴随在一起的，其强调的是秀山花灯的民族属性。真实的情况是当地的苗族和汉族都有跳花灯的艺术团体，而且这些花灯班子也很早就开始有了，由此可见，秀山的这种花灯艺术形式在民族属性上作了更多的强调。所以，王建民先生认为："花灯这种艺术形式其实本来是没有民族属性的，只不过不同民族的秀山花灯班子可能会受到他那个民族或多或少的影响罢了。问题是我们必须分析认识人们是如何给花灯加上民族属性的，以及为什么要添加这种属性。"①

其实这样的例子还有很多，在全国少数民族传统体育运动会中的一些竞赛项目的命名上，这种情况比比皆是，比如满族的珍珠球、土家族的高脚竞速、回族的木球，等等。这些项目应该说都是来源于生产劳动和地理环境以及传统的民间游戏。珍珠球本来是从一种满族传统生计方式演化而来，但现今的比赛形式则是将手球、篮球的玩法和规则纳入进来，我们看到在赛场中的运动员大都是从篮球队员中选拔的，但为了显现其特点，添加了类似河蚌的木拍和打捞的网抄，从外在形式上，我们已经无法还原其本来面目，即使是满族也无法认同珍珠球与自身的关系。高脚马本质上是由于南方雨水偏多，气候湿润，土地泥泞，人们为了便于出行的方便，踩踏在以竹制的类似北方的高跷而演化出来的，但是这个项目的出台恰恰是由湖南推出的，而湖南湘西是土家族聚居区，故而便将其定义为土家族的传统体育项目。但是，地处同一地域的湖北恩施土家族苗族自治州，同样也是土家族聚居区，在关于高脚马出处的认定上，是持有异议的。回族的木球运动，并非一开始就是少数民族传统体育运动会中的比赛形式，它是将流行于北方的一些民间游戏活动，打篮子、赶铆球、打木秋等多种游戏融而为一，再借鉴曲棍球的一些规则最终形成的一种

---

① 王建民：《艺术人类学新论》，民族出版社，2008年，第235页。

竞赛形式,由于这些游戏又多在宁夏地区广为流行,故而将其定名为回族木球。这个时候我们就会提到一个"认与被认"的过程,这个过程是否也是文化建构的主观认识与客观认识。文化的建构是与历史的记忆分不开的,文化建构者通过选择性的记忆,从而打造出一个族群的"历史",并有可能通过强权政治来推行这种"历史"的记忆,以获得本族群的认同,艺术的本真就可能被这种强权解构掉,那么这种被解构掉的"艺"到底有多少的认同作用呢?通过上述所举的一些个案当中不难看出,在许多认同的背后往往隐含着一种需求,这种需求不单纯是为了保护或是宣扬某种东西,而是建构在一种政治权势框架下的结构性需求,原本是一种地域性特征明显的表现形式,无形中会由于某个民族地区为了当地经济发展的需要,而强行添加了一些民族属性在里面。

我们现在讲族群认同的时候,一些认同的标准并不在一个层面上,基于文化的认同可大可小,本来可以是非常丰富的,然而在民族概念定型以后,人们往往会把丰富的概念简单化了,而且,有时候就必须按照国家的这种标识来确定民族成分。这样可能就会使得本来属于多层面的认同而被固定在某一个层面了。虽然民族这个层面被强调了,但可能会对区域层面的认同造成一定的影响和制约。所以,在分析和创新一个少数民族传统体育项目时,就更应该要关注族群认同是怎么被确定在某一个层面上的。过去提到族群认同,往往将其定格在血缘、语言、服饰、饮食、歌舞等外在形式上,而欠缺对该族群的内心情志和文化认同的深入探讨。

一些民族的外在特点由于社会进程的发展和文化的变迁,许多外在形式的表达对族群认同的认识已经十分模糊化了,即使在一个族群的内部同样会产生不同的认知方式和心态的偏差。我们以被列入国家非物质文化遗产的几项回族武术为例,回族武术是我国传统武术的重要组成部分,一向以种类繁多、技术精湛、影响广泛而著称于世,习拳练武已成为该民族的日常惯习行为,也是回族文化的符号象征之一。在我国公布的两批"非遗"名录中有三项回族武术被纳入进来,对弘扬回族传统文化和加强自我认同起到了积极的作用。在不同的层面和场域中人们对武术的认知是有差异的,在不同的情境和空间中人们对待认同的态度也是不同的。我们这时就必须要关注场景与空间的不断转换过程中,认同态度的转换。放在宗教信仰和习俗的空间与场景中,回族与其他信奉伊斯兰教的民族认同的归属上是相似的;而在地缘场域中,则认同于某一地域的文化,如在武术与回族的场域中,打拳练武的惯习行为和认同归属上则有别于其他民族。站在国家层面来看,武术或者说功夫,是外国人对中国人的看法或认同,一说起武术,他们自然会认为是中国独有的技击术;而站在中华武术这个场域来讲,回族武术则是其内的一种亚文化现象,是回族群体的一个象征符号。回族武术中那些具有典型伊斯兰文化特色的招式和套路,恰恰表达出了回族群体的内心情感的普同性。

少数民族传统体育的创新与实践应用研究,关乎一个民族或族群内部如何看待其所具有的代表性是否准确,而准确的原则和评判标尺的确定则需要将认同的底线确定下来,虽然由于场景和层面的关系,认同不可能确立一个统一的标准,这也就形成了创新研究中的一个最为实际的现实问题,就是如何把握所创新项目的认同标准,以及这种认同标准的边缘在哪里。在台湾学者王明珂的关于羌族认同的研究过程中所遇到的问题,实际上就很能代表现今研究族群认同标准的困境。他在《华夏边缘——历史记忆与族群认同》和《羌在汉藏之间——川西羌族的历史人类学研究》的对羌族研究的两本书中,有过这方面较为详细的描述,但大多是围绕着当地人的看法和主观认同这个思路来写作的。在书中通过大量的个案研究来佐证"历史"是如何被建构的，又是在一个什么样的背景中又重新建构了历史的"历史"，这种历史随着时空的转换，经过不断地解构与建构，最终形成我们现在看到的"历史"。这个结果也许让历史学者或采用历史学科的方法论研究的人感到很不舒服，不管这种观点正确与否，但他确实给了我们一个很好的启发，那就是既然意识到历史是被建构的，就应该慎重看待搜集的材料的真实性，没有书写的历史不一定没有历史的记载。

另一个引起我们兴趣的是他的"边缘学说"，所谓的"边缘危机论"实际上是对那些强烈需要证明自己族群身份的人而言的，尤其是羌族地处的地域环境十分独特，恰恰夹在汉族与藏族之间，这种环境，既包括地理上的，也包括文化上的空间。但这种所谓的文化认同并非就是某一个族群单向性的认同模式，而是时时刻刻处于变动和摆荡之中的，用王明珂的话就是"一节一节的"。王明珂在其《华夏边缘——历史记忆与族群认同》一书中，将自己的一个观点——边缘，来佐证自己理论的合理性，这同时也是一种对族群边界研究的方法论，是采用"族群的边缘方式"来研究族群的认同。他认为，族群的边缘恰恰是界定一个族群对外表现出的"异己感"和对内表现出的"亲切感或是认同感"。他的认同模式，既存在群体的自我认同，又存在其他群体对该群体的认同，从而在"历史"的记忆中就会产生分歧并形成不同群体认同之间的张力。现在关于族群认同的研究，实际上已经摆脱了传统意义上的那种体质、语言、服饰、宗教信仰等客观文化现象的束缚，而更认同人们内心的情感。这个"情感"不是简单意义上的"原生情感"，换一种说法，这种情感可能是随着各种环境的不断变迁和互动而形成的。就历史记忆与族群认同这个问题,在他的《羌在汉藏之间——川西羌族的历史人类学研究》一书中提到一个关于历史心性的讨论。王明珂是以"弟兄祖先的故事"为线索来探讨一个关于还原"真实的过去"的认知模式。他认为:"我所称的'历史心性'接近西方学者所谓的'史性'(historicity)与'历史心态'(historical mentality),但不尽相同。我以历史心性指流行于群体中的一种个人或群体记忆、建构'过去'的心理构图模式。"[①] 可以说,这种模式在某种程度上,承认历史心性决定了何种历史以怎样的方式来被建构起来的,而这种对历史记忆的建构往往是许多社会记忆的工具之一。之所以在此提到关于历史与记忆的问题,是因为在传统世俗社会中,往往会对一个游戏或是体育进行人为的"历史"建构,而关乎它的历史起源和名义上的纷争问题同样也难逃此种被历史建构后的框架束缚,并形成不同群体的历史记忆而沿袭下来,最后达成世俗社会的认可。

二、认同的标准

对少数民族传统体育的研究,就是要对其背后的文化现象进行研究。我们在前期研究中往往较为注重它的外在表象的描述和技术分析,而对这种惯习行为缺乏从民族的原生情感和不同场景中的认知方面进行分析和阐释。由于存在不同层面上的认同差异,所以通常情况下研究者要关注彼此的相似性和差异性,然后对这些相似性和差异性做出解释,以便寻找出其中的原因到底是什么。认同不仅是认的过程,同时也是一个被认的过程。人类学家很早就意识到通过文化阐释来理解一个外在物象的惯习行为,

---

[①] 王明珂:《羌在汉藏之间——川西羌族的历史人类学研究》,中华书局,2008年,第201页。

并通过个案的分析,来提炼出事物的普遍性,再从人类学角度对其形成的社会过程加以考究和研析,以便走出个案的局限性。表征是进行文化想象的场所,然而,表征并不是独特的,同时也是使生命世界产生意义的手段,因此,它们在功能上存在着差异。① 作为一种体育活动,也许是当地各民族的日常生活状态的直接反映,他们有自己独特的认同方式和行为规则,外人在不了解其真实含义而将一些元素提取出来往往会产生不同的认知结果,甚至会引起当地人的抵触和反感。作为利益的需要,也许在同一民族中人们之间的认同差异会远远大于不同民族间认同态度。不同民族都有起源的区别观念,人们为了认同,可能会寻求和再造起源或其他传统文化特质来强调自我认同。

但我们也清楚地意识到,族群认同的方式通常也不会是固定不变的,正是由于族群及其认同具有主体性、建构性、场景性等因素的影响,因此才可能会出现族群内部的认同的多样性,严重情况下乃至群体分裂的现象;但同样也会产生若干族群可能会联合并整合为一个族群的状况,此时,人们就会努力用各种表征方式来重新构建族群认同。而作为表征方式的主要载体,艺术与体育往往会通过身体来表达这种人们内心中的诉求,尤其是在现今社会中,当语言、服饰、饮食等在界定族群认同形式上产生模糊性后,人们更多的是通过一些艺术和体育行为来建构人们内心中的认同。例如,回族武术,应该说回族武术是一个庞大的拳术体系,但也有他们称作为"教门拳"的,其中以查拳、回回十八肘和汤瓶拳最能体现回族武术的文化,而除去查拳以外,其他两种拳法已经难得一见了。查拳在演练形式上具有明显的伊斯兰教

---

① 詹姆斯·克利福德、乔治·E. 马库斯编,高丙中等译:《写文化——民族志的诗学与政治学》,商务印书馆,2006年,第309-310页。

文化的特点，许多元素就是由参拜过程中使用的器具和动作演变而来。例如在查拳套路里的"提壶"动作等，不管是内行还是外行，只要是略微熟知伊斯兰文化的人都能通过其外在的拳式表现而认同查拳与回族的关系。

在过去，回族民众经常会在清真寺做完礼拜后，聚集在一起习拳练武，每个清真寺都有很大的一块平台作为习武的场地，更有甚者，在严寒的冬季和农闲季节，许多回民青年还要居住在清真寺内，他们称之为"睡寺房"，为的就是练武方便。而很多人的习拳练武行为，在某种程度上说就是以前回族民众的一个内心认同标准，是一种惯习的使然，同样也是一种自我生存危机意识的体现。但是随着社会的变迁，国家的安定，这种危机意识逐步消亡，回族群众在清真寺中习拳练武的身影已经不多见了，代表回族文化的教门拳也不像历史上那样普及。我们曾经到宁夏回族自治区的回族主要聚居地吴忠市，走访了一些回族人的聚居地，当问及现在的清真寺内是否还存在练武的情况时，当地的许多人都说已经很难看到练武的场景了，也许在更为偏远的宁夏西海固地区可能会有，但并不确定。由此看来，回族武术在宁夏回族聚居地的生存状况十分堪忧，就目前这种状况而言，曾经作为一种认同方式的回族武术，也许随着时代的变化也发生着变化，那么，回族武术是否还能够成为一种现今回族人民对自我认同的方式呢？我们不敢贸然认可这种说法，但现实环境下的回族武术如果就放置在民族这个层面来讲，在自我认同态度上是否已经存在质疑了呢？

传统的回族武术对现代都市中的回族青年的影响在逐渐弱化，但清真寺仍然是对本族教民进行文化、教育的重要场所，我们在对一些参加礼拜教民的访谈中，他们也都认可武术是回族人比较喜欢的传统体育活动，至今在吴忠地区十分流行的何家棍已经成为当地非物质文化遗产保护项目了,可以看出,回族武术仍是回族文化的一个重要符号象征,在认同方面应该是具有一定的作用的。但是我们忧虑的一点是,回族武术也有可能与前边所提到其他民族的语言、服饰、饮食等一样,会随着文化的变迁与生存环境的相同,而慢慢地将这个"符号"湮没在历史的洪流中。在与吴忠电视台的王立军的聊天中得知,他们准备拍摄一部反映回族武术的专题片,目前正在搜集和准备素材,他也认可武术是回族民众内心深处的一个情结,但是可惜的是,早期那种围绕清真寺做完晨昏礼拜后,人们聚集一起习拳练武的场景已然消失殆尽了。回族武术是否可以成为一个象征符号来达到内心的认同,是被"涵化"还是被"濡化",实际上都应该将其放置到一定的场域中进行博弈,而博弈后的结果往往会给人研究以启迪和借鉴。

　　由于人们在认同态度上的不确定,以及认同在不同层面和场域中的差异性,甚至还有各种形式上的自认、他认、被认等等,都说明了族群认同一个事项的艰难,但并非无可对策处理。我们在对少数民族传统体育的研究和创新的过程中,只要秉承一个原则,就是将各种形式的认同放在其应该所处的场景里进行,不能简单地强行划分地域性、民族性等敏感字眼。不同的艺术或者体育形式,可能在更多的场景中对族群认同起到强化的作用,由于内容丰富庞杂,也许会具有更强的视觉、听觉、触觉、嗅觉等知觉的感染力。如果在一个较大的族群聚落中,他们彼此之间的一致性可能不会使人感到更强的认同感,反而是出现更多的差异性,这就牵扯一个人类学的专业术语——认同边界。族群边界理论是人类学家巴特在其《族群与边界》的书中提出来的,他认为地域上和社会上的隔绝是造成和维持文化差异族别的重要因素。但他的这种观点同样受到后人的质疑,其质疑者们认为,族别并不是由于缺乏流动、接触和了解造成的，相反，族界和族别正是在互动和交往中引出的，是一个排斥和包容的社会过程，而族群也正是在这个社会过程中得以维持。其实关于族群认同理论的研究还有许多，但研究的角度和选择的方法不同，很难说哪种理论能解释得更详尽，不过认同是一套特定文化同价值标准相结合的产物，不同的社会环境人们会有不同的行为，而文化边界就是通过不同的行为而得以维持的。

尽管有外来权力的介入，甚至是压制和臆造，但作为一种社会现实中存在的文化现象，关注这种文化被创造的过程，考察表征的形式和过程并进行更为深入阐释，注意不同力量的牵扯作用，以及这种体育行为被用来加强族群认同时，来自官方和民间的不同力量所发挥的作用，则是我们研究人员应该注意的关键所在，以便我们在创编和提取元素时不至于出现明显的偏差和误导。但是我们现在看到的许多标明为某个民族的体育项目，往往这种认同观念比较模糊，所谓的"模糊"，一是本民族对其的认同态度；二是其他人看待此项目的态度。

我们以当前的全国少数民族传统体育运动会上的几个项目为例来说，比如回族的木球、满族的珍珠球、土家族的高脚马、壮族的抢花炮等项目，都是在其项目之前冠之以"民族"成分，都是为了适应竞技比赛的需求而强行附加在其头上的。木球和珍珠球这两个项目的产生实际上是违背了前文所说的认同的标准，都是提取民间运动的某些元素，再运用现代西方竞技球类运动的规则人为创造出来的项目，所选用的队员多是现代球类运动员。这两个项目的产生就违背了前文所说的认同的标准，既没有本民族明确的认同，而外人也不知其为哪个民族的体育项目，在"认"和"被认"的两个层面都没有体现元素提取的准确性。土家族的高脚马，是由于湘鄂西一带的地理环境和多雨的原因，民间产生的一种便于走在泥泞道路上的一个外出的代步工具，本身并不存在什么民族性的问题，而是当地各民族都要采用的一种出行方式，但是，在湘鄂西一带居住着以土家族为主体的民族，故而后人将其定性为土家族的传统体育项目，这种带有强行权力和人为打造意味的体育项目已经成为当地政府争夺利益资本的砝码了。

壮族的抢花炮，可以说比较接近原汁原味的民族体育了，但竞技比赛的形式却剥夺了其原始蕴涵的意义。来源于壮族民间宗教祭祀仪式的抢花炮，是流行于广西壮、侗和仡佬等民族中具有浓厚民族特色和宗教祭祀意味的传统风俗活动。据考证，抢花炮起源于广东，后传至桂、黔、湘三省毗邻地区，流传到现代已有五百余年的历史。[①] 有关壮族抢花炮的起源，通常有三种说法，即：源于醮会迎神、源于歌圩、源于求子。但不管是哪种起源，种种迹象都表明这项运动起源于传统祭祀仪式。壮族的抢花炮，古称"还愿炮"，源于古时的放炮还愿酬神仪式，在广西壮族地区十分盛行。据《平南县志·卷八·风俗》记载："醮会迎神，俗重放炮，用五色纸剪丝造花炮一尊，以麻绳缠作圈子，如环状置炮口中。炮响，则圈飞入云表，万人仰首。圈坠，拾得者，会主用金花丝红饰玻璃佛镜一座，鼓吹送至其家，供奉中堂。宾朋咸贺，谓神所赐，予必有财喜至。次年其家亦即期备镜一座，仍用鼓吹送至庙中，以答神贶，谓之还炮愿。"[②] 由此可以看出，流传于壮族民间体育的抢花炮具有典型的宗教仪式色彩，而影响较大且具有传承性的少数民族体育大都和信仰仪式有关，仪式性体育往往是复合性的活动，同时围绕其仪式举办各种民族文化活

[①] 韦晓康：《壮民族传统体育文化研究》，中央民族大学出版社，2004年，第114页。

[②] 转引韦晓康：《壮民族传统体育文化研究》，中央民族大学出版社，2004年，第115页。

动。但在我们的少数民族传统体育运动会上看到的抢花炮则是一种打造的项目，同样是运用了西方体育——橄榄球的评判标尺和规则来强行附加于其头上，这种情形的出现同样是违背了族群认同的观念的。

关于对少数民族传统体育的认同，许多流传于民间的体育项目都具有一种隐含在人们内心深处的认同标准。我们再以武术为例，在全国少数民族传统体育运动会上的武术比赛（2007年广州民运会之前）都是以传统武术的竞赛项目和竞赛规则实施的，项目很少涉及真正的少数民族武术内容。对少数民族武术的挖掘和整理也缺乏系统性，没有给其一个展示的平台，但在广州结束的第八届全国少数民族传统运动会上，我们欣喜地看到在武术比赛中，新增加了相关少数民族武术的C类比赛项目，各省传统民间武术都可以报名参赛。根据竞赛规程，各代表团参加C类比赛的项目需通过申请、报名，交报名表的同时还需附所报项目的音像光盘以及文字介绍资料，以便于组委会仲裁和裁判审评和通过。所交的文字资料要介绍该项目的起源、发展状况以及竞赛特点等等，甚至还要提及参赛选手的传承关系。一时间封手拳、敦煌金刚拳、梅花拳、西夏拳、五祖拳、侠家拳、山哈崩拳、苗拳、壮拳、天山棍法、螳螂刺拐刀、回鹘节子、五虎群羊棍、鞭杆棒等等众多少数民族武术的各种拳术和流派纷纷展现到民运会的大舞台上来。另外，在民运会的148个表演项目中，除去竞技项目和民族健身操的55项外，在余下的93项表演项目中有关武术内容的有十余项之多，虽然所占比例不是很高，但还是能看到武术在少数民族中间的影响力度。

但是，在这些表演项目中，相关武术表演的内容，并不是真正意义上少数民族武术的形式体现，融入了许多类似艺术表演的痕迹，实属遗憾！但不管怎样，我们国家已搭建了这样一个展现少数民族武术风采的大舞台,并通过这种载体和形式使得少数民族武术能够在更多适合自己表现的舞台上充分体现各民族武术的特色,而不只是几个流传较广的拳种比来比去。以上这些武术内容,许多都冠以"民族"的标识,由此也可看出,人们对武术的认同已经被学界人士所重视,将认同的观念与文化品牌结合起来,不单起到传承武术文化的目的,同时也促进了民族文化的融合和相互了解。在现实社会中,作为人们文化娱乐和健身的一种方式,各民族的传统武术是需要人们按照自己的文化传统和习惯来加以选择的,而认同的标准也不是某一个人说了算的,它必须是真实反映了一个民族群众的意愿才能获得的。继承发展少数民族传统武术文化,一方面可以看出少数民族传统体育是特定民族文化的反映;另一方面,少数民族传统体育也显示着各民族的精神、意识和价值观,是各族人民获得民族自尊的重要手段。我们现在还能够以民族的族称来命名少数民族武术流派,如回族武术、傣族武术、彝族武术、土家族武术等,但愿在以后也能看到各民族武术流派的多种形式表现,这样才能体现民族武术流派的多样性,并从中了解和掌握少数民族武术文化的多元特点。

三、认同中的创新

研究少数民族传统体育与当地族群的认同关系,是一个既敏感又需要严谨对待的问题,这其中掺杂着各方的利益和权力的纠结。从小的方面说,一个少数民族的体育项目由于地域环境的原因,有可能是在统一生态环境下,不同民族共同从事的体育活动,但如果要归入某个民族的话,就有可能引起其他从事该项目的民族的异议,甚至产生矛盾。上文所说的壮族的"打花扁担"是一个例子,而诸如此类的现象在我国的许多民族聚居区都是存在的。在我们对恩施地区的高脚马的调研中,也发生了这种情形。高脚马这项活动,首先是由湘西吉首大学推出的一个全国民族运动会的竞赛项目,但湘西地区是土家族的主要聚居地,所以大多数人士较为推崇高脚马是湘西土家族的传统体育项目,同时为了体现这个项目的民族性,还要一些运动员穿上土家族的服装,似乎这就表明了这个项目是土家族的传统体育项目了,而这时候,服饰就成为一个符号,其暗指了这个体育项目的民族归属。但恩施地区同样是土家族、苗族自治州,而且这个项目在该地区有着很好的群众基础,比赛成绩在全国也是名列前茅,现在反而是恩施的高脚马的影响力要超过湘西的知名度了。其实,由于湘鄂西地区的地理地貌同样都属于山地丘陵地带,溪流众多,道路崎岖不平,加上雨水多,所以当地的各个民族可能都会采用这种传统的交通方式出行,于是才有高脚马的出现,而在高脚马被纳入全国民族运动会之前,人们也没有过度强调它是哪个民族的,应该说是同处于同一地域环境下的各民族都有可能从事这项游戏活动,即使是汉族人来到湘鄂西一带生活的话,他也同样会拿起两根竹竿做成的竹马穿梭于泥泞的山间土路和溪流之间,而如果只是一味地硬性规定它是哪一个民族的话,是有些牵强的,也是没有任何意义的。

  区域认同有时是和族群认同相重叠的,在多民族杂居地,可能会为了申明某一个族群的文化所有权或冠名权,而出现对区域体育或艺术资源的争夺,其中也表现出族群间权力关系的影响及相互之间的平衡。这种情形不单出现在体育界,在我国发起的"非物质文化遗产保护工程"中类似这种情况的比比皆是,这就不得不让从事研究的学者要谨慎对待这类有关一个民族认同的问题了;从大的方面来说,一个族群的认同问题有可能会牵扯到民族国家的构建上来。当今世界研究族群和民族国家的构建问题被引入到一个十分敏感的学术纷争领域，一时间成为国内外人类学、民族学、社会学家和政治学家们研究的热点，这个热点已成为当前各种类型的国家及领导人们十分关注的一个焦点。这种情况的发生，追根溯源来说，还是牵扯到人们如何看待族群认同以至上升到国家层面的问题。当今世界绝大多数的多民族国家，其民族与国家的关系不同于单一民族国家，存在国家疆界与民族边界的异质性，换言之，在多民族国家民族认同与国家认同并不总是一致，他们之间存在着张力甚至冲突。

关于当今世界对族群问题的研究存在许多争论和商榷之地，也是一个较为前沿的学术纷争。西方学者对族群认同的研究，可以分成几个流派，概括来说，根据他们自身的研究和认识，归纳起来有以下几种分类说法：文化认同说、互动理论说、原生论说、工具论说、辩证阐释理论说五类理论形式。虽然研究的是一个共同对象，但由于切入的角度和实施的方法不同，其内部分歧还是比较大的。综合来看这些研究成果，无外乎两个方面的争论，即主观论和客观论之间的纷争。是主观认同还是客观认同，其实都不能很好地解释这种现象，也不是因为彼此由于完全对立而无法兼容，而事实上是各有其便利之处的。纵观几种学术理论，由于涉及场域和场景的不同，人们在认同的层面上必然会产生些许偏差，王明珂认为："客观论指出族群可被观察的内涵，主观论描述族群边界；根基论说明族群内部分子之间的联系与传承，工具论强调族群认同的维持与变迁。"[1] 正是由于存在彼此之间的纷争，一些后来的学者就试图建立起一个综合性理论来阐释族群认同中的各种现象，或是不坚持前述任何一种理论，

---

[1] 王明珂：《华夏边缘——历史记忆与族群认同》，社会科学文献出版社，2006年，第20页。

他们的兴趣是在于结合其他学科,来探索族群现象所披露的更基本的人类生物或社会性本质。比较国内外学术界观点来看,国外学者和台湾地区学者一般认同将"民族"称为"族群",而国内学者由于受历史的影响而认识为"民族",当然这只能看做是学术界的争论。民族的内部认同是民族发展进程中一种客观现象,民族认同(又称族群认同)主要指一个民族的人们对其自然及文化倾向性的认可与共识,民族认同概念最早出现在18世纪启蒙运动时期,20世纪70—80年代的民族认同理论研究有了较大进步。[1]

尽管在学术界严格地认为"族群"和"民族"是两个截然不同的概念,但在复杂的现实世界中,这两个概念的外延还是有重合的时候。不管是学术界怎样的争论,在我们国家一直是将西方"族群"的概念翻译成"民族"。一旦谈起民族的概念,就不得不联系到斯大林对"民族"所下的有关定义。斯大林在其著名的《马克思主义和民族问题》一书中根据马克思和恩格斯关于民族问题理论,完整系统地对民族下了定义:"民族是人们在历史上形成的一个有共同语言、共同地域、共同经济生活以及表现在共同文化上的共同心理素质的稳定的共同体。"[2] 斯大林的民族定义提出后,得到了世界各国马克思主义者的公认。20世纪30年代后期有人将它翻译成中文并传入我国,为中国共产党人所接受和运用。尤其在对我国民族识别上采用了斯大林的理论依据,由于当时中国受苏联整体意识形态的影响,甚至在做民族识别的工作时,常常将一些民族识别的条件按照他的框框来划分,以迎合这种理论。但是后人学者对

---

[1] 贺金瑞、燕继荣:《论从民族认同到国家认同》,载《中央民族大学学报》,2008年第3期,第5页。

[2] 林耀华主编:《民族学通论》,中央民族大学出版社,1997年,第103页。

此定义颇有微词，尤其在脱离了我国特殊年代的意识形态之后，更是有大批的学者质疑斯大林关于民族定义的片面性，纷纷从不同角度来分析讨论民族定义中所包含的四个部分的内容，但总体来说学术界较为认可他对"共同文化上的共同心理素质"一方面的肯定。

第四章 阐释与深描

当结构人类学和功能主义的光环逐渐消退的时候,以格尔茨为代表的文化阐释主义当仁不让地跻身人类学研究的前沿,尤其在对艺术研究上,这个具备浓郁文化表征色彩的学科恰恰暗合了阐释学派的观点。也可以说在研究艺术领域的问题时,运用该学派的方法和方法论更容易接近和揭示我们研究事物的真相。王建民先生在其《艺术人类学新论》中转引格尔茨的观点,他认为:"文化系统的意义是建立在人与人互动过程中的象征性行动之上的。人的行为之所以是象征性的,是因为人的本质是象征性的动物,是使用象征性符号累积生存经验、代代相传进行沟通的。"[①]我个人感觉,在艺术领域中,阐释就是对细节的分析和把握在不同场景中艺术表达文化的转换形式,这种"转换"纠结着各种关系和利益,而其现象背后的"意义"正是我们所要研究的对象和目的。

国外关于民族体育文化的研究,多是站在文化人类学或体质人类学的角度展开的,如罗宾·福克斯的《印第安人村庄棒球:古老巫术的新用途》一书中,描述了棒球传入新墨西哥科奇提印第安人村庄的经过,将古老的巫术植入棒球,并作为用于医治疾病的目的和手段。克利福德·格尔茨在《深层游戏:关于巴里岛斗鸡的记述》一文中,将"斗鸡"游戏作为人类学

---

① 王建民:《艺术人类学新论》,民族出版社,2008年,第207页。

家在文化分析时的一种工具,已经成为一个经典的文化阐释作品。另外,关于对艺术的研究,已经成为当今人类学界的一个主要研究领域了,作为一种表征形式,艺术其实与体育是有着相通的关系的。在王建民先生的《艺术人类学》一书中,就艺术行为从审美、表征、宗教、族群认同以及掺杂其中的政治、权力、性别、阶序等方面有过细致深入的讨论,这些内容恰恰也是国内外人类学家历来所关注的问题。而关于对少数民族体育的研究,目前国内外的人类学家们仍然是将其作为一个文化现象来进行的,并由此为切入点,来探讨其背后隐含的意义。格尔茨的出现,可以说是将田野民族志的写作提升了一个层次。民族志由最初的一种游记类的特殊文本形式,演变为马林诺夫斯基基础研究方法与文本形式的二重组合,进而成为格尔茨用"深描"来阐释文化和触摸真实的地方性知识。目前,由于民族志这种方法重视研究对象的社会行为及其与整个社会文化之间的关系,具有跨学科的性质,所以又被广泛地运用到其他学科的研究领域中来了。

在格尔茨提出的文化可以是被解释的观点后,许多后现代主义者同样会对其观点产生质疑,其质疑的焦点是怎样确定对一现象阐释的准确,或者说,这种阐释或解释的范围是否可以涵盖现象的本质意义。同时,这种阐释主义也可能会造成与实证主义的反复争论,人文学者的阐释能力到底怎样体现?人类学家的分析方法能否被富有成效地应用到实践场域中来?其路径的选择是否准确无误呢?维克多·特纳在其对象征理论研究中曾提及:"精神分析学者把对象征的最本土的诠释看成不重要的东西,这导致了一种天真的、单向的研究路径。因为那些表明了一个支配性象征符号是如何表达社会和道德秩序的重要因素的解释,绝不等同于理性化和自灵魂冲突中抽取出来的间接的、细节详尽的材料。

它们所指的是社会事实，后者具有外在于个体心理的经验现实。另一方面，那些仅仅认为本土解释才是有意义的人类学家也同样是单向度的。他们试图仅仅在文化的和结构的这两个分析框架内来考察象征符号。这种方法本质上是静态的，它并不处理社会关系中牵涉到时间变化的过程。"[①]

由此可见，为什么在许多人类学家研究出某一现象并对它进行解释后，仍然会受到和听到来自各个学派的质疑声音，那就是说在研究某一物象过程中，路径的选择是首先要确定出来的，否则就可能违背这一学派理论的假设。所以，自布迪厄提出实践理论的观点后，会得到众多学派的学者的一致认可，而且在其后的一段时间，甚至到现在，可以说布迪厄的实践理论学说仍然是大行其道，其问题的关键之处，就是实践会带给我们正确的认知结果。一旦我们搜集到了信息提供人给出的某些相关现象的诠释后，我们的分析工作才能在真正意义的层面上开始工作了，而信息提供人的"意义"只有在这个分析过程中，作为科学研究的对象才富有意义，实践过后的阐释则是让从事研究的人们学会透过一些象征符号来看该象征符号所表征的、并赋予了该象征符号意义的现实。

第一节 阐释观的构建

格尔茨认为，文化结构和社会结构不能混为一谈。他将文化比作某种生命情感的表现形式，具有游戏的、戏剧的、舞台的、

---

① 维克多·特纳著，赵玉燕、欧阳敏、徐洪峰译：《象征之林——恩登布人仪式散论》，商务印书馆，2006年，第35页。

文学的象征意义。① 另外，格尔茨对巴厘人斗鸡行为的深入研究，从简单的斗鸡游戏中探察到巴厘人社会内部关系的"深层游戏"，可以说是将巴厘人的社会地位等级之间的争斗转移到了斗鸡这种形式当中，看似简单的游戏隐喻着地位、权力、利益等社会因素。关于艺术的表达，当然是一种形式的体现，是通过作品、身体、感官、视觉等形式来诉说的方法，而阐释则是一种对这种"对话"形式的解读，更是一种方法论的体现。但是，阐释主义也不可避免地被后现代主义所质疑，过于主观的解释（主观与客观都是建立在实践经验基础之上的），是否也容易陷入一个纯感性的陷阱，这也是实证主义对它最不接受的一个方面。阐释主义往往将场景和情境作为对艺术研究的一个主要方面来评价，而这种评价体系，也可以说是一种结构的标准又怎样才能达到人类学家所要求的"标准"呢？人类学家所阐释的意义又怎样才能令学科界定下的艺术家所信服呢？话语权到底掌握在谁的手里？或者就是一种对艺术看法的纯学术研究呢？

少数民族传统体育作为一门人文学科的分支，也必然存在人文学科的一般属性，克利福德·格尔茨就人文学科近年来发展的几个基本趋势作了详细的分析，他认为人文科学之间存在一定的模糊性："一是学科与学科之间的界限越来越模糊；二是人文社会科学的学者越来越远离通则的追求，而倾向于个案的深度诠释；三是人文社会科学的理论也发展出成熟的'类比'，以解释所谓的社会事实。"② 换言之，格尔茨注意到人文社会科学的发展有脱离自然科学影响的趋势，而渐渐形成具有诠释性的理论类比，如"游戏类比"、"戏剧类比"、"文本类比"等等。他同样

---

① 夏建中：《文化人类学理论学派——文化研究的历史》，中国人民大学出版社，1997年，第341页。
② 同上，第326页。

区分了两种科学研究范式，一种是追求规律的理论阐述，一种是寻求各种可能性的意义解释。我们研究的少数民族传统体育则属于文化人类学的研究范畴，是要对其所表现出来的文化现象做出解释。格尔茨曾经不止一次地提到他对文化阐释的理解，其在《文化的解释》一书中明确指出："我主张的文化概念实质上是一个符号学的概念。马克斯·韦伯提出，人是悬在由他自己所编织的意义之网中的动物，我本人也持相同观点。于是，我以为所谓文化就是这样一些由人自己编织的意义之网，因此，对文化的分析不是一种寻求规律的实验科学，而是一种探求意义的解释科学。我所追求的是析解，即分析解释表面上神秘莫测的社会表达。但是这种见解，这种只用了一句话就说出来的学说，其本身就需要做出一些解释。"[1] 另外，格尔茨在强调了文化需要解释的基础上，还提到一个"深描"的理论问题。"深描"应该是格尔茨对关于人文科学研究的方法论的重大贡献。人们在日常生活中有很多动作和各种身体姿态，但他为什么偏偏选择"眨眼"作为自己的主要阐释对象来加以分析和讨论呢？这是因为他觉得，眨眼具有十分重要的意义和象征，而其他的动作也许并不能说明"深描"的问题，所以，我们在选择问题时要有一定的目的性。

我们通常在田野考察中会遇到和看到许多当地人的一些特殊行为，这同样是我们采集的素材之一，即我们称之为资料的东西。实际上我们自己对于其他人对他们以及他们的同胞正在做的事的解释之解释，往往会弄得含混不清，而之所以容易被一些现象所迷惑，是因为大部分我们借以理解某一特定事件、仪式、习

---

[1] 克利福德·格尔茨著，韩莉译：《文化的解释》，译林出版社，2008年，第5页。

俗、观念或任何其他事情的东西，在研究对象本身受到直接研究以前，就已经作为背景知识被巧妙地融进去了，只是这种情况是在一种潜移默化的基础上进行的，我们并没有意识到其文化背后的引申意义是什么。

格尔茨所倡导的"深描"，实际上就是一种研究人文学科的方法论的探讨，是在田野考察过程中的实践行为。在研究当地人的行为时，随着田野工作的不断深入，这种所谓的"深描"所起的作用越来越明显，而且卓有成效，应该说"深描"是对一个异文化的不断认知的过程。在田野中搜集的各种大量的素材，往往是相互叠加在一起的，或者是相互交织在一起的，这些素材既是陌生的、无规则的，也是含混不清的，从事研究的人员首先就必须努力把握它们，然后再加以翻译，并达到一个对真实现象的阐释。格尔茨认为："作为由可以解释的记号构成的交叉作用的系统制度，文化不是一种引致社会事件、行为、制度或过程的力量；它是一种风俗的情景，在其中社会事件、行为、制度或过程得到可被人理解的，也就是——深的描述。"① 正是这种"深的描述"的方法和程序，才通常被过于随意地称作从行为者的观点看事物发展的趋势，这种过于书生气的理解方法，或者过于技术性地称作主位分析掺入了更多的主观臆测，对于主观的理解的解释，以及在什么程度上的解释，最为关键的莫过于准确地理解当地族群的符号系统构建的意义是什么，以及它意味着什么的问题。所谓文化分析实际上就是对意义的推测，估价这些推测，而后从较好的推测之中得出解释性的结论，以尽量靠近文化表象背后的真实含义。

---

① 克利福德·格尔茨著，韩莉译：《文化的解释》，译林出版社，2008年，第16页。

当代的一些具有阐释情结的人文学者的研究宗旨是提倡格尔茨的这种研究方法的，所谓的"在解释之上的理解"就是要求这些人明确自己的定位，研究者是一个中介人而不是一个以客观中立面目出现的观察者。行为可以借助文化来阐释，同时又可以是在"解释之上的理解"。现在较为激进的争论认为这样的阐释和理解是不可能的。格尔茨则认为，在阐释中不可能重铸别人的精神世界或经历别人的经历，而只能通过别人在构筑其世界和阐释现实情境时所用的概念和符号去理解他们。我们的资料事实上是我们自己构筑的别人对其自身和事件的认知。文化不是决定行为的"权力"，而是使人类行为趋于可解性的意蕴的背景的综合体，也就是说，文化是使人们可以相互理解的平台，是一群人共享的象征意义体系和概念系统，在当代人文学者的观念中，还应该探讨这种共享的情感模式。人们由此在彼此之间能够实现对意义的理解和解释。因此，文化在阐释主义者眼中与可以切割和分类进行研究的客观存在的物质文化和精神文化的综合的概念就完全不同了。

人文学科的研究往往重视对个案的研究，它将场景和情境作为对文化现象进行研究和阐释的重要方面来对待，这就部分修正了以往人们研究中将文化分成若干个可以分析的环节，而未能充分认识和注意不同场景和情境下人们的反应差异的弊端，因此，可能使阐释的多样性增加了。人文科学阐释的意义在一定程度上是研究者发现和言说的，与文化创造者的民间人士或艺术家，以及处于评判者和鉴赏家地位的艺术家等不同的人们认识和阐释的意义是否一致是很难得到保证的。这里确有一种阐释的话语权的问题，但阐释的目的是发现和阐释，他们最初并没有充分意识到这种权力关系的影响，也没有将这种问题作为关注的聚焦点。按照传统人类文化现象研究的观念，应该不存在没有场景或者缺失场景的文化或艺术现象，至多只是观察者没有发现而已。所以，研究者的任务是发现隐藏在文化和艺术以及少数民族传统体育现象背后的意义，而这种意义恰恰是在场景中呈现的，结合场景分析能更好地发现意义的本质。

文化中的意义是在特定场景中的交流与互动搭建起来的平台，而只站在文化观察者的角度上去研究异文化就有可能对意义形成曲解。文化是可以阐释的，现象也是可以被解释的，而在此基础上，文化现象就可以被建立在"解释之上的理解"。格尔茨始终认为文化系统是"一种透过象征符号在历史上代代相传的意义模式，一种将传承的观念表达于象征性形式的系统；通过它们人与人相互沟通、绵延传续，并发展出他们对生命的知识和对生命的态度"①。他将文化比作某种生命情感的表现方式，具有游戏的、戏剧的、舞台的、文学的象征意义。正是基于以上的认识，他对巴厘岛斗鸡的分析才是最具有典型性和代表性的研究个案。在其《深层游戏：关于巴厘岛斗鸡的描述》一文中，格尔茨指出，"雄鸡在巴厘岛是男人的象征，但这只是一个方面；另外一方面，'巴厘人审美地、道德地和超自然地将其视作人性的直接翻版：动物性的表达。'也就是说，雄鸡不仅象征着理想化的男性自我，象征着男性生殖器官，而且象征着他最恐惧、最憎恶、既爱又恨的事物或令他神魂颠倒的黑暗力量，如刀、赌注、鲜血、暴力、地位、威信等。在斗鸡过程中，人与兽、善与恶、自我与本我、激昂的男性创造力和放纵的兽性毁灭力融合成一幕残酷、暴力和死亡的血的戏剧。"② 格尔茨的文化解释应该说是站在人文社会科学的角度上诞生的一种理论学说，而他始终认为人文解释不是一种严谨的科学态度。目前学术界在对待自然科学

---

① 夏建中：《文化人类学理论学派——文化研究的历史》，中国人民大学出版社，1997年，第341页。
② 同上。

和人文社会科学的态度上也是争论不断。自然科学强调人类科学的统一性,这个统一性却是以牺牲人文社会科学的特殊性为代价的,但过度的特殊性又破坏了科学的统一性和整体性。一些学者认为,解释学起初既不是被理解为科学,也不是被理解为哲学,而是被理解为技巧,即解释的技巧,主要是解释书面文献的技巧,从而认定解释学从解释的技巧上升到了人文学科的方法论。自然科学倡导的实证主义和传统人文主义在许多具体问题和观点上是直接对立的,但都有可能走向极端化的倾向。在科学划界的问题上,相对主义的历史功绩是将社会的、心理的、历史的因素引入科学与非科学的区分,使人们越来越清楚地认识到,要在科学与非科学之间做出界线分明的二元划分是不可能的。

实证主义和阐释主义这二者在某种场景中来说,它们之间就像并行的铁轨一样,是不可能重合在一起的。在研究过程中,二者各有利弊,只能说是实证主义忽略了人的精神和社会研究的特殊性,而人文主义过多地强调了事物的特殊性而抛开了自然科学的统一性。① 有关对人文学科的认识,学术界存在三种观点和看法:"一是明确认以人的精神世界及其积淀的精神文化为对象的知识集合体是科学,即由人文和社会科学组成。二是认为人类知识中,与社会科学不同,以人类的信仰、情感、道德、美育为研究对象的人文学。因为人文科学中的宗教、哲学、艺术、戏剧、文学等都是包含很浓厚的主观性成分,着重于评价性的叙述和特殊性的表现。三是主张"人文学科"和"人文科学",前者是人类精神文化活动所形成的知识体系,如音乐、美术、舞蹈、神话、宗教等作品以及创作规范与技能等方面的知识。后者则是

---

① 陈其荣、曹志平:《科学基础方法论——自然科学与人文、社会科学方法论比较研究》,复旦大学出版社,2004年,第8页。

关于对人类精神文化现象的本质、规律等的认识的系统化。"[1]

虽然学术界之间的分歧较大，但从自然科学和人文社会科学的发展历程来看，始终伴随和交织着科学主义和人文主义、实证主义和阐释主义的矛盾和斗争，并且将一直持续下去。关于对二者之间的认识，让·皮亚杰说："如果说这两者的比较在初期尤其以还原倾向为其标志的话，那么学术研究的历史发展表明，一是应用借自自然科学的模式丝毫不排除对高级现象的特征考虑；二是为人文科学领域所设计制定的许多技术反过来影响了生物学，甚至物理和化学。早在19世纪，达尔文关于选择的思想就是部分地受到经济学和人口学概念的启发，而不仅仅是受到饲养员人工淘汰的启发的。"[2] 就学科性质来说，文化以及艺术等表现形式乃是人类追求诗性生存的一种特殊的精神努力，是人类认识自己生存意义和状态的艺术化表达方式。审美和抒情诗文化及其艺术价值和功能的核心基础，它们共同反映了人性的存在基础，对于美好的、高尚的、有修养和有意义的人生和生活世界的追求。如小说、诗歌、戏剧、音乐、舞蹈、美术、体育等的创作于欣赏是有机统一的。

第二节 解释后的理解

人类审美实践活动有可能通过艺术、体育等形式表现出来，而我们要给予深层次的文化解释则是不需经过的一个环节，可以

---

[1] 陈其荣、曹志平：《科学基础方法论——自然科学与人文、社会科学方法论比较研究》，复旦大学出版社，2004年，第19页。

[2] 让·皮亚杰著，郑文彬 译：《人文科学认识论》，中央编译出版社，1999年，第16页。

直接通过行为来解释其行为背后的动力因素，分析为什么会造成让人们去做这种行为的背景。人文现象、社会现象是由人、人的活动以及活动的产物构成的，通常情况下在人文社科现象的研究中，观念上是实验落后于推理的。解释是人类认识的基本属性，也是科学的一个重要目的。对自然现象、人文现象和社会现象进行"科学的解释"是自然、人文、社会科学的基本认识功能。"解释"与"理解"在日常用法中是没有明显的区别的，但是"理解"所含有的心理学味道却是"解释"所没有的。[①] 而这正是决定了自然科学、人文社会科学方法论的走向。传统人文主义的"解释观"关系到人文社科方法论的发展问题。传统的观念在经历了从解释书面文献的技巧的方法论到与自然科学的解释的方法论对立的认识论的发展过程，但解释总是一种语言的公开表达，以文字、言谈或两者兼有并辅以表情和动作；而理解则同时可能在语言和非语言的心理层次上实现。我们谈及的"科学的解释"，就是就某一个特定的事件或事实，对于特定的人，一种满意的解释将依赖于其固有的文化背景、理解能力、个人特质已及宗教信仰上。[②] 著名的哲学家海德格尔认为解释与理解的关系是："解释是理解的展开，在生存论上，解释根植于理解，而不是理解生自解释。"[③] 由此可以看出，理解是解释的出发点，也是解释的归宿和所要达到的状态，解释则具体推动、促进和实现着人的理解，是对传统人文主义和实证主义解释观的超越。

在上文中讨论了有关"阐释"与"解释"的关系，但应该承认，格尔茨的阐释和深描理论是建立在一定实地考察的基础

[①] F·赖特：《解释与理解》，载《哲学丛译》，1988年第5期，第18页。

[②] 陈其荣、曹志平：《科学基础方法论——自然科学与人文、社会科学方法论比较研究》，复旦大学出版社，2004年，第203页。

[③] 同上，第214页。

之上的对异文化的理解，而理解的基础又要通过细致的观察和对参与到当地人们在不同场景中的各种行为的认知程度，并结合其文化背景来就一具体行为现象做出详细的解释。我们在对许多少数民族地区的歌舞及体育形式的考察过程中，都能看到当地人的舞蹈展演，之所以称之为展演，是因为当地许多原生态的舞蹈形式已被当地从事文化研究的学者们改良过了，是一种脱离原生场景性的纯粹表演。例如许多少数民族中都有一种狩猎形式的舞蹈，其服饰和所使用的狩猎工具以及舞蹈的形式完全与古人相同。

这种行为实际上是由于这些族群的先民们在长期狩猎生活中获得的一种经验：愈是与狩猎动物在外表上相近，例如披上兽皮、插上羽毛等，就愈能接近它，也就能大大提高狩猎的命中率。在迄今为止发现的许多原始岩画中就有狩猎者身披兽皮偷偷地接近猎物的画面。正是这种有意识的生命活动直接把人和动物的生命活动相区别开来，显示了人的主体性，说明人是一切动物的主宰。在这些人的宇宙观念中，认为披着兽皮进行狩猎，其目的就是为了迷惑猎物，而当这种狩猎形式获得成功之后，连他自己也可能会产生迷惑，从而误认为只要是模仿动物的外形或将野兽身上的任何东西附着在自己身体之上，就可以与猎物建立起一种心灵交感的关系来。"于是，成功的狩猎经验就被曲解为一种超自然力的巫术力量的存在。而这种披上兽皮或是将猎物身上的角、牙齿、利爪、羽毛等东西佩戴在身上就不再是狩猎技术，转而演化为一种狩猎巫术。其所佩戴的东西也不是我们常人所理解的只是为了装饰自己的一种简单行为了，兽皮和猎物的面具就成为当地人认为这些东西是具有招引猎物的巫术力量的使然了，并进而将狩猎的过程编排出戏剧性的表演形式来代替真实的狩猎过程了。"① 于是在狩猎仪式的相关舞蹈中，舞者佩戴面具和猎物饰品，并且模仿这些猎物的外貌和习惯，以及模仿猎人追踪猎物的各种动作，从而产生了这种类似舞蹈的形式。

在我国以及世界上的许多国家的不同族群中，类似此种情形的比比皆是，他们相信食用动物的血、肉、器官以及通过佩戴动物的牙齿、皮毛、角、爪、羽毛等行为，该动物的力量和灵巧会传递到人的身上，他们深信动物的这些器官在与原来动物的身体脱离后仍可以在人的身上继续发挥它原来的作用。例如，许多地方的少数民族都有文身的习惯，即在身上黥刺各种动物的纹样，他们认为文身可以使自己具有该种动物的优良特性。我国最早的拟兽舞遗迹主要见诸于散布在中国西北、西南的三千至五千多年前的原始崖画中。在全国已发现的新石器时代各族先民在崖石上遗留的崖画上，绘有与各族先民原始舞蹈相关的上百幅拟兽、仿生造型舞蹈画面。据学者考证，崖画中反映的舞蹈，从内容和作用上主要有：模拟鸟兽类舞蹈、宗教祭祀类舞蹈、狩猎与劳作类舞蹈、自娱自乐类舞蹈、战争与操练类舞蹈和表演性舞蹈六类。从崖画舞蹈表现形式的体裁和形式上有大量的羽舞、羽人舞、拟兽舞、狩猎舞、草人舞、面具舞、工具舞等。早期的原始人以强烈的舞蹈节奏感用击掌弹指或使用自响乐器伴舞，用鲜艳夺目的色彩装饰，佩戴显示身份和财富的鸟羽兽皮或石珠、骨爪等若干原始方式，构成具有原始音乐舞蹈要素的显著特征。

在原始人眼里，羽毛美妙的色彩把百鸟装饰得五彩缤纷，它能飞舞到天涯海角。羽毛的形态与功能给原始人带来无尽的遐想，也给原始人予以象征性模仿的实物对象。在这种强烈欲望的驱使下，"用猎获到的鸟禽的各种美丽羽毛装饰自己，狩猎与劳

---

① 郑小江：《中国神秘文化》，当代世界出版社，2008年，第22页。

作之余'手之舞之,足之蹈之'的即兴蹦跳,当是最初萌发拟兽舞、羽舞的原始诱因"①。巫术是舞蹈仪式化的结果,巫术作为一种规则化的舞蹈,其规则要能够被人们普遍地了解和遵循,就必须用语言或其他符号形式将之确定下来,即用语言符号对舞蹈进行的具体方式,包括时间、地点、巫师的角色、服饰仪容以及舞蹈的动作要领等加以描述。舞就是神,因此,对舞蹈的描述也就是最初的"神话",神话一旦形成,就反过来指导、规范具体的巫术操作,只是在这时,巫术才是对现在的神话观念的肉身表达:"即用舞姿将神表现出来。"②

在一些民族地区,由于科学知识的普及程度存在很多差异,人们认识世界的途径也会千差万别,所以"迷信"的潜意识力量仍然束缚着人们的思维。正像戴季陶所说的那样:"所谓'迷'是没有理智的意识,而'信'是醇化的感情真力。我们如果知道人生是'力'的作用时,便晓得信仰是生活中最不可缺少的条件。"③ 一个人的生活,不能是单靠理智的,单靠理智的生活,人们就有可能会变成行尸走肉,失却生存的意义。人生是不是可以打算的?如果人生是不可以打算的,我们何必要用科学来武装自己的头脑。如果人生是可以专靠打算的,那人们的打算自古以来就没有完全通晓的时候。在这个时候,我们应当晓得"迷信"与"信仰"的差别,信仰是无打算的,一有了打算就不成信仰了。

---

① 农布七林、李娜:《民间拟兽舞的文化意义》,载《歌海》,2009年第3期,第101页。

② 刘宗迪:《鼓之舞之以尽神——论神和神话的起源》,载《民间文学论坛》,1996年第4期,第7页。

③ 新渡户稻造等著,张铭一、李建萍编译:《日本人的书——洞察日本民族特性的四个范本》,武汉出版社,2010年,第292-293页。

世界的空间是无量的，时间是无尽的；任何考古学者，不能知道星球未成以前的历史；任何哲学家，不能知道人类灭绝的时期；任何天文学家，不能超过现代的机械力量而测算浩瀚无垠的宇宙。而人们之所以会产生对宗教信仰或迷信的敬畏之心，则是因为自身弱势心理的存在。当一个弱势群体无法表达自己的世俗心愿时，宗教信仰的功能自然成为他们唯一的心理依赖。当我们了解了这些现象背后隐含的知识后，就可能去解释它的以及古人们的古怪行为。

其实行为本身迷惑了后人的认知，这种在当时作为一种"常识"性的问题，在经历了上百年甚或千年的历程后，却造成了后人对前人古怪行为的不理解，甚至从自己的主观臆想来猜测古人的行为意义。所谓的巫术的各种形式，实际上就是古人企图用一套臆想的技术手段来战胜和直接控制超自然的能力，所以巫术应该是古人一种对抗自然的精神武器。正如英国人类学家马林诺夫斯基说的："巫术的功能在使人的乐观仪式化，提高希望胜过恐惧的信仰。巫术表现给人的更大价值，是自信力胜过犹豫的价值，有恒胜过动摇的价值，乐观胜过悲观的价值。"① 巫术的这种特征使它渗透社会生活的各个领域和角落，具有重要的文化表征功能。由巫术引申发展而来的舞蹈，只是仪式中具备一个娱神的功能而已，不单是舞蹈形式，由此促进了其他艺术形式的发展。但是，如果我们用科学的分析方法来看待巫师的这种神奇古怪的行为时，又能够多少了解一些其背后的"技术"手段，例如关于"萨满"的巫术行为。我们经常能看到"萨满"在一些祭祀场合或给人治病实施法术时，都要有一个重要的与神灵沟通

---

① 马林诺夫斯基：《巫术科学宗教与神话》，中国民间文艺出版社，1986年，第77页。

的过程,此时的"萨满"出现全身发抖、抽搐、手舞足蹈、胡言乱语甚至口吐白沫等怪异行为,当地甚至外人也对此行为表示不理解。但根据现代的历史考古发现和出土物品的考证则多少可以对其的古怪行为稍作解释或一窥其端倪。在中央电视台的一个关于在新疆吐鲁番地区考古的"探索·发现"片子中,就这个地区出土的鄯善洋海人的墓葬中的干尸以及随葬品分析,发现在出土的干尸中,根据其着装和佩戴饰物来看,有一些可能就是3000年前的"萨满"巫师。另外,一起与其随葬的物品中,利用现代科学仪器进行碳-14分析发现,随葬品中有一些大麻。我们知道,大麻是一种麻醉类的植物,可以从中提炼出所谓的"毒品",如果吸食了这种麻醉剂,可以使人产生幻觉,并出现以上所描述的古怪行为。

根据考古学家的论证分析,所谓巫师在通神的过程中所表现的行为,说明他们极有可能是与服食了这种毒品有关。这种现象并非孤证,在古希腊历史学家希罗多德所著的《历史》一书中,就曾经记载了他对一个古老族群——塞西亚人这种行为的描述。当时他看到一些塞西亚人在服食了大麻这种物品后,便围绕着篝火不停地手舞足蹈,同时口中还念念有词,其举动与现在的"萨满"巫师通灵的表象极为类似。由此看来,这种现象也许不仅仅发生在"萨满"身上,我们发现在我国众多的少数民族当中,都有巫师的存在,而且其在获得神灵眷顾的时候,都会出现与"萨满"一样的举动行为,而且最为重要的是,许多巫师在行使其法术前,通常都要服食一些"咒水"之类的东西,是否这种"咒水"里会掺杂其他物品我们不得而知,但往往服食"咒水"是一个最为关键的过程,也许是"咒水"才使得他们如痴如狂,人们在不知真相的情况下,才愈显得它的神秘,而神秘是源于无知,一旦人类在理解了这种神秘背后的真相后,这种远古时期的巫术行为，才会慢慢揭开其神秘的面纱。

那些远古人类在山崖上所刻画的一些岩画图形，都是古人举行巫术仪式的遗迹和真实记录，史前时代的古人类把音乐、舞蹈和各种巫术结合在一起，构成了当时人们生活中的一个不可或缺的组成部分，后人的一些艺术形式，例如流传在各少数民族中的铜鼓舞、傩舞、木鼓舞、白象舞、黄泥鼓舞以及节庆舞等众多的舞蹈形式，以及舞蹈中的各种动作往往蕴涵着各种功能和意义的，其真实的含义就是一种古人祭奠仪式场景的再现。在我国的云南、广西等地，经常能看到当地少数民族表演的各式各样的跟"鼓"相关的舞蹈内容，有关"鼓"的传说和种类也十分多。"鼓"在这些少数民族地区不仅仅是一种乐器或舞蹈道具，同时还是一种民族对生殖的崇拜、一种图腾的象征。它或象征母体，或形似女阴。除此以外，在一些民族当中，也将鼓分为"公鼓"与"母鼓"，短而肥硕的称为"母鼓"，细而修长的称为"公鼓"。比如云南西盟佤族的木鼓和广西金秀瑶族的黄泥鼓都有"公母"之分，云南傣族的象脚鼓也有长短大小之分。这些由"鼓"而延伸出来的舞蹈，虽然形式各不相同，但都蕴涵着一种当地人对生殖崇拜的理念在里头。我们在广西宁明花山岩画、云南沧源岩画、宁夏贺兰山岩画中看到的图案中，与鼓相关的内容就有许多，这些场景中的古人围鼓而舞的行为比比皆是，其所表达的文化含义应该都是如此。以上这些事实都足以说明，巫歌巫舞在不同的少数民族中占有极为重要的地位，而巫术信仰和仪式对古人以及后人的歌、舞、乐等形式的产生和发展具有很大的影响，以至于现今的许多少数民族地区的人们仍然将其作为一种对神灵的崇敬而存在于日常生活之中。

被展演化了的艺术或体育形式的内容，人们往往漠视或是没有深刻认识到展演形式背后所附着的人们内心深处的情感体现，我们在创新少数民族传统体育项目时,也可能由于田野工作的不扎实,会忽略对他们看待这种事项的真实反映。所以,在每四年举办一次的全国少数民族运动会上的许多表演项目,很多都是在当地文化部门和文艺团体的利益驱使,甚至是不尊重传统文化的基础上主观臆造出来的,拼凑和打造的痕迹十分明显。

我们在对广西南宁某地区文化局编排的全国民运会获奖项目"舞春牛"的观摩中就看到类似上文所说的情形。在这个歌舞剧中,分别由几个人来扮演"春牛",再由两个年轻的男女作为引牛人,引导并让"春牛"来模仿牛的耕地、顶架等动作,在这个场景的预设中,穿插一些表达年轻男女的爱情故事。但令人不解的是,在"舞牛"的过程中,竟然添加了两头牛跳绳的动作场面,当我们问及编剧时,他们说,这是因为这个项目要参加全国民族运动会表演项目的比赛,因为必须要有身体运动的内容,而这个舞剧只是单纯的一个歌舞表演,并没有体育形式的动作在里头,在无奈之下,只好让牛也一起跟着跳绳,编剧的一席话让我们哑然。其实全国各地都有"舞春牛"这样的习俗活动,实际上它与春耕有关。阳春三月,正是春回大地、草长莺飞的时节,是古代人们在此期间的一种民俗活动。

中国古代是以农业立国,牛在农业生产中起着至关重要的作用。在中国历史上,鞭春仪式通常有地方官府主持,据宋朝孟元老《东京梦华录》中记载:"立春前一日……开封、祥府两县,置春牛于府前。至日绝早,府僚打春。"[①] 后来这种风俗活动开始在民间流行,届时人们买来土制的小春牛,在热闹的秧歌伴舞中,主持人开始鞭打春牛,人们通过这种仪式来展现一些民族风

---

① 转引冯国超:《中国传统体育》,首都体育师范学院出版社,2005年,第366页。

情。类似这种"舞春牛"的现象我们还在广西某地进行的一个"黄泥鼓"的展演上看到了,其实也都是一些当地的文艺工作者,将民间的一些祭祀仪式中的部分内容,经过加工和创造,重新打造出一台专供参赛以及外人观摩时的舞台剧形式,其中虽涉及部分祭祀内容,但从整体上看,基本上看不出任何庄严和神圣来,而演员所"表现"出的感情和状态与外在艺术表现是相分离的。因为这种形式只是对外在的现实的单纯模仿和再现,而艺术品与其说是显现在它之上的某种可见的事物,不如说是把自我融入一个神圣的场景中更为真实,这种作品究竟怎样表现了那种特定的原初情怀呢?所以,意义是内在于情境之中的,同样的,我们前面的问题可以表述为,艺术家是真的有过那种情感体验,还是说这种情感状态仅仅是这台舞剧文本中作为舞者的"他"或者作为观者的"我"的心中所产生的效果?或者这台舞剧是否有效地表达了舞者那种原初情感体验呢?所以,我们在认知这种现象的时候,应该知道在某些利用民间舞蹈元素创编出的民间舞和少数民族体育项目的过程中,创编者们所关心的是如何表现他们自己的创作理念,将采风得来的异文化的或者原始的民族民间艺术元素与原来的场景切割开来,按照西方的编排模式和理念来重新组合,形成创新的作品的时候,就有可能将我们民族体育打造成一种类似"舞台化"、"程式化"、"现代化"、"竞技化"趋向严重的作品。

我们现在看到的许多少数民族传统体育项目,其本身的竞技性比较弱,提炼者往往容易把民族娱乐性强的特点弱化,将竞技性特点强加于民族体育之中,这种简单而强势的"嫁接"打造模式已经越来越明显,类似上文中的壮族的"舞春牛",本来是表现人们对严寒冬季之后的春天向往的一种欢愉情怀,由于为了参加全国民运会的展演而加入了一些现代竞技性的体育元素在里头,具有明显的功利色彩。其实我们如今看到众多的少数民族传统体育活动的内容中,其原始状态和表现形式多与现代竞技体育之间有着本质上的差异,而体育元素的融入无形中弱化了其本身的文化蕴意,"打造"一词应该十分贴切地形容了这一文化现象。传统的少数民族的习俗活动,本身蕴涵着丰富的意义在里头,如果只是单纯从体育的角度来解释这种文化现象是难以做到详尽的解释的。在我们所了解的一些当地所谓的体育项目中,许多形式都是与这一地域的人的处事态度及哲学理念相关的,他们从来不认为他们自己从事的活动为体育项目,而只是一种愉悦身心的游戏而已,许多形式的活动都具有怡情、娱性的作用,他们这种自身看待事物的态度,具有浓厚的民族情怀和文化情趣在里头,多是表现人们对待宗教信仰、仪式祭拜和图腾的敬畏之心,并贯穿于民俗活动之中,它与西方提倡的纯竞技的本质是大相径庭的。而西方体育思想的介入,才使得相关人士将其定义在体育的概念中来。现代的少数民族传统体育项目的创编,多融入了一些民俗、宗教、仪式、祭祀等大型活动的内容,而这类主体内容则是一个体育项目所难承载的。

第三节 认知与深描

人类认识自然世界的过程,是一个极为漫长的历程,不同时期的人都会产生自己认识世界独特的宇宙观念。比如,远古时期的人们或者说至今生活在欠发达地区的人们,对世界的认知就会与我们身处现代都市的人产生偏差。通常情况下当地人都有自己一套看待事物的模式,这种模式也可以引申到他们的宇宙观概念中来,就像我们中国农历节气中的二十四节气一样,什么节气要干什么样的农活和做适应节气的事情，这其中也包括农耕、祭祀、禁忌等，看似是不连续的，实际上内部结构是很紧密的，例如，他们不会用一个准确的时间概念来判断一年四季的变化，但他们自己内心的潜意识中是有很细致的把握的，时空的轮回转换、周而复始，是东西方看待宇宙的观点。

早在远古时代的人们都有自己的一套认知世界的模式，他们认为宇宙主要由天、地、人三个部分组成，俗称为"三才"。宇宙和天象的变化，如日月、昼夜、寒暑等，是阴阳的范畴，再如地上万物的性质，如草木、山川、江河等等皆归属其中。人作为宇宙的一个部分，对各方面都负有责任。对人类自己，重要的责任是相亲相敬，生生不息，繁衍不绝；对于天的责任，是竭诚祭祀，以求阴阳有序，风调雨顺；对于地的责任，除祭祀之外，还要努力耕作，不要让土地荒芜。春天要保护各种动植物生长繁衍的环境，目的是为了夏秋之时，不仅收获自己种植的农作物，宰杀放牧养肥的牲畜，还可以猎获禽兽，捕捞鱼虾，然后用这些收获品养活人类自己，在这些日常生活中衍生出许多娱乐性质的各种游戏活动。早期的人类往往是通过天文来认识这个世界，天文术数在现代人看来，则又可能陷于"玄学"的境地，而所谓的"玄"只是由于今人对传统知识了解得过少，其实我们的先人们，在没有现代化的仪器设备的时候，就已经采用河图洛书来认识和总结我们的世界是一个什么样的世界了。阎纯德曾在一篇评论文章中说："就天文学与各学科的关系而言，天文学是母亲学，各学科均发源于天文学。天文学的第一个落脚点是历法。历法是用文字表达的，文字之前，历法是用河图洛书、八卦表达的。时间春夏秋冬四季，空间东西南北，万物生长收藏四种状态，都是从河图洛书、八卦（五行）那里出发的。终则有始、原始反终、物极必反、否极泰来、阴极生阳与阳极生阴这些至理名言与成语，都是从立杆测影制历那里发现的。"①

通常意义上的"玄"意味着"神秘"，而在一些少数民族地区，限于科学知识的掌握程度，往往会对一些解释不清的现象做一些看似匪夷所思的理解，但这些解释和理解并不是平白无故的和没有来由的，当地人会依照他们的宇宙观做出他们的认知。他们不认为某一对象可以完全地独立出来供人们去思考、研究，而是坚持认为任何一个事物都与其他的事物有着千丝万缕的有机联系，故而相互影响、相互渗透、相互制约。所以，我们经常听到他们对时间的说法，这些人不是根据格林威治的时间而生活，而是日出而作、日落而息的方式：太阳下山啦，该吃饭啦！花落啦，秋天了吧！柿子熟的时候你来我家吧，桃花开的时候她就出嫁了，他在冬至的第二天走了，等等。为什么棺材铺公然在闹市营业，人们意识到死亡是存在的一个方面，死亡并不可怕，那只是人生的归宿、轮回，不是必须千方百计逃避对付的地狱。人生不是为了怕死而生，人们把死亡叫做回老家……死者从不离去，他们永远与活着的人住在一起。对死去先人的尊重，使先人上升到神明的地位，普通的死者庇护着自己的后代，德高望重、功勋卓著者则庇护整个族群。这个认知图式在布迪厄的《实践理论纲要》这本书中的第三章节的孕生型图式和实践逻辑有过极为详尽的阐述以及对他在田野地点考察当地人生活状态的细致描述。

在此章节的开篇，布迪厄就曾提到："客观论将社会世界想象是呈现在观者眼前的景象，观者对眼前景象里的活动，是从自身之观点来做观察的，而且还会退后一步，以利观察，以至将自身和观察对象之间的关系原则转移到观察对象身上，把观察对象想作是只供认知发挥作用的完整一体，而将其间之一切互动化约

---

① 阎纯德：《从黄帝文化到皇帝文化》，载《南方周末》，2010年2月11日，第18版。

为象征性的交换。"① 这段话的意思是说，布迪厄强调在实践中要注意应用当地人观察世界的眼光和观点来认知事物的本来面目，同时通过与当地人的互动，以及彼此交换观点以获知最后所观察到现象背后的实质是什么。世界是可以被表述的，而实践则不过是在执行这种原则来进行客观的观察，这样就可以把我们自己放在实践的场域中来观察我们的研究对象，也就是把自己当做本地人，用他们的眼光来认识他们的世界是什么样的。

不同地域的文化是存在差异的，关键是看研究者采用什么样的眼光来看待"他者"的文化以及在这种文化笼罩下的艺术形式和表现风格。时间、空间、权力、地位以及当地人的宇宙观，都可能是艺术风格表现的基础，那这种基础何其多哉，是否存在一个怎样"聚焦"的问题？这个问题恰恰是我们所要讨论的一个关键环节——怎样理解和认识当地人的行为表现。比如说我们在少数民族地区就经常能看到一些当地的歌舞形式的展演，其实我们也知道这不是在正规仪式中出现的情境，但许多歌舞仍然能够让我们明确这种歌舞所具有的功能是什么，因为这是我们在已经了解当地文化基础上的理解。祭祀舞蹈，多是当地人进行娱神、酬神的活动，但同样可以看成是一种"功能"。在从事舞蹈艺术的人看来，它是一种少数民族表达内心情感的艺术形式；而在体育工作者看来，如果将其富有特点的动作抽离出来并与健身操相结合，创编出一套民族健身操来，它就有可能是一种很好的大众健身形式，可以达到愉悦身心的作用；然而在人类学家看来，他们所说的功能往往是需要更进一步分析的。主要是说不同文化制度之间的关系或者人的某种行为活动与人类的生理和心理需求的满足程度之间的联系，特别是对文化延续的作用有多大。

---

① 布迪厄著，宋伟航译：《实践理论纲要》，台湾麦田城邦文化出版，家庭传媒城邦分公司发行2009年，第198页。

比如说这种娱神、酬神活动与社会整合、群体团结、传承文化等相关联，同时还有可能会讨论到当地人的宇宙观的表达、调整族群关系等作用，可以说娱神与酬神只是一个仪式中的浅表层的功能问题，它本身附着的东西往往要比我们普通人想象的还要多，而这种"多"出来的东西则恰恰需要我们通过"深描"来达到意义本质的认识。我们许多从事艺术和体育研究的人员，往往注重表象的功能，而未能阐释出其表象背后的深层次的认知。人类学家玛丽·道格拉斯认为，产生仪式的根本原因是社会控制的需要，当边界明确而内部关系混乱时，人们需要寻求仪式；当个人及其制度规范强有力而群体软弱时，需要求助于仪式。

"无论是小群体、正式组织还是民族国家，集体的集合性越大，确认与重新确认这些集体意识的仪式也就越多；如果群体只是个别利益的简单结合，那肯定不会有多少仪式。"[1] 少数民族的众多歌舞形式，在当地人的眼中有着更为重要的实用价值，并因此而具有促进社会整合、强化社会秩序、界定社会身份和等级以及个人在这个群体中的名誉和声望等功能。由此如果进一步深入田野工作的话，还可以发现当地人的审美观以及与生俱来的民族情怀。

一个民族或者族群，往往对他们从事的日常生计方式有着浓厚的情怀眷恋，许多我们现在看到的一些少数民族传统体育项目或是游戏活动，无不附着在他们的内心深处，而文化的变迁则让人们深切感受到他们的这种迷失的情结。应该说文化的迷失可能会对当地人的精神世界产生巨大的冲击，每当我们面对一些面部表情表演痕迹明显，并机械操作着各种肢体动作的"村民演员"时，常常令我们无语和欷歔。但当我们采访一些当地的老人时，

---

[1] 夏建中：《文化人类学理论流派——文化研究的历史》，中国人民大学出版社，1997年，第304页。

他们表现的则是一种对往日情怀的深深眷恋之情。以我们在内蒙古呼伦贝尔市鄂伦春自治旗阿里河镇的几个猎民村的采访来看，这种情形十分明显。我们曾几次下到当地，在朝阳猎民新村遇到了一位76岁的鄂伦春老人葛林杰[①]，在同她的聊天中，可以看到她对往昔生活的眷恋。她能熟练掌握制作狍子皮的技巧，并拿出一件其精心收藏多年的制作精良的狍皮袄展示给我们看，上面还点缀着十分漂亮的图案文饰。由于制作年代久远，狍皮的毛色早已退尽，但摸起来的手感却十分细腻柔滑，可见熟皮子的技术之高超。当我们问起为什么现在不再制作时，老人十分感慨地说："现在不让打猎了，狍皮的来源没有了，而且由于人们已不从事狩猎了，不用再到冰天雪地的山林中去搜寻猎物，狍皮的隔寒防潮的功能已被现代轻便的服装所取代了。"在我们和老人聊天的过程中，她并没有放下手中的活计，一边聊天一边着手生火。她说直到现在还不适应用煤或天然气来做饭和取暖，平时都是用木柴来作为取火的燃料。鄂伦春人一直信奉萨满教，属于图腾崇拜的民族，他们信仰的山神叫"白纳恰"（音译），每当他们打猎归来，都要先把获取的猎物煮熟后投入到火里，为的是祭祀给他们带来福音的火神，这被看成是鄂伦春族人民生命传承的纽带。

鄂伦春族是一个世守山林而居的狩猎民族，传统的狩猎是他们最主要的生计方式，狩猎文化深深根植在他们的精神世界。但随着现代化的进程的需要和禁猎措施的实施，让他们自古以来所从事的生活劳动和文化情结也随着现代化的发展而迷失在文化变迁的泥沼中。可以说，自从实施定居和禁猎以来，撼动了同时也打破了他们原有的核心文化，失去了自己民族文化的归属感。一旦这种社会制度体系消失，随之而来的则是其文化核心和内心世

---

① 她是朝阳猎民村中最年长的一位。

界大厦的坍塌。在鄂伦春族的生活里,其社会分工是十分明确的,男人通常是作为狩猎的主要角色出现的,而女人们则作为采集工作的主要角色。狩猎是男人专门从事的活动,该活动已被仪式化了,它与男性的强健有力、男性气质和父子的结合联系起来,这样就与村落内母系的各种作用如对财产、地位和居住的控制权相对立。维克多·特纳指出:"性别对立是社会中的基本对立,即男人从事狩猎,女人负责生育。"①

为了解现在有关鄂伦春族人的狩猎情况,我们来到希日特奇村,走访了当地著名的老猎人,被称为"莫日根"②的59岁的托新老人家里。托新是一个接触和了解外界社会信息较多的老人,他曾在海拉尔当过五年兵。他从小就过着狩猎生活,问起有关打猎的事情来,不善言谈的他却滔滔不绝地给我们谈起他在狩猎过程中的许多趣事来。首先他拿出一本2001年第8期的《民族画报》,指着封面上的鄂伦春族猎手人物的形象自豪地说这就是他本人。封面上的猎手,身穿用狍子皮做的皮袄,肩挎一杆猎枪,显得十分的飒爽英姿。另外,他还谈及在阿里河民族博物馆广场上的鄂伦春族猎手雕塑形象就是以他为原形雕刻出来的。在经过简单的寒暄后,我们逐渐把话题引入到狩猎的事情上来,当我们问他都打过什么猎物时,老人粗糙的脸上一时间焕发出熠熠的神采来。他说山林中几乎所有的猎物他都打过,有狗熊、狍子、野猪、犴和一些飞禽等。老人兴致勃勃地给我们谈起了有关打狗熊、狍子和野猪的趣事来。之所以拿这三个动物来举例,是因为,打狗熊是最危险的,打狍子是较为简单和容易的,而打野猪则是最有乐趣的。

狗熊具有敏锐的嗅觉和很高的警惕性,对猎人来说,跟踪狗

---

① 转引自夏建中:《文化人类学理论流派——文化研究的历史》,中国人民大学出版社,1997年,第307页。

② "莫日根":是鄂伦春语,是指好猎手的意思。

熊是一个十分危险的事情，当狗熊感觉到有人在跟踪它时，它往往会想方设法摆脱，其行走路线不是直线，而是绕着圈子迂回地行走，并有可能绕回来在半路上等着猎人，出其不意地袭击来犯的猎人而一击致命。所以猎人要保持高度的警惕性来防犯狗熊的突然袭击，许多当地的优秀猎手都曾命丧其爪下。打狍子对猎手来说是一件不用耗费多少智力就能取得丰硕成果的事情。虽然狍子十分的机敏，动作也十分的迅捷，但猎手们自有一套对付它的技巧和方法。人们通常都叫它"傻狍子"，所谓的傻狍子就是说，当狍子一旦意识到有危险来临时，会迅速地逃离险境，但有经验的猎手并不会去追击它，而是悄悄地埋伏在当地，通常情况下，狍子还会再次回到原来的地方去觅食，这时猎手就可以将其猎杀。还有就是在夜间打狍子时，一旦发现，就用灯光照射它，这时的狍子就会一动不动站在原地，猎手们可以从容不迫地瞄准射击。对于托新老人来说，打野猪是最有乐趣的事情了。他说打野猪不用拿猎枪，只要多带猎狗和锋利的尖刀就可以了。首先，打野猪要分季节来打，在一般情况下，元旦前后的近半个月内是野猪的发情期，十分的凶猛，不适合猎杀野猪，另外，在野猪的不同年龄采取的方法也不相同。三岁以前的野猪，只要带上足够的猎狗就可以了，而三岁以上的公野猪就十分具有威胁了，此时的猎狗已不能轻易靠近它了。在不久前的一次打野猪时，就曾经"牺牲"了一只猎狗，这只猎狗被野猪细长坚硬的獠牙挑破了肚子，另一只猎狗也被獠牙划伤了睾丸。之所以说打野猪是一件比较有趣的事，是因为猎手们采用的方法十分独特。前边曾提及打野猪时不用猎枪而只要带上猎狗就可以了，这是因为，当遇到较为幼小的野猪时，猎狗们会一拥而上，分别在野猪的前后左右狂吠不止，造成野猪的顾此失彼，而不知向哪只猎狗发起攻击。此时，野猪身后的猎狗就会突然发起攻击，目标是野猪的生殖器。而野猪为了保护自己，只得拼命的来回蹿动，一旦停止，就会遭到猎狗的攻击。当野猪疲惫时,就只能趴在原地不动,而其他的猎狗则会一拥而上,在不得已的情况下,野猪只好奋起而疲于应付,只要有一丝可乘之机,它身后的猎狗就会毫不犹豫地一口咬住野猪的生殖器而死死不放。直到此时,猎人们才可以乘机上前,拔出尖刀,准确地捅进野猪的心脏。我们极有兴致地听完老人有关狩猎的趣事,可以看出他仍然意犹未尽,由此也能感觉到老人对往日狩猎生活的向往和怀恋。

  以上两个案例就是在我们的访谈过程中,通过老人的表情及诉说的感觉看,他们在诉说当中是沉浸在以往岁月的场景中来畅谈他们的光辉经历的,虽然朴实无华,但处处流露出自己内心的真实感受,这是通过表演而达不到的一种效果。鄂伦春族在茫茫的大小兴安岭中以狩猎为生,发明了"追猎"、"围猎"、"诱猎"、"守猎"、"穴猎"等多种狩猎方法,用特殊的熟狍皮的技术制作"梭罗子"、"狍皮衣"、"狍皮被"等来抵御寒冬。虽然妇女们通常是不参与狩猎行为的,但其制作狍皮衣服的技艺,也是狩猎文化的一个组成部分。狍皮衣服隔寒防潮,而熟皮子水平的高低则是妇女们保护自己男人不至于被严寒冻伤的体现,同样是以一种特殊的形式来参与到狩猎行为中来的。鄂伦春人将自己看做是大山的一部分,他们热爱自己的家园,崇尚自然,信奉万物有灵,将自然与自身天然地合二为一,他们的生活方式与自然环境相适应,同时他们又创造出灿烂的狩猎文化,自然环境和人文环境的和谐统一,使得鄂伦春族的狩猎文化延续几千年而生生不息。狩猎作为一种古老的生计方式,尤其是作为一项男性的职业是被赋予了很高的价值的。

  自20世纪50年代以来,人类学家曾集中研究的群体之一,就是非洲南部的"亢人"①。尽管几乎所有的"亢人"在20世纪50

---

  ① 非洲南部的土著民族,是桑人的一个分支,又称布须曼人,身形矮小,皮肤呈黄色,是世界上最古老的狩猎采集的民族之一。

年代都是狩猎采集者,但是,今天已经没有人是专门的采集狩猎者了。不过,在我国的一些少数民族中,居住在东北和内蒙古地区的鄂伦春族就是一个世代以狩猎和采集为主要生计方式的民族,只是到了20世纪50年代才开始迁出山林实现定居,该民族的生活方式与"亢人"相类似。"'亢人'的采集狩猎方式最为震动世界的,则是这种生活方式的健康程度了。"① 大多数学者和外行都把采集和狩猎看成是肮脏的、粗野的日日挣扎,但事实表明,他们的生计方式和饮食习惯,则比现代人们的饮食习惯更合理,也更健康。通过前人的研究,人们发现一个从事采集狩猎的民族的生活方式的特征:人们生活在小型的、非定居的、移动的群体中,不断地从一个居住地迁移到另一个居住地,这些作为小型移动的群体,过着采集和狩猎生活,并不是一团乱麻无目的的移动。② 所以,像鄂伦春族从不聚集成一个群体在很长一段时间内生活在同一地点,任何疾病都不能轻易在他们中间扩散和传播。尽管传染性疾病可能会感染这些小的流动群体的一个或更多的人,由于存在更小的流动群体间的人口和地理距离,只要清理出这一小部分人,疾病就不能传到其他人群中。

在人类学界,通常把这种流动群体的采集狩猎者们称为"游群"。③ 这种模式的组织,在鄂伦春社会中体现得十分明显。首先,在社会意识层面上,游群不是一群人偶然聚集在一起,而几乎都是围绕亲属关系组织起来的,游群中的每位成员都彼此之间存在着血缘和姻亲关系;其次,游群中的领导权问题非常宽松,通常情况下都是由长辈成员担当,同时,一旦有成员要求离开也

---

① 卢克·拉斯特著,王媛、徐默译:《人类学的邀请》,北京大学出版社,2008年,第128页。
② 同上,第129页。
③ 同上,第130页。

不受什么限制，只要自己愿意，游群中的任何成员可以随时离开这个组织而加入到另一个游群组织中实施采集和狩猎行为，而领导者是无权干涉的，这种组织始终处于一种不断的变动中的；最后，就是一个游群的健康程度和生存能力是极度依赖一种特定的经济交换类型模式。对我们来说，狩猎仅仅是一项经济或体育活动，我们认为的狩猎技艺只不过是自然环境赋予当地人的才干，随着不断的实践，练习机会的增多后，狩猎技能自然会有所提高，但鄂伦春族人或是其他一些族群的人并不这样看。维克多·特纳在对非洲恩登布人的田野考察中了解到，当地的年轻人要成为伟大的猎手，就好比我们社会中一个人接受召唤而成为传教士一样。而要成为这样一个角色，就需要通过一些占卜师来为其做狩猎仪式，只有这样，才会在以后的狩猎中获取大量的猎物。而我们在对鄂伦春族的考察中，他们在狩猎前同样要参拜和祭奠他们自己的神灵——白纳恰，以求获得神灵的护佑。这种力量能使得猎手很快就能看到猎物，并把猎物吸引到自己所处的位置而容易猎获它，但却不让猎物看到自己。

我们在研究一些少数民族传统体育项目时，应该注意到这种发自人们内心深处的情感，这种原生情感往往是他们对源自自己古老祖先或是先民的崇拜和敬畏，不管是游戏方式，还是生计方式，通过一定的接触和深入观察后，都能觉察到当地人对以往经历的不经意间流露出的情怀。之所以会形成一个游戏或体育项目，则是应当以他们生活中的真实反映来构建，文化需要打造，但不应该是虚构。不同的生活环境创造了灿烂的少数民族传统体育文化，草原民族的骑马、射箭、摔跤、打布鲁，水乡之滨的民族在游泳、划龙舟，山地民族的过溜索、爬滑竿等，都与这种自然环境有着紧密的联系。

第二部分　实践篇

第五章　少数民族舞蹈的文化情境

在本章节中，我们把重点放在了对少数民族舞蹈文化情境的理解上，通过实地采风，深入到少数民族地区去观摩和考察在当地流传的一些舞蹈和体育活动，运用参与观察和深入访谈等方法手段，搜集了大量的视频和文献资料，其目的就是要了解少数民族舞蹈和各种文体活动背后所蕴含的意义，以便在以后实施创新研究时给我们提供大量的原生素材，而不是从技术角度来探讨舞蹈艺术，这一点是要明确提出的。在前几章节中对舞蹈情境的探讨也是为本章所写的内容提供一个铺垫，其旨趣是为了让舞蹈艺术与体育在身体表达和情境叙述上有一个共融的场景构建，是否应该将舞蹈中的情境表述剥离于其原始蕴含的意义呢？这是我们创新研究中的一个焦点问题，也是困扰我们体育界由来已久而又未能解决的客观实在。我们现在看到的类似与舞蹈相结合而创编出来的民族健身舞蹈或一些将舞蹈元素融合进来的表演项目，都未能将舞蹈的情境通过体育的方式而表述出来，通常只是一种简单的嫁接。没有情境表达的舞蹈往往是没有灵魂的，而如果将这种情境植入体育的观念，则不失为一种创新。所以，我们不能再以一种简单的嫁接形式来创编我们的民族体育项目，从提取的元素，到符号的象征及传达的意义，都应该是对各民族文化的尊重。同时，在本章中，也包括了对少数民族传统武术的表现形式和遗留形态作了针对性的研究，其目的同样是为我们实施创新研究提供一个思路和探寻的路径。

第一节 少数民族舞蹈与文化情境

在舞蹈和体育理念的认知上，可以借助荷姆伯格的观点："舞蹈与运动包含了姿态与锻炼，反过来，锻炼又刻意或非刻意地塑造着身体。此外，不论是否出于有意识的设计，人们的性别倾向都会通过他们的姿态用身体展现出来。对身体与姿态的思考体现了自我对自身形象的认识，以及自我对文化的适应程度。在大众文化中，姿态比语言更能吸引人的注意，姿态的含义究竟如何亦有可能引发激烈的争论。"[1]现实中较为成功的范例是体育舞蹈。体育舞蹈作为体育与舞蹈的结合形式，是将一些西方社会的宫廷舞、社交舞以及原始的民族民间舞蹈容纳进竞技体育范畴的新兴项目。体育舞蹈是由文艺范畴的舞蹈演变而来的体育项目，兼有文艺和体育的特点，是以竞赛为目的，具有自娱性和表演观赏性的竞技舞蹈。它主要从三个方面来界定了其与舞蹈的区别：(1) 规范性，表现在技术、足法、方位、角度都有精确的要求；(2) 艺术观赏性，融音乐、舞蹈、服装于一体，通过优美的体态和舞姿等展现人的气质和风度；(3) 体育性，体现在竞技性和锻炼价值上，作为体育锻炼的手段，在生理和心理方面对人体有许多有益的影响。可见，舞蹈的元素和审美情趣对体育的发展有着影响，是体育项目创新的途径之一，类似的例子还有花样滑冰等项目。

---

[1] 转引自汪民安、陈永国：《后身体——文化、权力和生命政治学》，吉林人民出版社，2003年，第353页。

一、舞蹈情境的表述

从某种角度来看，舞蹈与体育结合得较为紧密，但是，这种西方式的体育竞赛舞蹈与我国的传统舞蹈是大相径庭的，其舞蹈内容多是华尔兹、恰恰、狐步舞等，与我国的民族舞蹈衔接得较少。我们应当知道相互拥抱着跳舞是欧洲现代文明的产物，在我国传统世俗社会中，这种形式的舞蹈是决然不允许的，我们应当分辨出男人舞蹈和女人的舞蹈，二者也常常是截然不同的。少数民族舞蹈与民族体育之间有着千丝万缕的内在亲缘关系。但是，舞蹈与体育最大的区别之处，应该就是文化情境所表征的内容的不同，舞蹈是一种语言，所叙述的内容可以是一个故事、神话、传说等等，是有情节的；而体育则是以健身为主要旨趣的，往往会忽略对一种情境的诉说。我国众多的少数民族传统体育或者说与之相关的民族舞蹈，从内容、功能、形式和特点上看，有它的相似之处，这也是难以区分它们的关键所在，但二者都难以脱离文化结构的框架束缚。所以，少数民族传统体育的创新同样也需要建立在文化情境的基础上进行实践研究，将不同民族的文化习俗融入民族体育中来，才会使创新既保持传统、保持民族性，同时又为现代社会接受，这是一个必要的途径选择。这种选择就必须下到民族地区搜集第一手的素材为我所用。

我们在实地考察当中，发现许多少数民族的舞蹈形式都与民间宗教和祭祀相关。实际上，在许多民族地区，宗教祭祀是作为一种当地人们的生活方式出现的。可以说，民间宗教和祭祀在少数民族地区经常能够看到，歌舞形式则是其中一个主要内容。这种载体使得信仰和风俗多样化，而不同的舞蹈形式对不同的族群来说具有一种身份、历史和文化的认同感。我们在本章节中，罗列了一些在少数民族地区观察和访谈到的舞蹈内容，作为我们对少数民族体育创新的基础,尽量将舞蹈中的元素提取得准确一些,而提取元素的准确与否,则要通过细致的访谈和阐释以便获知少数民族舞蹈所表征的真实内涵,所创新出的健身系列项目也应该在文化的认同上达到统一的标准。

在传统的文化背景下,舞蹈通常是传达灵性或神圣旨意的通道,它是所谓感召力的源头。在英国人类学家布莱恩·特纳的《身体与社会理论》一书中对舞蹈的界定有一个说法:"我们可以认为,舞蹈的灵性是沿着宗教、性和政治三个方面而传达出来的。或者,当人类欲传达意义与情感时,人体是唾手可得的一项'工具',因此身体扮演一个关键性的角色,亦即作为整体社会的展现。身体也能够直接表达神圣的价值、性欲与权力。"[1]虽然舞蹈的灵性是沿着宗教、性和政治这三条路径走的,但往往在其表现的过程中,可能会形成三者合一的情况出现,这本身也是舞蹈具备的特点。我们看到的许多少数民族舞蹈都具有这样的特色,每段舞蹈都是在表述一个故事,故事的内容往往是由舞蹈的肢体和表情来作为特殊语言传达给人们的。从一些表征的形式来看,尤其是舞蹈在进行宗教祭祀活动时,所用的一些道具,例如傣族的象脚鼓、佤族的木鼓、壮族的铜鼓、瑶族的黄泥鼓等作为祭祀的礼器,以及对生殖崇拜的原因,现在都已演变为舞蹈中的伴奏乐器和舞蹈用具了,如果我们对社会表征,比如生殖器官的社会表征感兴趣,那么将身体看作是权力的表征就是有意义的。

当我们认识到身体是知识的产品时,它就不能独立于在具体时空中持续地生产它的实践而存在。所以,当我们理解了这层关系后,才能真实阐释出其内在的文化含义和象征所指。那些现代

---

[1] 布莱恩·特纳著、谢明珊译:《身体与社会理论》,台湾国立编译馆,2002年,第329页。

人所看到的"最野蛮"或"最原始"的各种古怪的仪式,以及最为奇异的神话传说,其实都传载着人类的某些需要以及个体生活或社会生活的某个方面。作为宗教祭祀过程中的一个内容,一些世代相传的舞蹈本身都具有传承文化的责任和功能,这些传统是遵循着明确的规则的。所以,"祖先祭祀和神灵崇拜以及风水习惯,都维持着乡村社会在时间和空间的完整性,予人与神圣力量一个紧密联系的感觉"①。各种不同类型的舞蹈内容,其间都存在着彼此之间的相通性,既有相似性也有差异性。王建民先生在《艺术人类学新论》中,通过大量个案分析,详细阐释了族群认同与艺术的关系。他认为:"原本族群认同只是多种认同的一种,也许存在着对家庭、家族、辈分、性别、姓氏、区域、氏族、部落的多种认同,认同可能会指向山川、河流、地理坐落、行省、朝廷、帝国等多个目标,附着在某些文化特征之上,或者更确切地说时常用某种艺术形式加以表达。但是到这个时候,会发现它逐渐地被固定在民族这个层面上,或者说民族这个层面得到了更多的强调。"②

二、舞蹈情境的分类

我国少数民族的民间舞蹈历史悠久,形式丰富多彩,内容涉及各个民族的历史、宗教信仰、风俗习惯、伦理道德、生产生活和民族情性等方面,既有横向的社会关系,又有纵向的历史深度,可以说,它是少数民族日常生活的真实写照。"少数民族民间舞蹈种类繁多,据不完全统计,全国民间舞蹈约有上千种,人口只占不足全国10%的少数民族,他们的民间舞蹈种类却占

---

① 夏志前:《瑶族宗教——作为生活方式的宗教》,载《中国民族报》,2007年3月13日,第6版。

② 王建民:《艺术人类学新论》,民族出版社,2008年,第234页。

50%左右。"① 迄今为止,我国舞蹈界尚未形成一种约定俗成的、科学的民间舞蹈的分类法。民间舞蹈文化类型不是单纯的民间舞蹈类型,而是民间舞蹈和文化相互联系的特点的综合体。民间舞蹈的产生和发展首先是与每个民族居住地区的自然环境紧密关联的。由于地域环境首先决定了其不同的生计方式,而各民族的生计方式又直接影响着民间舞蹈的形式、风格、节奏等。其次,社会文化环境是民间舞蹈底蕴形成的关键所在,各民族的历史、语言、宗教、习俗、道德等,都赋予了民间舞蹈以丰富的文化内涵。

关于对少数民族原生舞蹈的分类,目前在学术界的认识并不统一。我国民族学领域的学界泰斗林耀华先生在其《民族学通论》中有过一个概括的总结:"我们认为,根据内容来看,原始舞蹈主要可分为'生产劳动舞、节庆舞、战斗舞、社交舞、宗教舞五种'。"② 在徐万邦和祁庆富的《中国少数民族文化通论》中,又将少数民族舞蹈作了进一步的细化和分类:"按民族成分来划分,那就是55个少数民族有55类不同风格的舞蹈,其中当然也有不少相邻民族共同的难分你我的舞蹈;按内容来划分,可以分为祭祀类、劳动类和生活娱乐类;按表演形式来划分,有单人舞、双人舞和群舞,既有舞台上的表演性舞蹈,也有大家都参与的自娱性舞蹈等。"③ 在方征的《少数民族体育学概论》中,将少数民族舞蹈纳入文化范畴领域中来,从文化的角度将其划分为:"原始狩猎舞蹈文化、草原舞蹈文化、农耕舞蹈文化、海洋

---

① 方征:《少数民族传统体育学概论》,中央民族大学出版社,2009年,第216页。
② 林耀华:《民族学通论》,中央民族大学出版社,1997年,第484页。
③ 徐万邦、祁庆富:《中国少数民族文化通论》,中央民族大学出版社,1996年,第210页。

舞蹈文化和宗教舞蹈文化。"① 以上各家对少数民族舞蹈的分类，虽说形式划分有所差异，但学界同仁对少数民族原生舞蹈有一个共同的认知，那就是在人类社会初期，舞蹈就随之产生了，舞蹈在远古时代对人们的劳动和社会日常生活具有重要的作用。无论是在狩猎、种植、收割，还是择偶、嫁娶、生育、丧葬、祭祀，氏族的乃至部落的成员都要跳舞，以表达他们的思想和情感。我们通过归纳和总结，在舞蹈的功能及作用上，总体可分成两大类：第一类是表现人神沟通的功能。在许多宗教祭祀的仪式中，都有表现宗教信仰或图腾崇拜的舞蹈，许多舞蹈中所用的乐器和器具都是在宗教仪式中用的法器。第二类是表达人与人沟通的功能。一些日常的劳作、交友、爱情等都是通过舞蹈来表达人们内心深处的情感。

在我国众多形式的少数民族民间舞蹈中，由于文体分界划分的模糊性，从某种视角来看，舞蹈与体育并没有什么本质上的不同，在一定场域空间中，舞蹈可以被视为一种强身健体的锻炼形式和手段，体育也可以被视为一种便于表演观赏的形式。例如，许多广场的健身舞蹈，像土家族的摆手舞、彝族的阿细跳月等，都是取材于当地民族原生的舞蹈元素，再加上现代健身操的欢快节奏创编而成的，如果强行地为它们作出现代意义上的判别和区分是没有实在意义的。当然，我国的少数民族许多舞蹈本身就可以将其视为一种体育健身活动，但这并不等于说少数民族就没有纯粹的体育活动。方征认为："事实上，即使按照现代体育的概念，少数民族中也有纯粹的体育项目的存在。普遍存在于各少数民族中的赛马、射箭、射弩、摔跤、打秋千、爬刀杆、叼羊、打尺寸、托高以及少数民族武术等活动形式，我们就很难把它们说

---

① 方征：《少数民族体育学概论》，中央民族大学出版社，2009年，第216页。

成是一种舞蹈表演。那么,这是否就暗示了这些所谓纯粹的体育项目已经与舞蹈脱离关系了呢?事实并非如此。"[1] 所以说,在我国许多少数民族当中,它们的开展却仍然是与舞蹈密不可分的,例如广西壮族的打扁担、海南黎族的跳竹竿、傣族的孔雀拳等等,都能看到舞蹈附着在其上的痕迹。

三、舞蹈情境的建构

当人类发现自己可以愉悦地创造抚慰神灵的事物而又抒发情感意志时,狩猎仪式、求雨仪式和生育仪式等作为追求自身价值的活动便无直接功利目的地发生了。仪式活动产生愉悦的心情,使得古人必须依靠着这种类似我们民间舞蹈所遵循的原则而生存下来。其实在许多少数民族中,舞蹈与体育并没有本质的不同,舞蹈可以视为一种强身健体的形式,体育也可以视为一种表演观赏的展演形式。强行地为它们作出现代意义上的判别是没有意义的。在世俗社会中,原始舞蹈都与体育活动有着亲缘关系。而如何认识这种亲缘关系,则需要以当地的文化背景为依据来仔细研究和阐释其产生背后的引申意义。例如巫术与舞蹈的关系就能很好地表明这种内在姻缘的联系,古代的"巫",是以歌舞为职业,并用歌舞的形式来事神和祭奠他们先民的神灵的。

巫术表演的主要形式是歌舞,其唱念做打和肢体动作都是有一定意义在里头的。在巫术中,歌舞是二位一体的,巫术的巫力来自巫师的咒语,咒则是巫术中的最为神秘的部分;歌的内容通常就是具有特殊巫力能驱鬼接神的咒语,巫师将咒语附着在普通人身上,此人就具备了神灵赐予的超自然力量。在通常的一些仪式当中,这种歌舞形式的巫术,往往是进行正规祭祀前的必要程

---

[1] 方征:《少数民族体育学概论》,中央民族大学出版社,2009年,第219页。

序,是源于古人对神灵赐予的神力和模拟先人神力的一种崇拜。在古人看来,宗教仪式中的歌舞形式,也许并不是一种艺术或体育的外在表现,而是给予人们的一种神秘力量,人们通过这种"歌舞"可以获得神灵赐予他们达到平常所不具备的能力,使自己和神灵联系起来。宗教仪式中的歌舞可以娱神,而娱神的目的就在于可以控制神灵,使得神灵惠及人们,以降福免灾。"由于少数民族社会发展状况与生存环境等条件的制约,他们的体育活动和舞蹈还保持着一种早期的亲密关系,或者把舞蹈直接作为体育活动,或者让舞蹈大幅度地介入体育活动,并依赖这种关系,将一些少数民族舞蹈融入体育活动中,反而比正规的体育竞赛更具有观赏性和娱乐性。"[1] 不管是哪一类舞蹈,其共同的特点都是通过艺术的表征形式,运用身体造型和肢体语言来传达舞者对世俗社会的认知;而民族舞蹈与民族体育隶属两个不同学科,一个趋向艺术展演,一个趋向健身效果。舞蹈艺术注重情感表达,民族体育则是偏向健身效果的一种突出"美与力"结合的健身运动。学科范式的差异造成研究趋向的偏差,但民族体育中的众多项目都是作为不同学科的研究范式融合下的产物,在创编理念和应用上无形中都会运用民族学、人类学的理论方法来指导实践应用和操作的。

众多的少数民族舞蹈的表现形式都是以日常劳作和丧葬祭祀等为载体而出现的,主要是表达人与人在劳作中的沟通、交友以及具有浓厚爱情蕴意的文化内涵。这类舞蹈的动作要素都与当地人民劳作特点紧密联系的,所使用的道具也是从日常生活劳动中直接借鉴而来。这类舞蹈可以看作是将世俗生活仪式化,表达的是人们的世俗要求(如生产、劳作、求偶、交友、联谊等)从

---

[1] 方征:《少数民族体育学概论》,中央民族大学出版社,2009年,第221页。

而带有操练、教育、崇拜的痕迹，其指向还是在于人与神、人与自然的沟通。在与自己的心灵对话时，舞蹈便拥有了一种独到的优越。一方面，它的狂烈状态，能把舞者引向迷狂、顿悟、神灵附身的境地；另一方面，舞蹈形式超现实现象的品质，使它所创造的形象、神韵、氛围、意境，很容易给观众以充满人性意味的超现实感。随着舞蹈场面的展开，当下的时空就被重新定性，幻化为人神集合的特殊场合。有形的姿势显现了无形的圣言，无形的力量溶解在有形的手舞足蹈中。在仪式活动中，舞蹈是达到任何实际与重要目的的一种神奇运动。由于它表现了力量，增加了有组织的和谐，因此，它对个人或社会都具有明显的巨大利益。如果认为它还能达到其他有效力的目的，达到祈求祝福、避免灾祸的目的，认为它具有无可估量的价值，那么"最初的舞蹈就是全人类的表现"。[①]

　　原始仪式和现代仪式一样，都会企图实现某种愿望的抒情达意的操作形式。但是原始仪式和现代意义上的仪式已经随着文化的变迁发生了很大的改变，现在在许多场合，比如奠基、剪彩、大型活动等等，都需要邀请有一定社会地位的人士来主持（过去往往是由巫师来作为主持的），如果有赞助商的话，还要打上商品的品牌和标识，并要举行隆重的歌舞表演，而这种歌舞表演就是还原远古人用此方式感谢神灵祝福赐祥的一种情怀诉求，整个仪式都是在一套严格结构框架规范下的仪式行为。早期人类的各种仪式，譬如狩猎仪式，其实就是古人希望多打些猎物，并能安全地早日凯旋归来，而仪式中的舞蹈，则是表现古人模仿打猎的技巧，并将这种技巧通过歌舞形式而传承给后代。但是，我们发

[①] 刘滇：《舞蹈：作为一种仪式的存在——广西特有民族舞蹈的生态呈现》，载《科技信息》，2009年第5期，第34页。

现一个现象,就是早期的仪式是在混融性体系中操作的,主持人就是那群自我张扬、自我助兴的舞者,这与现代仪式中的舞者大相径庭。正如一些学者所说:"由于古人愿望的实现与否常常是不可知的,所以狂热的舞蹈几乎就是身体的祈祷,而其他艺术种类——诗歌、雕塑、绘画、音乐、戏剧等最初只是整套仪式活动中的各种因素。在这个宗教和艺术尚未分解的生态场域中,宗教在乞求机遇,艺术在激发感情,而舞蹈则得天独厚地将两者拧在一起。舞蹈是祈祷,舞者是祈祷者,他们自由地调动着仪式活动中的其他因素。所以人类学家说原始仪式是'舞'出来的,此时的舞蹈和祈祷合二为一于身体这个最原始的媒介。"[1] 有些仪式中的体育行为,比如彝族阿细人在密枝祭时的摔跤,还有前文中所说的爬刀梯、下火海等,都是这种行为的具体的体现。

随着文明的社会进程的发展,宗教仪式中祈祷开始慢慢摆脱舞蹈,这其中除了宗教理性化之外,祈祷的媒介物的发展变化也是改变传统仪式的一个重要因素。我们现在在少数民族地区的采风观舞过程中,感觉是在参与一个个由少数民族人民所操演的仪式,他们所呈现出来的舞蹈就是一场在现代社会中操演的各种少数民族的仪式,舞蹈即是仪式。这些仪式既有人与神沟通的祈福禳灾,祈求祖先、神灵保佑的宗教仪式,也有人与人沟通的追求爱情、友情的狂欢仪式。这些仪式展现的是少数民族人民的劳动、欢唱、爱情、图腾、宗教……都体现仪式的"象征性的、表演性的、由文化传统所规定的一整套行为方式"的特点。[2] 众所周知,我国众多的少数民族都能歌舞,音乐舞蹈资料十分丰富。

---

[1] 刘建、张素琴、吴宏兰:《舞与神的身体对话(上)》,民族出版社,2009年,第132页。

[2] 刘浈:《舞蹈:作为一种仪式的存在——广西特有民族舞蹈的生态呈现》,载《科技信息》,2009年第5期,第34页。

可以说，凡有少数民族的地方，都有不同形式的歌舞或祭奠节庆活动。这些音乐舞蹈有"原生"的，也有"移入"的和"化合"的；有服务于生产、娱乐的，也有服务于宗教祭祀、节庆甚至巫术活动的。它们包含在各民族文化发展漫长历史的各个阶段之中，显示出多民族地区的乐舞文化特有的多层面性和多功能性。随着社会生活节奏的加快，以往复杂繁琐的仪式环节逐渐受到人们的质疑，简化与廉俭的仪式更能适应人们的需要。在强调人类生存新理念的时代，礼仪在现代社会中逐渐趋向实际或世俗，这同时也体现了社会变迁对仪式的新要求。此外，仪式的变迁存在着许多冲突和梯度化的形态，构成一个错综复杂的局面。仪式的变迁涉及形式和载体的变化，这些变化是随社会变迁而变化的，这充分表明仪式变迁正是社会变迁的影像，社会变迁正是这种影像的本质与内涵。

第二节　傣族舞蹈的文化情境

傣族的舞蹈丰富多彩，按舞蹈的方式可以分为群舞、单人舞、对舞、器械舞等；按其所表现的内容可以分为孔雀舞、象脚鼓舞、刀舞、蜡条舞、长指甲舞、捞鱼舞以及马鹿舞、狮子舞等。其中，以象脚鼓舞和孔雀舞最为知名。这些舞蹈大多是在傣族人民"赶摆"的时候所跳的。"赶摆"又称"做摆"，是云南傣族的类似民间节日的聚会形式。因做摆的规模不一，有的以村为单位举行，有的几个村联办，时间也各有不同。"赶摆"是当地傣族的称谓，许多人会认为大概就如北方的赶集或南方的赶场、赶街吧，傣族人不过叫做赶摆而已。其实傣族人"赶摆"的涵盖面，远比集市贸易要宽泛得多，它不仅仅是集祭祀、集会、百艺、商贸于一体的庙会，因为庙会只是众多节日中的一种，而傣族的节日，尽管名目繁多，却大都叫做"摆"。

一、象脚鼓舞

象脚鼓是因为鼓的形状类似大象腿而取的名称，从外形看可以分为长象脚鼓、中象脚鼓和短象脚鼓三种。通常情况下，长象脚鼓舞在西双版纳的傣族群众中较为流行，而短象脚鼓舞则在云南其他地区的傣族群众中较为多见，例如云南普洱景谷傣族彝族自治县就经常看到傣族群众跳这种短象脚鼓舞。关于象脚鼓舞的记载，早期的一些书籍都有关于这种舞蹈的描述："在明洪武二十九年（1396年），明朝官员李思聪和钱古训两人奉召前往缅甸和麓川，两人回朝后各尽呈本，并得到了朱元璋的嘉奖。其后，钱、李二人将沿途所历见闻记录成册并增补修订成本各自成书，俱名为《百夷传》。"[①] 在明代，人们对"百夷"的认定是有区别的，即"大百夷"和"小百夷"。"百夷"即是对云南"摆夷"（傣族）及其他民族的特指和代称，"'大百夷'泛指滇西德宏和宝山一带的傣族和邻近区域的各少数民族；而'小百夷'则是指现在的西双版纳一带聚居的各少数民族"[②]。在以上二人各自撰写的《百夷传》中，都提及了有关当地民族跳象脚鼓舞以及象脚鼓形状的记载和描述。李思聪在其《百夷传》中记载说"（象脚鼓）三五尺长鼓"。同时还提到"车里（当时的土司宣慰司的所在地）乐者，车里人所作，以羊皮为三五尺长鼓，以手拍之，间以铜铙、铜鼓、拍板，与中国僧道之乐无异"；而钱古训在其《百夷传》中载称"大小长皮鼓"。上述记载即是广泛流传

---

① 石裕祖：《云南民族舞蹈史》，云南大学出版社，2006年，第184页。
② 同上，第185页。

于今傣族、景颇族、德昂族、基诺族、阿昌族、拉祜族、布朗族和佤族中的象脚鼓。据后人分析，文中所说的大小、三五尺都是指象脚鼓的形状。

（一）象脚鼓舞演练形式

象脚鼓舞是傣族人民喜闻乐见的民间舞蹈之一，是自娱性兼表演性的男性舞蹈。这种舞蹈在演奏时通常先用糯米饭粘在鼓面中心调试音的效果，打鼓以右手为主，左手按住鼓面起配合作用。以各种手型，如手掌根或半握拳等来击象脚鼓面，用铓锣、镲来伴奏，也可只用敲击鼓面发出的声音来作为节奏。象脚鼓舞分为大鼓舞、中鼓舞、小鼓舞、集体舞等几种，可以一个人跳，也可由二人对跳，或由许多人一起跳。舞者以左肩背鼓，左手扶住胸左侧的鼓首，右手击鼓而舞。象脚鼓舞的特点是动作节奏性强，手的敲打、腿的踢踏、脚的踩踩、胸部的拱缩、肩的耸动、身躯的仰俯都按固定的节奏进行。小象脚鼓舞以灵活轻巧见长，可进行斗鼓、赛鼓活动；中象脚鼓舞扎实稳重，以鼓音和鼓尾摆动大小定优胜；大象脚鼓鼓声宏大，主要在群众性舞蹈场合作伴奏，因鼓身较长，舞动不便，所以舞步比较简单。象脚鼓舞在傣族聚居的地区具有广泛的群众性。每当节庆假日或是"赕佛"[①]以及插秧结束后的日子里，傣家人常常在象脚鼓的伴奏下翩翩起舞。另外，在许多地方有赛鼓之风，赛鼓时，许多象脚鼓同时敲响，鼓声震天，喧声雷动，场面壮丽动人。在民间，我们经常看到的大多是短象脚鼓舞的表演形式。早期的象脚鼓舞是只允许男性来跳的，这是因为傣族全民信仰小乘佛教，而赕佛和拜佛都是

---

① "赕佛"：指古代南方民族以财赎罪之称，现在专指信奉小乘佛教的傣族人民崇佛祭祀的一个仪式行为。另据胡绍华《傣族风俗志》载，按照傣族的习俗，凡是用钱或物对佛敬献和斋僧的行为，都称为"赕"，赕佛的意思是做佛会，这在傣族地区是经常进行的活动。

男人的事情，女人是不允许进入佛堂的，只不过现今没有那么严格了，但象脚鼓舞仍是男人们的专利。一般情况下，这种舞蹈都是只能在南传上座部佛教赕佛或相关佛事活动时进行表演。另外，还经常在过去土司衙门里举行盛大的典礼时，并作为迎宾礼仪的重要活动的组成部分来进行表演的。据当地人士介绍，自古以来，当地的男性所跳的象脚鼓舞还有一套秘不外传的"象脚鼓舞语"和繁复的传统套路和特殊演奏技巧。其代表性的技法有："握拳击、指尖击、轮指击、侧掌击、闷击、捂边击、肘击、腕背击、足跟击和头击等数十种五花八门的敲击手法。"[①] 据老人们说，如果象脚鼓舞者将这数十种手法加以交叉搭配，即可以"讲出"本民族的故事来。

其实，傣族的象脚鼓舞中的象脚鼓，既可以作为舞蹈的道具，也可以是当作伴奏的乐器。在一些象脚鼓舞中，也会穿插一些其他的内容，例如白象舞、三斗脚等，都是以象脚鼓点为节奏，具有傣族风情的主体舞蹈形式。我们在云南普洱景谷傣族彝族自治县的大寨村，就看到了当地傣族群众精彩的这种融合多种形式的表演。同时，我们还对当地的一个老艺人田朝东进行了采访。

我们在景谷看到的象脚鼓舞，象脚鼓较小，属于短象脚鼓一类，还有长的象脚鼓，主要是在西双版纳一带流行，但在景谷也有。短鼓是集体或几个人跳的，而长鼓则只能是一个人跳。象脚鼓舞的动作通常是模仿大象的一些形体动作组合而成，同时再与傣族传统的赕佛、敬鼓、崇象的习俗融合起来，通过肢体的舞动，以表达内在的欢快心情。在不了解当地习俗的前提下，我们通常情况都认为，跳象脚鼓舞只是在喜庆节日的氛围中，表达一

[①] 石裕祖：《云南民族舞蹈史》，云南大学出版社，2006年，第168页。

种欢快的心情。但是根据当地老人讲,在其中还隐含着一些传统风俗和不为外人所知的宗教信仰。例如,在跳象脚鼓前,人们都要举行一个简单的仪式。首先,是一个祭佛拜鼓的仪式行为。将象脚鼓摆放在场地的中央,大家一起参拜,所有跳舞的人员都要双手合十,神情肃穆,十分的虔诚。短暂的仪式后,才真正开始跳象脚鼓舞。而在开始的动作中,也蕴含着这种崇佛敬鼓的文化意蕴,所有人员都要右膝跪地行参拜之礼,以示敬佛之心常在。除此以外,在跳象脚鼓舞的过程中,还穿插着许多与大象相关的韵律元素在其中。所谓的象脚鼓舞,不只是单纯地取其鼓的外形与象腿类似,而是蕴含着傣族人民对大象的崇敬之情。在傣族文化中,除去崇佛敬鼓外,大象被看作是神圣和光明的象征,是傣族人民心目中的瑞兽和图腾。他们认为,大象通常是佛祖的坐骑,在当地寺庙中的墙壁上,有许多这种壁画图案,大象所驮的佛祖给傣族人民带来了光明和智慧。

(二)象脚鼓舞的演练特点

我们对傣族的象脚鼓舞的名称由来十分感兴趣,大多数的人都认为是象脚鼓的外形颇似大象腿,在象脚鼓舞蹈中,人们模仿大象的一举一动,并将这些动作融合进来,特色十分鲜明,故而称为象脚鼓舞。在云南景谷县对老艺人田朝东的访谈中获知了一些他的看法。例如,舞蹈中的一些步法和身体的仰俯之间,就是取材于大象的走路和起身来创编的,十分形象和生动。通常情况下,大象由跪姿起立时,一般先是后腿先站立,这时大象的重心前移,然后再是前腿站立起来,而大象的这一站立过程,就被人们作为象脚鼓舞的主体动作纳入到舞蹈中来。在整个象脚鼓舞的过程中,经常能够看到类似的动作。尤其是在白象舞和三斗脚中体现得就更为明显,随着鼓点的节拍,人们走三步就要跳起震一次脚,身体的姿态是上身前倾,斜挎在肩背上的象脚鼓也随之前倾,与此同时,右手半握拳击打鼓面,跳到尽兴的时候,人们也会伴随击打鼓面发出的声音发出高亢的吼声,气势宏伟磅礴,场面十分热烈,很容易调动现场人们的情绪。尤其是在击鼓、震脚、吼声合为一体的时候,更能显示出象脚鼓舞激情四射的魅力来。但是,对象脚鼓舞的看法和跳法以及其所蕴含的意义也有一些其他的说法,例如在朱海鹰《重新认识象脚鼓文化》一文中,曾谈及1969年,他本人在音乐民族志的田野考察时,在缅甸木姐地区(与我国云南瑞丽搭界的缅甸的一个区域)访问过一个象脚鼓舞者,通过与受访者的聊天获知,关于象脚鼓舞的一些外形姿态其实还有不同的解释和看法,故而我们选择了一些动作相似的象脚鼓舞,来做一个对比,以便获知其背后的真相,避免主观臆想,同时也防止受访人对其历史的演绎。现摘录一段朱海鹰的原文:"(他问)为什么象脚鼓又称为长尾巴鼓?(受访者)反问道'你看我跳舞的动作像在干什么?'(他身挎象脚鼓作了个屈膝带动臀部与上身仰俯的姿势)笔者猜不出。他说是性交,鼓是男性的生殖器。笔者顿感意外,以为他无心回答问题,也就没有再追问为什么要将鼓制作成生殖器状。后来,笔者阅读云南有关原始宗教、生殖崇拜等书籍后,方知其所言并非随意编造,而是生殖崇拜遗留在这一民族文化里的一条线索。笔者认为,长形象脚鼓有可能由生殖器状的长鼓与'欧西',即短型象脚鼓融合而成。"[①] 虽然他的说法也只是众多说法中的一种,而受访者是一个缅甸的跨境人士,且两国不同的文化影响可能会产生不同的认知偏差,但由此可见,在少数民族地区,尤其是南方的少数民族,人们对鼓的敬仰多来自于生殖崇拜,从这一点来说,象脚鼓

[①] 朱海鹰:《重新认识象脚鼓文化》,载《星海音乐学院学报》,2004年第3期,第23页。

舞与生殖崇拜有着千丝万缕的关系是毋庸置疑的。了解某一地域的文化，必须弄清楚其流传的地点、时间、环境、传播范围、讲述者的身份以及相关联系才可以作出一个客观中性的评价和分析，以避免误导和以讹传讹。

在傣族人民的心中，除了全民信奉小乘佛教而对佛祖和大象的尊崇外，对鼓同样是饱含着崇敬之心，可以说，佛、象和鼓是一种神圣的象征是不能被亵渎的。在许多少数民族的文化风俗里，都对"鼓"具有与生俱来的崇拜，这种崇拜之情，是源于这些民族的先民对生殖的崇拜，例如壮族的铜鼓舞、佤族的木鼓、瑶族的黄泥鼓（粗短的为母鼓，细长的为公鼓）等等。而对傣族民众来说，这种崇鼓的情形同样如此。在访谈中得知，作为傣族舞蹈的主要表现形式，象脚鼓舞通常都是由男子来跳的，女子是不允许参与其间的，尤其是不能坐在鼓上休息。所以，象脚鼓是不能作为普通乐器来看待的，它是孕育生命的场所，是神圣不可侵犯的。这种认识，可以从当地人们敲击象脚鼓的一个细节中看出。傣族的象脚鼓舞，人们都是用手来拍击、敲打鼓面，而不是通常所用的鼓槌来代替。这是因为，傣族对鼓十分崇敬，用手敲击时，蕴含着心手相连的文化意义。他们认为，十指连心，而心中有佛，通过用手敲击鼓面，从而达到传递敬佛崇鼓的心意。

通常傣族人民在跳象脚鼓舞时，旁边都有几个人用铓锣和镲来伴奏以迎合鼓点来渲染气氛。在整个过程中，这些人还要高声唱傣族的民间小调，以示庆贺丰收后的愉悦心情。这种形式同时也会出现在进行傣族特有的堆沙仪式中，而其所表达的是对佛祖的尊重。这些傣族民间小调的内容多种多样，在不同场景中有着不同的蕴意和文化内涵。

现在我们看到的象脚鼓舞，通常都是当地文化教育部门聘请一些舞蹈专家重新编排出来的,是一种展演形式,而这种展演形式往往容易脱离主题情境进行创编,主要还是为了迎合大众的口味。在我们对当地老艺人田朝东的访谈中,也曾经问及这个问题,是否认同这种被创编后的象脚鼓舞的展演形式。老人的态度较为暧昧,没有明确表达自己对现在这种形式看法,但我们能够从他的言谈举止和神情中发现一些端倪。他认为,创编后的舞蹈形式与传统的象脚鼓舞还是有差别的,主要体现在节奏变化的快慢、动作的柔美程度以及整体气势的表象上。现在的象脚鼓舞,节奏鲜明,律动性强,肢体动作幅度大,刚劲有力,气氛很好,主要目的是用来表演以取悦观众。而传统的象脚鼓舞,则与此大相径庭。传统象脚鼓舞的跳法,从外观形式上看,较为舒展缓慢,韵律流畅,肢体动作没有太多的力度,姿态优雅,处处体现的是傣族人民崇佛爱水的民族性格和特有的审美情趣。柔情似水、浓情蜜意的表现特征,不单是舞蹈风格的外在体现,同时也是傣族人民内心情志的真实写照。而现在创编出的刚劲有力的象脚鼓舞的表现方式则恰恰违背了人们内心的真实意愿,都是当地文化部门聘请的一些人来编排的,但却没有邀请这些民间的跳舞艺人参与其间。

(三)象脚鼓舞的文化蕴意

这是一种很有意思的文化现象,不单是一个地区如此,我们在许多的民族地区都会发现这种情形,是什么原因让我们的民间艺术的审美取向发生了改变?在问及当地人对这种创编后的舞蹈的认可度时,他们认为是可以接受的,但两种类型的舞蹈之间存在的差异性一目了然。因为这些创编的舞蹈都是从传统元素中提取出来的,并将其艺术夸张化了,从某种角度说,只是展现的方式不同罢了,是否能真正代表傣族舞蹈的风情,也就顺其自然,没人计较了。我们查阅了一些文献资料,关于象脚鼓舞的表现形式在古籍中是有过记录的，而且较之今人来说更为详尽，我们可以把古人的描述与现代的表现形式作一个比较，以看其之差别。据石裕祖的《云南民族舞蹈史》记载，约在清朝光绪十六年（1890年）冬，时任腾越厅同知的广东人黄炳堃在赴中缅边界的猛卯（今之瑞丽）、陇川一带时，观赏了傣族的"跳摆"（象脚鼓舞）。他在其《南蛮竹枝词·猛卯安抚衙斋观跳摆》一诗中具体描述了清光绪时期这一带傣族人民"跳摆"的精彩描述："摆夷跳摆众夷舞，大摆小摆多莫数。莽（铓）锣同击声不同，小锣清脆大雄古。就中节拍殊翕纯，铮铮铙钹蓬蓬（通嘭嘭，象声词）鼓。臃肿两端作蜂腰，修长五尺俟象鼓。盘旋急促拳为槌，婉转低昂项悬鼓。旁观侧出如佩刀，后轩前轾若横杵。一夷先导群夷从，如磨左旋蚁联聚。长者回身少亦回，前人举手后齐举。有时顿足惊尘沙，有时撮口啸风雨。疾常视草徐视金，周旋中规折中矩。我游滇海二十年，耳所习闻目无睹……，但愿足衣食，家家跳摆娱清平。"①在该诗中对当地人们这种象脚鼓舞的跳法作了详尽的描述，尤其是把表演场面、舞蹈形式、参舞人员的形态举止、伴奏的乐器、节奏的变化、音乐的效果乃至神情风韵都一一客观详实地记录了下来，为我们后人研究它提供了大量的素材。

但不得不提出的是，前人的这些描述只是一个外人通过观看舞者的外在表象而撰写下来的类似白描的物象，没有对当地人进行更深层次地心理分析，或者说限于研究方法和时间的局限，只能是当作一种游记类的文字记述罢了。现在的象脚鼓舞基本的表现形式为：上肢动作以左肩挂鼓，左手抓握鼓身上的背带，舞时左肩前后摆动，牵动鼓尾旋转或摆甩舞动；右手握拳挥臂击鼓，

---

① 转引石裕祖：《云南民族舞蹈史》，云南大学出版社，2006年，第287页。

手臂高低的幅度与击鼓的轻重缓急随当时舞蹈场景的情绪变化而定。

　　从前人的记述来看，傣族的象脚鼓舞从明朝到清朝一直保持着较为类似的表演方式，这可以从不同的书籍中看到，鼓的形状、尺寸等都没有发生太大的变化。至于现在人们所跳的象脚鼓舞的形式，是在近些年来，人们不断对其进行加工整理发展而来的，但是否符合当地人的审美标准则存在着不同的看法。关于创编后的象脚鼓舞与传统的象脚鼓舞跳法的区别，当地人有自己的判断标尺。在问及这个问题时，民间老艺人说，只要是跳舞的人一抬腿就能看出来。不单是动作肢体柔缓细腻，而且在跳的过程中，还穿插了许多花法，例如二人穿花、赕白象、三斗脚等花式跳法。除此以外，在传统的跳法中，除去肢体和舞步与现代跳法存在差异外，还要比比看谁鼓敲得响亮。民间所用的鼓要比现代展演形式所用的鼓沉许多，有的甚至重达十几公斤，所以敲击出的声音就更为响亮和雄厚，同时叩击鼓的动作也有技巧。现代展演在判断好坏的标准上是以"卖力和不卖力"来区分。如果敲击得不响，他们会说这个人跳得不卖力，而在民间是不存在这种所谓的"卖力和不卖力"的。因为民间跳舞本身就是一种表达愉悦心情的方式，如果不高兴就不会去跳，而只有在表演时才会出现这种所谓的"不卖力"的情况。作为一种展演形式，已经将民间舞蹈舞台化了，是一种特定场景化了的模式，主要是取悦观众，而缺少了真实情感的传递作用，当地人一眼就能分辨出跳舞者们卖力不卖力了。所以，真正传统意义上的象脚鼓舞与现代展演形式的象脚鼓舞的差别之处，正是体现在不同场景中舞蹈所表征出的文化意蕴的差异，是真情的流露，还是伪装后的舞台表演？从这一点来看，对我们从事民族文化研究的人是有启发的，舞蹈也好，体育也好，不能只是将一些动作元素作为符号来提取，即便提取的元素是准确的，还应该将这些元素放置在适宜的特定场合中来展示，而且对相关动作所表征的意义也应该从多角度来分析与阐释。

如果没有掌握和熟知当地文化风俗的知识，就无法理解和认知其所表达的更深层次的含义。看似表面相同的舞蹈，如果是在不同的场景中就会体现不同的意义。在前文中曾提及的关于传统与现代跳法的区别时，当地老人曾经说到一个"慢跳"的方式，而这种表现方式与现代那种刚劲有力的跳法全然不同，动作相同而节奏不同，其蕴含的意义自然就会千差万别。老人们说的"慢跳"实际上是一种传统遗留下来的跳法，他们称为"雅跳"。而与"雅跳"相对应的还有一种方式，他们称为"晃跳"，是两种截然不同的表演方式。据朱海鹰在《重新认识象脚鼓文化》一文中介绍，"晃跳"是一种集说、唱、舞三种形式为一体的表演舞蹈。"在20世纪中期，这种象脚鼓舞一直很盛行。主要表演者打扮成小丑的模样，手持花伞，以幽默滑稽的动作随歌声即兴表演；表演中有类似中国快板的'妲恰'词出现在歌曲的黄金段；'妲恰'词以一人朗诵，众人附和的形式进行；最后，以欢快、热烈的歌舞结束。'晃跳'象脚鼓舞乐的表演队伍由一个象脚鼓、二至四把竹拍板、一对铜钹、一把唢呐或笛子组成。他们沿街边走边吹奏乐曲，边歌边舞，边说边笑，深受当地人的喜爱。"[①] 但"雅跳"是否就是老人所说的"慢跳"的象脚鼓舞的形式呢？老人在描述"慢跳"的姿态时，叙述的是"轻缓而起，舞姿轻柔婉转，舞蹈的节奏也没有现在的激烈刚劲"。关于"雅跳"的说法，在朱海鹰的文章中也有介绍："'雅跳'的表演者

---

① 朱海鹰：《重新认识象脚鼓文化》，载《星海音乐学院学报》，2004年第3期，第23—24页。

身穿王子服,舞姿优雅敏捷,舞者边舞边击鼓。击鼓的方法主要以指尖拍击、握拳击、侧掌击、掌根推、闷击等手法交叉进行,熟练者还用肘和膝击鼓,并配合反手击、胯下击、鼓在肩上旋转重击、甩鼓等动作进行表演。'雅跳'象脚鼓舞有时会配合铜钹敲击者进行双人舞表演,鼓由男人敲击,铜钹由女人边舞边击。"[1] 其实,傣族人民所跳的象脚鼓舞,除了表达欢快的心情外,主要还是蕴含着傣族人民崇尚佛教的文化意蕴,佛、鼓、象都是傣族人民心中神圣和吉祥寓意的象征,而这种意义正是我们研究者所要探求的。

二、孔雀舞

孔雀舞是我国傣族民间舞中最负盛名的传统表演性舞蹈,在傣族人民心目中,"圣鸟"孔雀是幸福吉祥的象征。许多人都在自己的家园中饲养孔雀,而且把孔雀视为善良、智慧、美丽和吉祥、幸福的象征。在种类繁多的傣族舞蹈中,孔雀舞是人们最喜爱、最熟悉的舞蹈之一。在西双版纳、德宏、思茅等地的一些南传上座部佛教寺院内的墙壁上,都绘有许多身着傣族服饰的青年男女跳孔雀舞和象脚鼓舞的壁画,其中最为著名的就是勐遮曼宰龙佛寺的一幅傣族女子三人舞蹈的壁画像。画上三个女子分别身着绿色、浅蓝和浅黄三种颜色的紧身上衣,下拖长曳及地的长裙,头挽发髻,浑身佩戴金银饰物,翩翩起舞,舞姿中肢体展现的是扬臂、屈肘、翘手,宛然"S"型的三道弯造型,这种动作是傣族舞蹈的典型特征。

傣族民间传统的孔雀舞有着悠久的历史和许多美丽的传说,

---

[1] 朱海鹰:《重新认识象脚鼓文化》,载《星海音乐学院学报》,2004年第3期,第23页。

在傣族聚居的坝区，几乎月月有"摆"（节日），年年有歌舞。傣族人不分男女老少，经常能看到他们翩翩舞动的曼妙身姿。孔雀舞已不单单是一种舞蹈形式了，同时也是一种象征，在许多宗教仪式的场景之中都能看到孔雀舞。在傣族的"赕佛"、"泼水节"、"关门节"、"开门节"、"赶摆"等宗教和民俗节日，只要是尽兴欢乐的场所，傣族人民都会聚集在一起，敲响大锣，打起象脚鼓，跳起姿态优美的"孔雀舞"，歌舞声中呈现出丰收的喜庆气氛和民族团结的美好景象。

（一）孔雀舞的表现形式

傣族人民非常熟悉和了解孔雀的生活特性。因此，孔雀舞有较固定的程式。如孔雀舞的开始，一般都表现孔雀飞出窝巢，灵敏地探视四周，当它发现周围没有任何威胁时，才安然地走下山坡，在草坪上翩翩起舞，然后拨开草丛、树枝寻找泉水觅食。当它找到水时，高兴地在水边照自己身上的影子、饮水、洗澡，潇洒地抖落掉自己身上的水珠，展开它那光彩夺目的翅膀，与万物比美，自由幸福地飞翔，等等。由于孔雀舞的传说很多，表演者各自根据民间传说编舞，有的侧重模仿孔雀的举动，有的表现孔雀的各种内心活动。再加之傣族又分为不同的支系，所以孔雀舞虽有较统一的表演程式，但也不是一个统一的模式，不是一成不变的。一般情况下，孔雀舞并非是单纯的舞蹈表演，通常讲述的是一个爱情故事，是类似情景歌舞剧的形式。在不同的地区会有不同爱情故事的发生，故事的主人公也不尽相同，往往都是一些本地区流传的神话故事。例如云南景谷傣族彝族自治县的"孔雀舞"讲述的是以国王召贺罕残害孔雀的民间传说的故事；而西双版纳的"孔雀舞"则主要讲述的是召树屯王子与孔雀公主楠木诺娜的故事。① 不管讲述的是什么故事，但故事的主题是永恒不变的，那就是傣族人民对爱情的执著和对美丽神话的向往与憧憬。

数百年来，凡是跳傣族民间传统孔雀舞时，傣族人民就必定要恭恭敬敬地依照祖祖辈辈留下的老规矩来行事：按照上座部佛教的传统傣族民间的传统孔雀舞就是依照佛祖的护法神鸟的装束，即头戴金色塔型尖冠和面具，腰扎竹篱架子孔雀道具，手持孔雀翅膀，这一装扮的老规矩是一代又一代延续下来的。于是，原本作为自然形态的民间孔雀舞曾深深地扎根于傣族的文化土壤中，被宗教吸纳后，摇身一变成为了小乘佛教的"神鸟"之舞——孔雀舞，在小乘佛教盛传的云南、缅甸、泰国、越南、老挝等地少数民族中广为流传。由于小乘佛教追求超凡脱俗、人生智慧和空灵的境界，与孔雀静态的娴雅温顺和动态的优美灵动不谋而合，于是更加深了傣族族群对孔雀的喜爱，因而人们以孔雀羽献佛，跳孔雀舞求吉祥。在继后的年代里，又派生出表现爱情的王子与孔雀公主的故事，亦有男女孔雀双人舞。随着时代发展的进程，"金明的《孔雀舞》、刀美兰的《金孔雀》、杨丽萍的《雀之灵》等一大批新生代傣族新拟兽舞以其多元复合的新傣族文化特征和艺术魅力频频夺冠，酣舞于当代世界舞坛"②。与此同时，民间艺人认定跳孔雀舞就是效仿小乘佛教关于孔雀是释迦牟尼佛在作大法会时时刻伴随于佛祖身边的护法神鸟——金纳丽（又称为"迦林频迦"与"迦林频耶"）。壁画中护法神鸟"金纳丽"、"迦林频迦"与"迦林频耶"即为头戴金色塔型尖冠的人首孔雀身、下肢为鸟腿鸟足的人、禽、神三元合一的神奇异

---

① 纪兰慰、邱久荣：《中国少数民族舞蹈史》，中央民族大学出版社，1998年，第363页。

② 农布七林、李娜：《民间拟兽舞的文化意义》，载《歌海》，2009年第3期，第104页。

造型。

（二）孔雀舞的演练特点

传统的孔雀舞，过去都由男子头戴金盔、假面，身穿有支撑架子外罩孔雀羽翼的表演装束，在象脚鼓、铓锣、镲等乐器伴奏下进行舞蹈表演。舞蹈有严格的程式，其中有丰富多样、带有寓意的手形与各种跳跃、转动等舞姿，伴随着优美的"三道弯"躯体造型，塑造孔雀"林中窥看"、"漫步森林"、"饮泉戏水"和"追逐嬉戏"等神态和自然情景。虽然由男子表演的传统孔雀舞动作偏于刚健、挺拔，缺少女子那种阴柔婉转之美，但流畅的舞姿与模拟孔雀的优美造型往往令观者沉醉，而忽略了表演者的性别。现在表演的孔雀舞，很多演员都已经将这些面罩、头盔和翅膀架子去掉了，同时将服装进行了改良，更加舞台化了。尤其是著名的白族舞蹈家杨丽萍演绎的孔雀舞"雀之灵"更是让其家喻户晓，蜚声海内外，从而达成一种共识，人们看到孔雀舞，就认为是傣族文化的一种符号象征，与象脚鼓、白象以及傣族人民信奉的小乘佛教等，都成为傣族文化的外在表征形式了。同时，由于杨丽萍的孔雀舞"雀之灵"的影响力，也造成人们对孔雀舞认知方面的差异。那就是，通常不了解傣族文化的人们认为，孔雀舞只是女孩子或是女演员的专利舞蹈，舞蹈中柔美的身姿，似水含情的眼神以及通常所说的"三道弯"的造型都是女子形象的表述，是专为女子编排的舞蹈。但恰恰相反，在民间的跳法中，往往是由男子来作为主角来阐释孔雀舞的文化内涵的。

我们在云南孟连傣族拉祜佤族自治县下辖的勐马镇的小寨村，有幸看到了当地傣族群众给我们表演的孔雀舞，其中领舞的恰恰是一个中年男子，而旁边伴舞的则都是一些村寨里的中年妇女们。在民间较为流行的孔雀舞大多是一雌一雄，表演雄孔雀的演员，头戴佛教金刚式头盔面具，雌孔雀戴的面具有发髻，并在腰间捆上用竹篾扎制的孔雀架子，有双翅及羽尾，男女所穿戴的孔雀架子的大小也有差别，以不同的色彩和架子的大小来表示孔雀的雌雄性别。演员在进行表演时，双臂牵引这种扎制的孔雀翅膀和漂亮的尾羽，时而展翅，时而开屏，举手投足之间将孔雀的神态模仿得惟妙惟肖，生动逼真。不过，我们现在一般看到的都是已经编排过的孔雀舞，并按照剧情和固有的程序被舞蹈家场景化了。例如在一些书籍中就介绍了这种场景化的孔雀舞蹈的形式："舞蹈开始时是雄孔雀展翅飞出森林，稍稍观察动静，而后走下山坡。此时，雌孔雀跟着上场，在草坪上翩翩起舞，然后到水边饮水，环顾自己的身影，抖掉翅膀上的水珠，再展开羽屏高傲地飞舞旋转。"[1]

（三）孔雀舞的文化蕴意

我国的傣族主要聚居在云南省，这里一年四季树木葱茏，河流交错纵横，属于典型的亚热带气候。公元1570年车里宣慰使刀应勐将其统辖区划分为"十二"个提供封建赋役的行政单位，傣族人民将这里称为"西双版纳"。傣语的"西双"即"十二"，"版纳"即"一千块稻田"之意，从此便有了"西双版纳"这一称谓。[2] 美丽富饶的西双版纳被人们认为是傣族的吉祥神鸟——孔雀的家乡，而孔雀代表的就是婀娜灵动的傣家少女。这些清纯的少女化身为美丽的孔雀公主，常年生活在树木繁茂、蔓藤缠绕、珍禽异兽频繁出没的原始森林中。森林中，奇花异草争奇斗艳，溪水清澈四季长流不断，美丽的孔雀公主紧紧依偎在骑乘白象而来的英俊王子身边，漫步在丛林中，四周娴静安逸，悠扬的

---

[1] 纪兰慰、邱久荣：《中国少数民族舞蹈史》，中央民族大学出版社，1998年，第363页。

[2] 胡绍华：《傣族风俗志》，中央民族大学出版社，1995年，第5页。

葫芦丝不知何时响起，似乎倾诉着情人间的呜呜低语。波光粼粼的一湖秀水，银色月光刺破傍晚的天幕，远处传来少女银铃般的笑声，一群嬉戏的年轻姑娘来到湖边，手柔如荑、肤如凝脂，轻轻挽起飘逸的长发，慢慢褪去五彩的筒裙，尽情在水中嬉戏玩耍，一时间，半湖情色、半湖胭脂。这时，这些年轻的姑娘突然变身为美丽的孔雀，在水边展翅抖羽、寻泉戏水、浴身抖翅、蹦跳嬉戏、开屏比美，恍如仙境。转瞬间，嬉戏的孔雀又转回成美丽的姑娘，袅袅娜娜地跳起孔雀舞来。只见长发飘飘、裙裾飞扬、舞步轻盈，秀如华、娇似玉。象牙白的皮肤在皎洁的月光下暧昧地闪烁，回眸的笑眼似水含情，舞低杨柳，艳羡桃花。一旁英俊的小伙跳起矫健的象脚鼓舞，雄浑的鼓声伴随悠扬的葫芦丝，似乎诉说着对祖先神灵的敬仰和对美好爱情的无限憧憬，真实再现了傣族人民清丽、柔婉、浓情蜜意的民族性格和美学情趣。

  以上所述的场景，只是一个虚幻情境的构建与再现，将傣族人民关于孔雀的美丽传说，通过一种场景的构建，以求达到传递出傣族人民崇佛、爱水的民族情性来。傣族近水而居的习俗十分明显，许多史籍都有关于傣族人民近水而居、临水而住、傍水而栖的文献记载，傣族的村寨都是建在大河两岸、小溪近旁、湖泽湿地的周围，只要是有傣族村寨的地方一定就会毗邻水源，与水结下了不解之缘。近水而居，为傣族人民提供了充足的水源，许多村寨都江河纵横，水塘更是星罗棋布，这种格局为傣族沐浴创造了便利条件，故而傣族人民一年四季不论男女老少，都酷爱在水中沐浴和嬉戏玩耍，并沿袭成俗。每每在劳作之余，或中午或傍晚傣族人民便汇集于江河溪流、湖沼湿地之间，习久而成俗，泼水节也是依此惯习而成为傣族人民的传统节日。傣族女子的晚浴习俗表现最为诗情画意。每到傍晚时分，繁忙了一天的姑娘们便换上绚丽多彩的长筒裙,相结成伴,像三五成群的孔雀,到江湾、池塘、小溪中进行一天中最惬意的晚浴。在《傣族风俗志》一书中将这种场景中傣族女子们的沐浴描述得极为详细:"晚浴的姑娘们浑身上下仅穿一条筒裙,先入浅水,同时撩起筒裙,一步步走入水中,接着解开乌黑浓密的长发将其挽在头顶,然后慢慢向深水处走去,边走边往上提筒裙,动作迅速麻利。筒裙提起的同时身体已沉入水中,走到齐腰深的水里,当水淹没到自己的胸脯时,即将筒裙缠裹在头上。此时全身浸泡在水中,前搓后擦,也可相互帮助搓洗,仅数分钟就洗完了,洗完之后还要互相嬉戏打闹,就像一群无拘无束的鱼儿,直至夜幕降临的时候,她们才纷纷脱水而出。出水时,伸出双手解开头顶上缠裹的筒裙,慢慢放降下来,边放边走出水面,这时筒裙又罩住了自己的身体,就像一群开屏比美的孔雀飞回各自的家中。"[①] 孔雀舞同样是需要在如此的场景中才能表达出傣族人民内心的真实情感和美好意愿来。这是傣族厚重文化积淀而成的美学情趣,是一种天然情感的自然宣泄,它印证了傣族文化与自然环境的完美融合。

其实,我们在勐马镇小寨村看到的这种孔雀舞,仍然是被创编好的展演形式,一颦一动、抬首投足间仍存在一种模式化的痕迹。但是当表演即将结束时,这时也是舞蹈表演达到高潮的时候,在一旁围观的当地人,也纷纷加入到表演的行列中来,而且都是一些四五十岁的中年男子,他们的舞姿、神态和技巧虽然没有专业演员的表演水平高,舞动的动作也大同小异,但却给人一种激情四射的感觉,这种感染力好似具有心灵相通的作用,拨动了内心深处的那根琴弦,身体不由自主地会随着音乐的节拍而扭

[①] 胡绍华:《傣族风俗志》,中央民族大学出版社,1995年,第75页。

动起来,这也许就是我们平时所说的那种具有民族原生情感的舞蹈的真实意蕴吧!这种情感是真诚的流露,是一种文化的认同和一种惯习的使然,而这种表达情感的方式是舞台化的展演所不具备的。

第三节 彝族舞蹈的文化情境

彝族是一个能歌善舞的民族,尤其是各地的民间舞蹈最为丰富多彩,并因地域、支系的不同而形成了独特的艺术风格。不论是在彝族人民欢庆年节期间,还是彝族人举行祭祀祖先、祈求丰收的仪式时,都能看到彰显彝族风情的舞蹈表演,但如果要说最有影响力的彝族舞蹈非"阿细跳月"莫属。

"阿细跳月"又称"阿细跳乐"。但不同支系的彝族人对这种形式的舞蹈的称谓也不同。阿细人称"嘎斯比",意为"跳欢乐";撒尼人称"三弦比",意为"跳三弦"。这些舞蹈流传于云南省的弥勒、路南、泸西、宜良、丘北、陆良等地区的彝族阿细人和撒尼人等支系中。[①] 通常在各个节庆假日或是民间祭祀的时候,各村的人们经常相聚在一起,进行各种娱乐,而跳月则是必不可少的项目之一。我们在云南弥勒县阿细人聚居的西三镇的可邑村观看了一些节庆祭祀的仪式中的舞蹈展演,主要内容有:霸王鞭、刀叉舞和阿细跳月等舞蹈。之所以说是展演形式的舞蹈,是因为,可邑村现在是云南一个人类学研究的基地,许多所谓传统的民俗活动都是被整理后的再现,这一点是需要特别说明的。

---

① 纪兰慰、邱久荣:《中国少数民族舞蹈史》,中央民族大学出版社,1998年,第348页。

这些具有表演痕迹的舞蹈展演，是专供外人参观和考察所用。但对当地村民的访谈中得知，在节庆祭祀其间，可邑村的阿细人也还是会欢聚在一起，用这种民俗歌舞的形式来表达自己的愉悦之情。在当地，有许多这样的民族节日，例如他们将"火把节"称为过大年，当地独有的"密枝节"称为过小年，"春节"称为过老年，正月二十八称为过反年，这是可邑村阿细人的四大节日。

一、阿细跳月的表现形式

现在的阿细跳月已经是彝族的象征符号了，在大小节日和民间祭祀中都能看到这种舞蹈形式的出现。我们在可邑村的博物馆里看到一些关于阿细跳月的由来和民间传说的记载：传说有一对夫妻，男的叫阿真，女的叫阿娥。有一天，阿真带领男人们上山狩猎，他的妻子阿娥在家带孩子。突然家里发生大火，阿娥带领女人们开始救火，并向山中的男人们呼喊"快回来救火"，男人们听到后，迅速赶回山村将大火扑灭。大火被扑灭了，天也黑了，于是大家便聚集在一起，在明月下欢庆胜利。男女老少都在月光下，拿着灭火的工具，模仿灭火的动作而起舞对歌。从此以后，每当遇到高兴的事情时，大家就跳这种舞蹈，起初是男人们拿着用来灭火的树枝模仿救火的动作起舞，女人们用手拍掌在一旁相伴对舞，同时将脚轮换抬起做踩踏的动作，模仿救火过程中踩踏山火的姿势，跳到高兴时，嘴中不时发出"啊哦"的声音，以表示扑灭山火后的欢快心情，这就是最早的阿细跳月的形式。最早这种舞蹈形式没有乐器相伴，后来，在18世纪初，才开始有乐器来伴奏。通常是男人们用小三弦和笛子伴奏，到19世纪初期，除了小三弦和笛子外，又配上了二胡和月琴（四弦）。到了20世纪30年代，又增加了大三弦，50年代又配上了小唢呐，后来又加上了手风琴来伴奏。① 现在阿细跳月的舞蹈形式多为后人编排而来，更加舞台化了。在表演开始时，男女对呼着阿真和阿娥的名字，然后相互靠拢开始对跳，表现得十分亲切炽烈。这种形式表征出一种力量的碰撞、爱火的喷发，是阿细人民表达对祖先英雄的崇拜和真挚爱情的情感宣泄。阿细跳月又分为青年舞和老年舞两种类型，青年舞以大三弦和笛子为主要伴奏乐器，男女对跳时，节奏强劲、奔放热烈；老年舞则以小三弦、笛子、胡琴、月琴等乐器来伴奏，节奏舒缓，曲调悠扬婉转，舞步姿态分外优雅。

阿细跳月这种舞蹈形式，主要跟彝族人民的崇火文化相关。据《阿细先基》记载，传说古代阿细人的先祖居住在山林中，以采集狩猎为生。身穿树皮、草叶和兽皮做的衣服，一到冬天，气候十分寒冷，人们无法忍受。这时，有一个人就骑在腐木上，用一根木棍使劲在腐木上钻动，这样钻了三天三夜，突然钻出了烟火。这个钻木取火的阿细人先祖的名字叫"木斗赛"，钻出火后，木斗赛高兴极了，高声呼喊"啊哦呵，我钻出火来啦"。叫声传遍了四面八方，男女老少都跑来围观和取暖。于是，人们高兴地围着篝火，不顾疲劳和饥饿，抬着钻到火的木斗赛跳起了各种舞蹈，一直跳了七天七夜。阿细先祖发现火后，将这种技能传给后代，并谆谆教诲说"'火'是我们祖先发明的，是我们阿细人的生命，子孙后代每年都要祭奠木斗赛，让人人敬火、爱火、管好火、用好火，不发生火灾，方能丰衣足食"。② 我们在可邑村里，处处可以看到每家每户的房墙上，都绘有一些壁画，讲述的就是关于这段历史传说的内容，同时村里的人们也都十分了解

---

① 根据弥勒县可邑村博物馆碑刻"阿细跳月的由来"的内容整理而来。
② 根据弥勒县可邑村博物馆碑刻"阿细祭火"的内容整理而来。

用火的常识。阿细跳月，始终伴随着火的活动。阿细跳月从扑灭那场蔓延的大火演化而来，又被阿细人用来对火神的歌颂与祭祀。由此可见，祭祀火神跳的阿细跳月属于祭祀的一部分，是阿细人献给火神的特殊的礼物！于是，为了祈求火神永远造福人类而不再肆虐害人，阿细人每年都要举行这种原始而古朴的祭祀火神的仪式。

二、阿细跳月的由来

关于阿细跳月的名字的由来，其中有一个典故，阿细人最早称这种舞蹈叫"阿细跳乐"，后来经闻一多以及早期的人类学和社会学家费孝通、梁伦等先生的提议，才改为现在的叫法——阿细跳月。据《云南民族工作大事记》记载：1945年2月，闻一多、费孝通、梁伦等先生带领62名西南联大的学生，分别到路南圭山、弥勒西山（属路南管辖）彝族村寨采风。闻一多带12名学生到西山的可邑村、凤凰村等地，当地的一些人员热情接待了他们，并组织两个村的青年男女跳"阿细跳乐"。闻一多先生看到这种热情奔放、优美欢乐的"阿细跳乐"后，当即决定组织一台节目到省城昆明去演出，并说"村村寨寨的青年男女都在月亮出来的时候跳乐，那就叫'阿细跳月'更合适一些"。于是1946年5月，闻一多、费孝通、楚图南等教授亲自担任编导和顾问，在昆明市国民党省党部礼堂举行了路南圭山、西山彝族音乐舞蹈会。后在王崧声、毕恒光、毕荣亮的带领下，由石磊、岳文亮、石友昌、寇兴盛、段家兴（当地著名的三弦王）等人参加了这次演出。演出获得了很大的成功，演出结束后，闻一多先生曾说"阿细跳月热情奔放，优美欢快，激励人们奋发上进，舞台的演出结束了，但社会的演出才刚开始，你们要回去动员各族同胞，用先进的文化来激励人们奋斗,去迎接光明幸福的未来"。后来在1950年,参加表演的石磊和段家兴等人参与纪录片《月亮出来了》的拍摄,于是才按照闻一多先生的生前意愿,把"阿细跳乐"改称为现在的名称"阿细跳月"了。[①]所以,后世的阿细人民为了纪念闻一多先生,将这种经过改良后的彝族阿细跳乐舞蹈传承下来,从而改变了以往人们对它的认识。

关于西南少数民族的舞蹈,闻一多先生曾经有过精辟的评论:"舞是生命情调最直接、最实质、最强烈、最尖锐、最单纯而又是最充足的表现。生命的机能是动,而舞便是节奏的动,或更准确点说,有节奏的移易地点的动,所以它直接是生命机能的表演。但只有在原始舞蹈里才能看得出舞的真面目,因为它是真正全体生命机能的总动员,它是一切艺术中最大综合性的艺术。"[②]所以,原始舞蹈不仅仅强调了舞蹈与生命的内在本质联系,进而还从原始舞蹈的形态、本质、功能等几个方面深入探讨了生命的意义。当然,这种改良是在阿细人的文化基础上的创新,是受当时抗战以及政治环境的制约等特殊因素影响后的产物,并非简单意义上的更新,对提升中华民族凝聚力、激励人们奋发向上和宣扬民族精神,是具有一定的时代意义的。但是,由于传媒技术的原因,在当时看到阿细跳月的人为数极少,而阿细跳月真正让全国人民熟知的原因,是一部20世纪60年代初拍摄的电影《阿诗玛》的上演。电影中多次出现彝族青年男女在欢快的三弦伴奏下,合着节拍而翩翩起舞的情景,所跳的这个舞蹈就是"阿细跳月"。同时这种形式的表演也奠定了阿细跳月在彝族舞蹈中的地位,并上升到作为彝族风俗文化的象征符号,为全

---

① "阿细跳月"名称的由来根据可邑村博物馆的资料整理而来。
② 转引自石裕祖:《云南民族舞蹈史》,云南大学出版社,2006年,第308页。

国人民所熟知。但有意思的是，电影《阿诗玛》描写的是流传于云南彝族支系撒尼人的一部口头传说，用诗的语言叙述了勤劳、美丽、坚强、勇敢的青年男女阿黑和阿诗玛爱情的不幸和悲惨的命运。关于"阿诗玛"的出台，"实际上是经过了专家大量地搜集一些流传在当地的历史材料和民间故事，然后经过专业人员，在各级政府的大力支持下打造出来的一个歌舞剧，选取的素材并非是一村一地的专利。在当地一些村民看来，来自正式组织机构的官方文化精英对民族民间文艺进行挖掘、搜集、整理工作，无疑是新政权承认其民族身份、认可其民族传统的话语表达。因此，无形之中，就使得'阿诗玛'具有其他彝族支系无法企及的文化资本和象征资本的优势"[①]。这种情形与后来的阿细人创编"阿细跳月"的方式如出一辙。阿细人和撒尼人同属彝族，都是彝族的一个支系，由于所居环境和地域类同，其族群文化也都大同小异，既有相似性，也有差异性，而这种展演形式的歌舞，在某种程度上弥合了彝族人民内心认同趋向的一种方式，但这种认同是被建构起来的，是一种选择性的集体记忆的共同诉求。

三、阿细跳月的文化蕴意

我们现在看到的阿细跳月同样是被创编后的一种展演式的舞蹈，关于对它的看法，我们采访了两位彝族老毕摩，这两位老人是师徒俩，徒弟是64岁的刘家盛，师傅是今年87岁的龙志国，他们二位是村里享有很高名望的"神职"人员，凡是村里有婚丧嫁娶或是需要主持宗教祭祀仪式的时候，都要请二位老人出

[①] 肖青：《民族村寨文化的现代建构———一个村寨的个案研究》，云南大学出版社，2009年，第172页。

面。只不过现在龙志国老人岁数大了，已经不出来主持任何祭祀仪式了，通常都由刘家盛老人来主持。当我们问及到是否认可现在这种阿细跳月的跳法时，二位老人都说这不是传统意义上的阿细跳月，而是表演，是一种情景化的舞台展演形式，许多原始附着的内涵都被演绎了。

其实，阿细跳月表达的就是一种对英雄祖先的祭奠和崇火文化的心理，后来才慢慢转变为男女之间谈恋爱时的所谓的情景构建。其实这种情景建构，就类似前文中所讨论过的傣族舞蹈，同样都是由专业演员将一些能够代表彝族风格的舞蹈元素提取出来，经过加工整理才形成目前这种展演形式。元素的提取是正确的，但文化情境发生了改变，被后人附加了很多舞台艺术的表现，失去了对祖先的纪念和对火的崇敬等原生情感的体现。当我们问及这种原生情感是如何体现的时候，龙志国老人说传统的阿细跳乐，不能光看谁跳得怎样，还要看谁的三弦弹得好，三弦是主要伴奏乐器，边跳边弹，是一种情感的自然流露，而现在的阿细跳月则是舞台化的表演，三弦只是当作一个舞台道具，并未融合进整个舞蹈中来，这种差别，老人一眼就能看得出来。通过对老人的采访，我们可以感觉到，现在的民族舞蹈，过于注重舞台艺术的表现，而未能真正理解舞蹈中所蕴含的文化意蕴。三弦也好，象脚鼓也好，其实都是舞的一个组成部分，是一个统一体，只有将多种因素融合在一起，才能是一种原生情感的真实表达。

阿细跳月，实际上是阿细人祭祖仪式的一个内容。为了让我们能够有一个较为直观的认识，当地人还给我们做了一个传统的密枝节仪式的展演。密枝节是当地阿细人的一个重要节日，正日子是在农历的四月，因为不是正日子，只能是模仿节日的程序进行展演。在进行仪式展演前，刘家盛毕摩给我们介绍说，在正规的仪式前，都要由他讲经念咒，经文和咒语的内容外人是不得而知的，必须经过拜师学艺后方能主持。但在这种形式的仪式展演中，是不能进行表演的。可见，虽然现在仪式可以展演化，但人们还是尊崇着一个道德伦理的基本底线，不能用表演的形式来亵渎仪式的严肃性。密枝节祭祀仪式的地点是有说法的，必须遵守古老的传统，整个仪式的过程比较繁琐，但程序内容是固定化的。仪式中的各种表演内容都代表着一个神话和传说，而舞蹈所表达的含义则是一种对阿细先祖和神灵的崇敬之情，其中的阿细跳月就是固定程序中的一个组成部分而已。法国社会学家莫里斯·哈布瓦赫说过："仪式是由一套姿势、言辞和以一种物质确立起来的崇拜对象构成的。"[①] 在宗教祭祀场所中的事件再现是跟记忆有关的，即便是后人不了解事件的真实情况，也不影响通过祭祀仪式的再现功能。阿细跳月只是一个仪式场景中的文化构建，让后人通过这种仪式来达到传承民族文化的功能，而并非只是简单的展演就能够完成这项任务的。

第四节　佤族舞蹈的文化情境

　　佤族主要分布于云南省西南部的西盟、沧源、孟连、耿马、澜沧等地，是我国人口较少的民族之一。西盟地区的佤族与傣族长期相处，但是，佤族多居住在海拔较高的山林地带，由于地理环境的影响，以耕猎为主要生计方式；而傣族多居住在地势平坦水源丰富的坝子地区，以稻作耕种为主要生计方式。虽然同处一个地域，但民风民俗却截然不同，因此在歌舞形态、乐器种类以

[①] 莫里斯·哈布瓦赫著，毕然、郭金华译：《论集体记忆》，上海人民出版社，2002年，第195页。

及房屋建筑式样等诸多方面都存在很大的差异。佤族的宗教活动频繁，每年全寨性的祭祀活动有很多，例如有做水鬼、拉木鼓、祭人头、割牛尾和剽牛等。一旦遇有天灾人祸时，全寨村民都要参与各种祭拜活动，以祈求风调雨顺、生活安康。同时，每个家庭甚至个人无时无刻都可能参与到这种活动行为当中，可以说，这种宗教祭祀活动已经融入人们的日常生活中了。所以，在佤族的许多节庆活动中，经常会出现各种祭祀行为，而许多舞蹈则是将他们的宗教观念、神灵祭祀融为一体了。我们在云南西盟佤族自治县就观摩了当地的县艺术团给我们表演的佤族舞蹈，主要是佤族代表性的舞蹈"木鼓舞"。

一、木鼓舞的文化内涵

佤族的木鼓舞是一种蕴含浓厚宗教祭祀文化的舞蹈形式，是祭祀活动中不可或缺的舞蹈之一。木鼓是以神的身份存在的，与木鼓有关的一切，都与神灵相关，神圣而不可侵犯。同时，木鼓是母亲和女神的化身，她在佤族人民的心目中就是其生命的源泉和守护神，所以佤族人特别崇拜和尊敬木鼓。由于佤族的社会形态和生计特点的影响，在他们的民间舞蹈中反映得比较明显，绝大部分的舞蹈都带有宗教祭祀和图腾崇拜的印记，而"木鼓舞"则是比较典型的一类。我们所说的图腾，实际上是印第安语的舶来品，图腾一词来源于印第安语，意思为"它的亲属和标记"。

在原始人信仰中，认为本氏族人都源于某种特定的物种，大多数情况下，被认为与某种动物具有亲缘关系，于是，图腾信仰便与祖先崇拜发生了关系，在许多图腾神话中，认为自己的祖先就来源于某种动物或植物，或是与某种动物或植物发生过亲缘关系，于是某种动、植物便成了这个民族最古老的祖先。按照图腾崇拜的观念，图腾崇拜对象——自然物、动物或植物等都是氏族的祖先神灵，必须受到氏族成员的尊重和祭祀。氏族成员与图腾是浑然一体的，他们之间是可以相互转化的。每个部落的成员都是自己氏族同一图腾祖先的化身，氏族成员的死亡则意味着返回祖先神灵的化身——图腾。[①] 关于这种现象的成因，早期的人类学家弗雷泽在其《金枝》一书中讲过一个巴斯克猎人关于这种灵魂交换的故事。故事是说一个巴斯克猎人自称被熊所杀，熊的灵魂进入了他的身体之内，熊的肉体虽然死亡了，猎人则变成了那只熊。而"木鼓"是佤族人民祖辈相传的"神器"，被视为本民族繁衍之源头。

在云南西盟佤族自治县，每个佤族村寨都建有木鼓房，房里通常都放置一公一母两个木鼓。在佤族人们心中，鼓是母性的象征，是孕育生命的地方，是古老母系氏族生殖崇拜的标志。佤族的很多舞蹈都是用木鼓来作为伴奏乐器的，他们采木做鼓，将巨大的木头掏空，鼓体象征女性的生殖器官，然后再用木槌敲击鼓身并发出咚咚的声音。而鼓槌较为细长，都是中间较细，两头粗大，象征男性的生殖器官。在敲击时，只能用槌头垂直敲击被掏空的木鼓，而不能横向磕打，所表现的含义就是佤族男女交媾、阴阳和谐的一种宇宙观。这种宇宙观念的形成是一种对自然的选择和敬畏，所谓的生殖崇拜，往往来自于人们认识世界的一种经验积累。在遥远的古代，佤族先民由于生存环境较为恶劣，人均寿命和新出生的婴儿存活率都很低，有些人很年轻就因病而夭亡，所以为了繁衍后代，人们就靠提高生育率来保持人口平衡。因此，木鼓作为佤族人民心目中的圣物，被古人寄寓为祛除恶

[①] 谢娅萍、向柏松：《土家族民间文艺的文化人类学阐释》，湖北人民出版社，2005年，第10页。

灵、庇佑平安、促进人丁的繁衍生息的图腾。

木鼓舞是佤族舞蹈的标志，因很多舞蹈都需要木鼓作为乐器来伴奏，故而很多形式的舞蹈都统称为木鼓舞。同时木鼓作为佤族人们心目中的神器，实际上已经成为一种图腾形式的崇拜了，经常会出现在各种祭祀仪式当中。早期的法国人类学家杜尔干和拉德克利夫－布朗都对有关图腾物语仪式之间的关系阐述过各自的观点。"杜尔干认为，由于特定图腾物代表特定社会群体，这些图腾物成为仪式活动的对象。而拉德克利夫－布朗对此持相反意见，他认为，选择一种图腾物代表一个群体，是因为这个图腾物已经具有仪式的重要性。但是，一旦一种图腾物被选定，在仪式、图腾物的象征意义与该群体的团结之间的相互关系就是更重要的。"① 不管他们怎么看待图腾与族群的关系问题，不可否认的是，二者之间存在着一定的相似性和差异性，只是选择的角度和研究的范式之间的争议。在整体社会结构的框架下，木鼓作为佤族人民的图腾，实际上已经涵盖了二者如何看待图腾表征的内在蕴意。

二、木鼓舞的演练内容

木鼓是佤族文化的象征、标志和符号，今天的佤族山寨，最醒目的标志就是木鼓了。人们对其敬畏的心态转化为崇敬的心理，木鼓之声由娱神变为娱人，娱乐的功能在不断得到强化，除了文化的物态标志物外，她的主要功能就是作为娱乐所用的乐器。如今的"木鼓之声就是欢乐祥和的喜庆之声，人们围着木鼓载歌载舞，这种歌舞的形式，已经走出佤族山寨，并成为佤族文

---

① 艾伦·巴纳德著，王建民、刘源、许丹译：《人类学历史与理论》，华夏出版社，2008年，第81页。

化最直接生动的表现形式了"①。在西盟佤族自治县，每个佤族村寨都有木鼓房，每逢节日庆典时，都要进行全民性的祭祀木鼓的活动。而木鼓的崇拜习俗经过漫长的历史传承，已经形成一个固定的祭祀模式，最为集中的表现形式有：选木鼓树、拉木鼓、祭木鼓和跳木鼓舞等表演。② 佤族传统的木鼓舞实际上就是一个祭祀过程的再现，许多舞姿都表征着佤族人民在祭祀活动时的心理写照和劳动生产场景的构建。通常的木鼓舞都会有若干生产场景的再现，例如有"拉木鼓"、"跳木鼓房"、"敲木鼓"和"祭木鼓"等内容。"拉木鼓"是佤族人民在制作新木鼓过程中的一个主要步骤。首先，需要从森林中将砍伐的圆木拉回来，而选择拉木鼓的时间一般是定在阳历一、二月间进行，届时，由佤族的"神职"人员"巴猜"带领大家，举行盛大庄严的祭祀活动。全村寨的男女老少都要盛装穿戴，全体出动，在拉鼓过程中边拉边唱边舞。一般情况下，拉木鼓与祭木鼓时，当地人都要跳木鼓舞，两者是紧密相连的。

古往今来，佤族把木鼓当作是神灵和图腾崇拜之物，认为木鼓可以通神灵、驱鬼邪、降吉祥。除此以外，每每遇到紧急情况，如战争等紧急事态就用木鼓示警集众；当猎手捕获猎物也要击鼓表示庆祝。遇到逢年过节和宗教祭祀时，木鼓更是成为一种礼器受到人们的顶礼膜拜。但是，现在的木鼓已经演变为一种佤族舞蹈的伴奏乐器的形式而出现在舞台上了。现时阶段的"木鼓舞"通常是由四个部分组成的：取材、制作、娱乐、祭祀。

舞蹈的第一部分是由巫师带领村寨的青壮年男子，以藤条将砍伐的树木捆绑，一路高歌地把木材运送回山寨，在运送的过程

---

① 左永平：《木鼓回归——佤族文化特质和当代价值研究》，云南大学出版社，2008年，第57页。

② 根据西盟佤族自治县博物馆资料整理而来。

中，这些拉木鼓的人边拉树干边以歌为节奏，直至拉回到山寨。这段歌舞古朴粗狂，气氛神圣，整段歌舞热烈而庄严，舞步自然成韵，歌声极具原始意韵。

第二部分是以舞蹈形式表现制作木鼓的场景再现。在新的木鼓制成后，还是在巫师祈祷的咒语声中，主要用舞姿来描述佤族人民制作木鼓和在巫师的引领下将木鼓拉进木鼓房的全景。

第三部分是表现了佤族人民用制成的木鼓进行歌舞娱乐的表演场景，这也是木鼓舞最为精彩的部分。舞蹈表演者以佤族日常生活中与木鼓相关的一些事件作为舞蹈表演的基本形式组成，比如祭祀、报警等。舞蹈开始时，由一人击鼓，在深沉雄浑的木鼓声中，人们开始围鼓旋转、跳跃，并伴之高亢响亮的歌声，歌词多以该民族的历史传说、祭祀礼仪、劳动生产和日常生活为主要内容，舞蹈也随之逐渐进入高潮。佤族人民认为这样可以取悦神灵，求得五谷丰登、六畜兴旺，并达到精神上的最大愉悦。

第四部分是表演"祭木鼓"，是舞蹈的最后一个段落，也是最为神圣的章节，是佤族人民对万能的造物神木进行祭拜的一段程式性礼仪的舞蹈，具有浓厚的原始祭奠仪式的庄严气氛。佤族人民崇拜多神，在人们崇拜的众多神灵之中，木依吉神和阿依俄神是具有不同神力的两尊大神。创造宇宙万物的木依吉神，掌握着世间一切的生杀大权。佤族人为了获得生活的宁静和农作物的丰产，在绝大多数的传统祭祀中，都是以祭祀木依吉神为主，并用歌舞使其愉悦而祈求神灵护佑。另一位阿依俄神，是佤族的男子之祖，因其保护各家的家神而受到人们的崇敬。①

---

① 左永平：《木鼓回归——佤族文化特质和当代价值研究》，云南大学出版社，2008年，第76页。

三、佤族舞蹈的表现形式

我们在西盟佤族自治县看到的当地由县艺术团表演的佤族舞蹈一共有三段，木鼓是其主要伴奏乐器，而三段舞蹈的内容各不相同，但不管是小伙子们表演的"砍刀舞"还是由年轻女子表演的"长发舞"，动律十足，刚劲有力，一招一式无不表现出佤族人民剽悍的民族性情来。佤族的年轻女子通常都留有一头浓密乌黑的长发，几个女子表演的长发舞，动作优美大方，刚柔相济，在不失佤族舞蹈那种原生剽悍的风格之外，长发舞动与肢体配合，又增添了不少佤族少女的妩媚身姿。

第一部分舞蹈是长发舞，广泛流传在佤族妇女中的一种自娱性舞蹈，产生年代已久。早年起佤族妇女就酷爱长发，以长发为美，并从小习惯长发披肩。每当妇女在竹槽下用水洗净头发后，都要低头梳理并甩发晾干，也许"长发舞"由此而来。这种说法的由来也许存在着杜撰或讹传，没有学术的严谨性，不能作为长发舞由来的依据。左永平认为："佤族妇女酷爱长发，以长发为美，并从小习惯长发披肩。每当妇女在水竹槽下用水洗净头发后，就要低头梳妆，甩发晾干、整型，后经人们整理提高而成为《甩发舞》。《甩发舞》的产生年代并不久远，不属于佤族传统歌舞。但从形式上讲，《甩发舞》的舞蹈元素却真实存在于佤族妇女的日常生活。"[①] 不过，我们在云南沧源县看到的一些沧源岩画中，就有大量的佤族先民进行祭祀、生产和狩猎的场景图案，女人形象的图案有很多，其中，许多女子都是长发飘飘。原始岩画作为流传至今的人类最早最辉煌的艺术遗产，也是史

---

① 左永平：《木鼓回归——佤族文化特质和当代价值研究》，云南大学出版社，2008 年，第 77 页。

前时代人类活动的真实记录。早期岩画大都表现各种动物的形象和原始人类的狩猎生活，这种狩猎岩画的创作动机绝不是为了欣赏它的美的形象，而是希望通过这种行为所具有的巫术效应来达到丰产、繁殖和胜利等目的。它不仅体现了人类抽象、综合和想象的才能，也反映了早期人类的活动、观念、信仰和实践。可见，佤族妇女蓄留长发的习俗是较为久远的。在传统的长发舞中，甩发比较单一，大多为前后甩，近年来已丰富为多种多样的甩法，有前后甩、左右甩、转甩、跪甩等。它潇洒健美，较好地表现了佤族妇女豪放、爽朗的性格。现今的甩发舞已成为佤族青年女子展示民族风情与特色的一个重要舞蹈，其鲜明的民族特色及长发符号的代表性，自然也就产生出一个民族自我认同的道理来。

第二段舞蹈是由几个小伙子表演的"砍刀舞"，动作幅度大，而且刚力十足，充分体现出佤族男子威猛刚强的阳刚之气和剽悍性格。砍刀舞的动作元素，均从佤族人民的古老生计方式中取材而来，在经过艺术加工后，较为夸张地展现了佤族人们的日常生活方式。但我们还是能在舞蹈中，看出其所表达的原始蕴意来。其中有几个典型动作十分突出，如"扛刀上山"、"托刀上举"、"磨刀霍霍"等，这些动作所体现的是佤族人民的一种刀耕火种的生计方式。但由于是一种舞台形式的展演，许多动作还是需要他们解释才能了解其原始含义。比如"托刀上举"，是一种示威，通过展现自己强健的体魄和威猛的气势来吓走山林中的一些野兽；而"扛刀上山"的动作，完全被艺术化了，其动作过程是单手持刀扛在肩上，动作幅度较大，主要表达的是一种上山耕猎的欢快心情，但这种"心情"通过舞台化的艺术加工后，外人是无法获知其内在含义的；唯一能一眼就看出其含义的动作就是"磨刀霍霍"了。这些动作的元素提取，都是来源于佤族人民的日常生产劳动，在经过艺术的加工后，把佤族男子的阳刚之气和威猛剽悍的性格表现得淋漓尽致，风格特点十分鲜明，可以说，阳刚和威猛是佤族舞蹈所要表达的真实旨趣。虽然是舞台化的展演形式，但基本上还是展现出了佤族男子出外劳动的一种场景模式的建构，不过舞蹈的韵味十足。

第三段舞蹈，基本上是展现佤族风情的一种集歌、舞和乐器吹奏为一体的展演形式，歌声清亮透彻，仿佛来自天籁。这些佤族"演员"都能歌善舞，而且还能演奏各种乐器，但无论是何种歌舞形式，咚咚的木鼓声都是其中不可或缺的主旋律。

佤族为了获得本民族的繁衍、壮大，便将"木槽"制作成形似女阴形式。阿佤人认为"木鼓"既是拯救过本族始祖的"木槽"，是强壮母体的化身，又是阿瓦人灵魂的居住地，于是成为万物繁茂成长的通天神器。因此，以舞蹈形式表现从"木鼓"的制作，到最后以敲击"木鼓"来沟通神灵，达到天赐福泽目的的"木鼓舞"，是祭祀活动中不可或缺的舞蹈。为了使"木鼓"能够敲奏出美妙动听的音色，人们在两米多长的鼓身中间，凿制了扁长状的音孔，并在内腔中呈三角形的实心部分，两边各凿一个音腔，装置上能产生回响的鼓舌和鼓牙。而且放置在木鼓房中一大一小，互为母子关系的两只木鼓，在祭祀性的木鼓舞当中，要为舞蹈进行伴奏。西盟佤族的原始宗教信仰是万物有灵的自然崇拜，人类、山川、河流、动植物和一切未被认识的自然现象皆有灵魂。各种鬼神有大小之分，存在于整个宇宙空间，无所不在，无所不管，左右着人们的吉凶祸福，因此，事无大小，都要杀鸡占卜，预测吉凶，杀牲祭祀，祈求神灵保佑，消灾避邪，使村寨和部落六畜兴旺，粮食丰收。而大小鬼之间没有彼此统辖的关系，而是各司其职，各行其是，大鬼管大事，小鬼管小事，发生什么事就祭什么鬼。①

　　所以，佤族是一个十分尊崇仪式和祭祀的民族，他们有各种各样的膜拜仪式，内容包括医疗祭拜、偶像崇拜以及对自然、战争、狩猎、死亡等等的祭祀。除此以外，许多占卜形式的"巫术"无时无刻不贯穿于人们的日常生活之中，佤族人在生产、械斗、祭鬼、建房、出行、结婚、生育、患病、买卖、处理纠纷时，无不进行占卜以定吉凶。每种仪式都有特定的神职人员，他们按照本民族的宇宙观和对自然的认识，来进行不同形式的仪式祭拜。木鼓是佤族人民心目中的图腾圣物，佤族任何形式的舞蹈表达的都是对它的崇敬之情，"木鼓舞"也并非单纯意义上的一种舞蹈形式，我们现在所看到的木鼓舞，只不过是为了适应现代文化的需求下的一种产物，掺杂了许多其他因素在里头的复制品而已。如果要想还原木鼓舞的原初状态，必须是放在宗教祭祀的场域中来看待，在佤族人民的日常生活中，这种场景不是构建起来的，我们在西盟佤族自治县就来到当地人们做宗教祭祀仪式的场所。这种地方是专门进行"祭人头"、"砍牛尾巴"、"剽牛"以及佤族人在不同的年龄阶段和成长时期的各种过渡仪式的场所。例如佤族的"祭人头"就是佤族的一个传统习俗，一直到1958年以前，在佤族村寨还保留着这种风俗。"祭人头"的实质其实是基于佤族人的宗教信仰而产生的，他们认为用人头来祭木鼓，谷物才能长得好，才能保佑村寨人们的平安。在各种各样的祭祀和仪式的场所中，这些特定情境中的舞蹈都是仪式过程中必不可少的内容，而只要有舞蹈形式的出现，就会有专人来敲击木鼓参与其中，并贯彻始终。

---

① 根据西盟佤族自治县博物馆资料整理而来。

第五节 广西壮族的打扁担

打扁担是流行于广西壮族自治区红水河畔的马山和都安以及桂西的百色、巴马一带的壮族传统体育歌舞娱乐活动。每逢节庆之日，壮族的男女老少便欢快地跳起扁担舞，舞者两人一对，每人手执一根扁担，围在长凳或舂米木槽旁，边击、边歌、边舞，用扁担两端互相撞击或敲击长凳，发出"咯咯——嗒嗒"的和谐音响，节奏可繁可简，根据需要而定，舞姿多变，富有浓郁的生活气息。当地是典型的稻作文化地区，许多用于日常劳作的工具成为当地人们排遣枯燥生活而进行娱乐活动的道具，打扁担的活动就是在这种地处岭南稻作文化的影响下而出现的。扁担本是广西劳动人民最常用的劳作工具之一，是用硬杂木或半边毛竹削制而成，两端较窄，中间较宽，表面平整光滑。广西壮族的打扁担又称其为扁担舞，壮语称作打榔或打谷榔。其主要形式是直接以扁担敲击板凳，边击边舞，节奏欢快，手中的扁担又可作为用于舞蹈时击打节拍而发声的伴奏乐器，还是舞者手中的舞蹈道具。

一、打扁担的由来

壮族的打扁担最初是由壮族人民的传统生计方式——打榔演变而来，现在称其为打扁担，最早的名称是"打榔"，当地人又称为"打舂堂"。"榔"是一种木槽，是专门用于舂打稻米的器皿。这种器皿是一种长约2—3米、宽约1米左右的打谷槽，古时不仅用来脱粒，发大水的时候还可以用来载人，是壮族先民最早的混木舟。每当收获的季节，人们就将稻米放置在这个木槽中,然后用一种称为春杵的木棒来反复捶打,直至成为当地人们喜爱的食物——糯米。据清朝康熙年间《粤西丛载》中记述:"广西有春堂,以浑木刳为槽,一槽两边约十杵,男女间立,以春稻粮,敲磕槽弦,皆有扁拍,槽声若鼓,闻于数里,虽思妇之巧弄秋砧,不能比其浏亮也。"① 这种真实而生动的描述,足以说明这种形式的娱乐活动来源于人们的日常生产劳作。后来由于从事这种游戏活动的大多是普通家庭妇女,力量较小,因春杵笨重,无法击打出各种节奏,于是便用竹制的扁担来代替春杵。"打榔"是音译,是从广西壮话转译过来的,当地的壮族先民们称这种形式的玩法为"打榔",壮语字母拼写为"DWKLONGJ"(dwklongj)。

打榔古称"打春堂",是流传于广西马山、都安、武鸣等地的一项传统歌舞形式的娱乐活动。据当地的内部刊物《马山风物》介绍,打春堂历史悠久,马山和都安地区流行的打春堂的习俗,早已有之,一直传承至今。在过去,当地群众往往从正月初一直到元宵节,处处都能看到男女老少,三五成群聚集在一起进行这种"打榔"的娱乐活动,除了娱乐的目的外,还寓意着人们对来年丰收的美好憧憬,故有民谚"正月春堂声轰轰,今年到处禾黍丰"的形象描述。② 这种娱乐活动形式在马山县东部山区有许多村寨一直保持着,每逢节庆假日之闲,打榔便成为村村寨寨的壮、瑶等民族的人们自娱自乐的项目,人们还组成各种表演队伍和剧团,到各村寨进行巡回演出,很受当地群众的喜爱。打扁担的歌舞形式除了在马山一带流传外,在广西的其他地区也十分流行。《岭外代答》一书中记载:"静江民间取禾,取禾心一

---

① 转引韦晓康:《壮民族传统体育文化研究》,中央民族大学出版社,2004年,第39页。

② 马山县政协委员会编:《马山风物》内部刊物,第16页。

茎连穗取之。室角为大木槽，收食时，取桩于槽中，其声如僧封之木鱼，女伴以意运杵成音韵，名曰舂堂。每旦是，则桩堂之声，四闻可听。"但是，由于这种以浑木挖刳为槽的器具过于沉重，使用十分不便，于是便把木槽改换，通常用长条木凳来代替之。在《隆山县志》中记载："但浑大木，返颇难得，妇女每用木板以代其法，以一长方坚硬之木板，两边垫以长凳，两旁排列妇女二三，手持扁担上下对击，或和以锣鼓遍迫轰冬，高下疾徐自成声调。"由此而后，打舂堂便逐渐过渡到打扁担。① 由于打扁担简便易行，不需要太多的特制的用具，所以在一些地方，人们就不用木杵或是扁担，而是用遍地皆是的竹竿来代替。为了烘托效果，人们往往在竹竿的两头还系上数枚铜钱，敲击起来更加清脆悦耳，故曾有文人赋诗曰"竹竿敲打祝丰收"之句。另外，在很多地方，人们除用木杵、扁担、竹竿外，还要配以长形竹筒，伴之锣鼓，敲击起来轰轰有声，格外清脆响亮。

二、打扁担的表演形式

广西大部地处我国的岭南地区，地貌以丘陵、河谷为主，江河湖泊交叉纵横，气候温和湿润，常年多雨，盛产各种竹木，大部地区属于稻作文化的生计方式。从清朝末期到民国初期，由于木材的缺乏而转变为用竹制的扁担来作为打击的乐器和舞蹈的用具，从而由此开始将这种从日常劳作的田间娱乐活动转向为一种展现民族风情的舞蹈表现形式了。现在的当地人所使用的这种扁担，一般是用硬杂木或毛竹削制而成，长短因人而异，扁担一般长约1.5—2米之间，通常女子所用的较短，而男子所用更为长

---

① 韦晓康：《壮民族传统体育文化研究》，中央民族大学出版社，2004年，第41页。

一些。这种扁担两端较窄，中间较宽，表面平整光滑，便于在手中上下滑动，而不至于划伤手掌。表演时，可数十人同时进行表演，每两人一组，除去演员手中的扁担外，还可以用一张长板凳或一个长方形木箱置于地面，即可用扁担相互敲击，也可用扁担来敲击长板凳或木箱，这是将过去所用于舂米的木槽用板凳和木箱来代替，主要是为了变换敲打不同器具而发出不同的声音，以使敲击出的声音高低错落有致，节奏更加鲜明活泼。由于打击的节奏需要高音和低音的起伏转折的配合，高音可以用扁担和板凳、木箱等来代替，而低音由于不能用这些器物来代替，故而现在在进行扁担舞的表演时，就新加入了用牛皮鼓敲打出的低音节奏来代替，由鼓敲打的声音较低沉，声音发闷，正好可以和扁担等敲打出的高音相和，致使节奏高低相间，错落有致。舞者每人各执一根扁担，围在长凳或长箱旁，按照一定节奏，边击、边歌、边舞，用扁担两端互击、击地面、敲击长凳或长方形木箱，各种敲击的节奏和手法常常交叉进行，发出"咚咚、嗒嗒"的和谐音响，节奏复杂，变换多样。人们边敲边舞，并同时配以锣鼓等乐器，各种舞姿也随之展现其柔美和矫健的不同特点，花样繁多，富有浓郁的生活气息，同时也表现出壮族人民勤劳勇敢、乐观豪放的性格。每逢春节、丰收或喜庆之日，壮族的村村寨寨、男女老少便会欢快地跳起扁担舞。

打扁担是流传在我国广西壮族地区的一种传统的自娱自乐活动，平时在田间劳动间歇时，在田头地边也以跳扁担舞为乐。舞者时而双人对打，时而四人交叉对打，时而多人连打；有站、蹲、弓步、转身打等，轻重、强弱、快慢相间有致，动作优美自然，整个舞蹈优美清新。从每年的除夕到正月十五，轻快悦耳的"登登打、登登打、登登打嘟打嘟打"的打扁担声，响遍了壮族山乡。而每一个壮家人以及居住在这些地区的其他少数民族们，在这种文化氛围的熏陶下，都可以说是"打春堂"的演员，妇女的动作轻巧优美，男子的动作刚劲有力，自娱自乐的"打春堂"，寄托着壮族人民祈望丰收的愿望。打扁担的舞蹈形式有双人舞、四人穿花、多人穿花等各种套式，舞者多为双数。表演者手拿扁担，围在长凳或舂米槽旁，有节奏地时而敲打板凳，时而互相撞击扁担。扁担在手中运用自如，或正面、或反面、或侧面敲打，发出的声音或脆、或沉，声声相异，形成节奏明快、起伏有致的韵律。在扁担不断相击中，表演者不停地穿花转动，更使人眼花缭乱，技巧娴熟的各种动作，在声声扁担撞击声中轻松完成。在民间的打扁担活动都是有一定套路之规的，传统套路都是根据壮族人民的田间劳动过程来编排设计的，有"打春堂"、"全家乐"、"大团圆"、"插秧"、"车水"、"打谷"、"庆丰收"等多种形式。"从打扁担的全过程来看，其内容情节可分为四个阶段：第一为耪田插秧；第二为戽水耘田；第三为收割打场；第四为舂米尝新。这四个阶段的动作组合，集中概括了壮族人民一年四季的劳作过程，充分表达了他们喜庆丰收的愉悦心情。"①

三、打扁担的演练特色

我们在广西马山看到的打扁担，是在经过当地部门艺术加工后的表演。在进行表演时，两两相对，每人手中各持一根扁担，为了增加审美效果，扁担的两头还系着红彩头。当地的扁担舞总共有 36 个套路，而套路的多少是根据敲打的花样来确定的，但基本动作和风格相类似。我们在当地访谈了一些老艺人，他们说，虽然扁担舞内容相类似，但由不同的人来打的话，所表现出

---

① 韦晓康：《壮民族传统体育文化研究》，中央民族大学出版社，2004 年，第 41 页。

来的效果是不同的。一般情况下，马山的扁担舞通常是由一些女子来打，而近在咫尺的邻县都安则是由男子来打击的。马山之所以选择女子来跳打扁担，是因为类似的舂米、舂布等日常劳作是由女子来完成的，是家务工作的一部分，同时，又因为女人自身独有的柔美风情，在击打扁担时突出了女人的曼妙身姿，举手投足之间又给舞蹈赋予了万种情致，更便于推广和传承。而都安的打扁担，通常都是由男子来敲打，动作剽悍刚劲，再加上男子们经常是在喝完酒后来进行的，于是更显其阳刚之威，扁担对敲起来呼呼生风，噼啪作响，更有甚者，由于击打过于用力，经常会出现扁担断裂的情况。正应验了一句俗语"十里不同风、百里不同俗"，虽然相隔数里，但民风民俗却相差甚远。

打扁担这种形式的娱乐活动，在稻作生态文化类型的地区都会存在，只不过是敲打的方式和方法有所区别，除去广西境内的打扁担外，在云南的广南县，一些杂居在此的各民族都有此民俗活动。其基本内容多有雷同，通常都是由妇女们来从事，她们在打扁担时，一面唱、一面跳，以一条长凳来代替木槽，围绕长凳，互相敲打，时而扁担打扁担，时而扁担打板凳，上下左右，手法变化多端，但都是表现人们的日常劳作，例如打谷、车水、插秧、舂米、织布、赶牛下地等，与此同时，用竹筒之类的用具配搭成不同的节奏。其实类似"打舂堂"这种劳作形式，在我国的许多地区都存在，尤其是在南方稻作文化的影响下，以杵舂米，直至将其捣成黏黏的糯米粑。与之相类似的还有佤族、黎族、土家族等。类似像这种从劳作方式转化而来的舞蹈，由于各种因素的影响，可能会在各个民族地区演化为不同形式的舞蹈表演，其中海南黎族的打柴舞，就是现在的"打竹竿"，其所用的木杆，实际上就是当地人民用于舂米的杵臼。在土家族的民俗中，素有"二十八，打粑粑"的说法。每逢春节来临，农历腊月末，家家都要打糯米糍粑，打糯米糍粑是一项劳动强度较大的体力活，一般都是由后生男子来打，两人对立，先揉后打，即使在冬天也能出一身的汗。而在广西壮族地区其实也存在男子打糍粑的现象，例如与马山接壤的都安的打扁担，就是由男子打舂堂演变而来。另外，在佤族的民间舞蹈中，也有以此为原型的舞蹈形式——舂米舞。佤族的舂米舞是流传于佤族所有地区的传统舞蹈。舂米是佤族妇女必须掌握的一项生活技能。"佤族妇女从小就学习舂米，学会舂米被认为是佤族妇女能够自立的开始，可以展示其勤劳能干的女性形象，也是为以后出嫁和生活打下的良好基础。"① 因此可以说"舂米舞"是佤族妇女在长期劳动生活中的日常写照。而她们所使用的工具——杵棒，就是这种舞蹈的道具，在地上或是在杵臼上敲打出各种花样节奏，妇女们根据节奏或前或后，或俯或仰，即兴而舞，整个节奏欢快优雅，尽显女子温柔委婉的优美舞姿。我们知道，中国在跨入工业文明之前，老百姓一直是以日出而作，日落而息的农田耕作作为主要生计方式，不单是少数民族地区，即使是在中原汉族地区，这种劳作形式也处处可见。

第六节　藏族锅庄舞的文化情境

"锅庄"是藏族人民传统的歌舞形式，藏语称其为"果卓"，意为"圆圈歌舞"。旧时，由官方组织专门歌舞队或所辖村民为庆祝土司、头人的喜庆日子而表演的多为大锅庄。民间自己组织

---

① 左永平：《木鼓回归——佤族文化特质和当代价值研究》，云南大学出版社，2008年，第79页。

的活动多跳小锅庄。歌舞时,男女众人手拉手围成一圈或两排对立,一人领唱,众人随之齐唱,边唱边舞,无音乐伴奏,表现内容大多为赞美家乡、歌唱劳动、欢庆丰收、歌颂爱情等。现在跳锅庄不单是藏族人民喜爱的歌舞娱乐形式,即使是其他民族的人们,也都十分喜爱这种蕴涵浓郁民族特色的传统舞蹈带给大家的欢乐。

一、锅庄舞的表演形式与特点

跳锅庄既是藏族人民的传统舞蹈,也是他们的一种日常生活方式和态度。平常在逢年过节、喜庆丰收之时都要跳锅庄,若遇结婚、寿庆、新居落成或其他重大活动,也要举行大型的锅庄表演,可以在草坝、晒场、庄院进行,是一种集体形式的自娱自乐的歌舞活动。通常以男女各成一队,分站两边,围成一圈,双方皆由舞姿优美、嗓音甜润、富有表演经验的领舞人[1]引导,按照一定的排序,随着悠扬的曲调,踏着轻盈的舞步,唱着蕴涵祝福的歌声,而翩翩起舞,人数多少不限,人越多圆圈越大,老少都可以参加,参与者既是演员也是观众,可以说是一种自跳、自唱、自赏、自乐、自醉的大众活动,因为每每在这个时候,人们通过舞蹈把辛苦和劳作变成了快乐与交流的工具了。

在通常的锅庄表演中,一般先由男人们唱一遍歌词,然后再由女人们重合一遍。男人们边歌边舞,跳完一段后,女人们紧接着来跳,两队轮流进行。当第一个锅庄跳完后,第二个锅庄便先由女人们唱一段歌词,男人们重合一遍,等女人们跳完后,男人们再接着跳。[2] 但是,在现代的锅庄表演中通常将舞、歌和音乐

---

[1] 领舞人,藏语称之为"卓本",是指当地锅庄跳得最好的人。
[2] 甘孜藏族自治州文化局编:《守望·绽放——中国·四川·甘孜州非物质文化遗产名录》,中国戏剧出版社,2008年,第49页。

融合在一起，使得舞蹈的氛围发生了很大的变化，气氛热烈，节奏感强，更容易将舞蹈与舞者互动在一起。但传统的锅庄舞，一般没有音乐来伴奏，只是将优美的民歌融汇入舞蹈之中，是一种歌、舞相伴的形式。通常传统的锅庄没有曲子没有配乐，节奏的快慢要跟随领舞人的节奏而行。传统的锅庄舞，一般是男方边唱边舞一遍，便在原地喝酒旁观，女方跟着重复一遍，唱词不变，舞姿较之男性要稍微内敛一些。人们就是这样在此起彼伏的歌声与舞姿中迤逦而行，但千万不要认为这是简单的重复和表演过程。因为，每段锅庄的重复是代表着男女双方观点的统一、认知的加深及意义的强化。另外，传统的锅庄还有一个特点："刚开始跳的时候，带头的男女双方，都要先由领舞人召集大家围拢在一起，以袖掩口先唱一段让舞蹈豪迈欢乐的祈愿词，对方重复一遍，方才进入传统锅庄的正式表演。这相当于序幕或预备。同样，每个锅庄的结尾，男女双方都会快速地舞唱一段，以祝愿舞场兴盛不衰。甚至一些村寨的锅庄队可以连续跳上半个月左右，而不重复一首唱词、曲调和舞姿，令人难以想象。"[①] 所以，一曲锅庄跳下来，长的有二十几段，短的至少也有六七段，有的锅庄由于唱腔缓慢悠长，甚至一句话就是一段，也就是说，同样的舞姿可以重复很多次。

我们在四川甘孜藏族自治州进行实地考察时，恰逢甘孜州成立60周年的大庆活动，并有幸观摩到了各地来州府进行展演的不同形式的锅庄表演，其中有被列入国家非物质文化遗产的"新龙锅庄"，以及雅江别具特色的"情侣锅庄"等。新龙锅庄在舞蹈动作方面的特点主要是由俯身舒袖、踏步蹲身、蹉步转体、勾腿跺脚等基本动作组成。特别突出的是膝部的颤抖，这种颤抖

---

① 拥塔拉姆：《朱倭古舞》，作家出版社，2010年，第250页。

有时非常轻柔，有时又比较激越，贯穿于整个舞蹈之中，使所有动作都显得非常柔韧而富有弹性。女性舞者含胸垂臂，眼神内敛而略显娇羞之意，整体感觉动作轻缓，秀丽端庄；男性舞者豪放刚劲，两臂舞动舒展开放，注重腿部的跳、踢、蹉、踏等技巧，如雄鹰展翅，激情洒脱而又不失清新流畅之蕴意。雅江的"情侣锅庄"是一种场景的构建，其叙述的是一个男女青年谈情说爱的情境，其过程是由两队青年男女手拉手，随着音乐的节拍，缓步进入舞场，从一开始的羞涩相识，到逐渐的熟络，最后是充满浓情蜜意的心灵交流，整个故事的过程就是将"爱情"作为一个场景来体现藏族儿女们的爱情表达方式。

由此而知，在早期的一些民间舞蹈表演形式中，可能会受各种社会因素的影响和制约，从而在人们头脑中形成潜意识而使舞蹈这一行为蕴涵了太多世俗权力之间的博弈，肢体会不断和它所再制的知识和政治混杂在一起，而类似的许多艺术形式同样是这样的一种利用身体的再造。身体作为舞蹈的语言，十分清晰地体现出男女性别之间的差异，这种差异是日常生活对人们的训练和规范，是秩序在现实生活中的体现，而他们自己则认为这是人们正常的行为标准，并历久成习而成为一种"惯习"在身体上的无意识体现。

二、锅庄舞的文化蕴意

现在对锅庄舞蹈的命名，往往是以地域或村镇县市为其定名的。藏族的锅庄，形式多样，种类不同，但从外观表现上看，外人是无法理清彼此间的细微差异的，唯有熟稔当地文化和懂得歌词的含义后才能真正进入锅庄舞蹈的意境之中，才能很自然地掌握和认识不断变化的节奏和其表达的文化蕴意。"锅庄舞源于古老的宗教祭祀舞蹈，其外在表现形式和舞蹈本身所展现出的神灵崇拜，均体现着藏族神圣的佛教文化特色。早期的'锅庄'只有在举行宗教仪式、佛坐床、重大节日或上层人物迎送宾客时才表演。首先煨桑敬神，起舞之前是浓厚悠长的散板序歌，具有呼唤汇聚的感召力。"[1] 我们现在看到的锅庄是边唱边舞的一种的形式，外行人通常注重舞蹈的姿态，而内行人则注重对歌词的理解，应该说锅庄舞是以唱为主体，而跳是辅助。我们知道，传统的锅庄是没有音乐来伴奏的，通常是以唱来控制锅庄的节奏和韵律。传统的锅庄的主体主要是唱词的内容，这些内容包括故事、神话、传说等，主要寓意是对佛祖的崇敬和祈福纳祥以及欢庆丰收的情绪表达。锅庄的跳法不同，主要体现在故事内容上，不同的故事、传说、神话都有不同的跳法。有些是有固定套路的，有些是即兴发挥的，但都要遵循故事所讲的内容，也就是说故事的内容决定了跳法的表现形式。据当地人介绍，传统的锅庄舞可以跳三天三夜而不停，因为他们是在诉说藏族古老的历史。所以要看懂锅庄，就必须了解藏族的历史和文化背景。

　　锅庄舞，一般都是男女围成一圈来跳，通常是按照顺时针的方式旋转。这种方式蕴涵着浓郁的宗教意识在里头，亦即"圆转"的状态。"锅庄"意为圆圈歌舞之意，有着生命轮回的意思。轮回圆体现着"锅庄"，甚或是西藏宗教舞蹈最基本的审美意识，体现了藏民族追求圆满的人生理想和精神境界。圆是藏民族同神灵交流、与天地对话的一种方式，一种途径，"锅庄"同转经、朝圣的方向保持一致，都是自左向右，顺时针方向舞蹈。这与藏民族的生死观念及轮回信仰有着密切的联系，均含有祭扫神灵、驱邪禳灾、宣传教义等内容。因而人们把跳"锅庄"看

---

[1] 周帆：《藏族"锅庄"舞蹈的审美特征》，载《四川教育学院学报》，2009年第9期，第42页。

成是一种修行轨迹,将其作为宗教修行的助力。①

藏族的传统锅庄都是以歌唱为主体的,虽然唱词由于受不同地域的影响而有所差异,但唱词内容基本相同,按其内容形式,主要分为四种:"第一种是宣传传统的伦理道法,颂扬佛法,歌颂宗教圣人和父老长辈;第二种是赞美自然风光和家乡风情,歌颂理想、爱情,祝愿人寿年丰和表达人们的喜怒哀乐;第三种是以生活情趣、相互逗乐为内容的娱乐性锅庄;第四种是表现动物习性,模拟动物的形态,反映动物生活为内容的锅庄。"② 而不同形式的锅庄都要取材于这些内容作为核心来体现舞蹈的特点。在同当地人的访谈中,他们认为现代的锅庄舞比较奔放、豪爽和富有激情,整个节奏欢快热情,主要是为了烘托气氛,而不注重故事内容的叙述。在外行看来,这种锅庄比较吸引人们的目光,但内行人则认为看多了会比较枯燥乏味,所以他们认为内涵不够深厚。而所谓的内涵,就是没有完全将唱词的内容表达出来,只适合进行表演。而传统的锅庄形式,节奏疾缓相间,是要根据场景和所要表达的情境来跳的,是在叙述一个故事,故事的讲解需要娓娓道来,所以传统锅庄与现代锅庄在节奏上是有区别的。

当我们在了解了锅庄舞的文化蕴意后,再看跳锅庄舞时,就会感到锅庄是一种在不同的场景中对藏族的历史文化的表述。但锅庄同时也可以作为一种情境的建构而出现,我们在甘孜州州庆中看到新龙锅庄表演队所跳的锅庄舞,就体现得比较明显。新龙锅庄队专为州庆而编排了一个锅庄舞,当我们问及锅庄所表达的意义时,他们给我们作了一个简单的介绍。这种锅庄分为四段,内容和节奏都不相同,第一段是叙述他们在来州庆的路上的一种

---

① 周帆:《藏族"锅庄"舞蹈的审美特征》,载《四川教育学院学报》,2009年第9期,第43页。

② 雷牛:《丹巴风情(1)》,中国三峡出版社,2003年,第76页。

欢快心情；第二段是叙述来到康定（甘孜州首府所在地）后，感谢远来的客人与他们共同庆祝自治州成立60周年的节庆大典；第三段是叙述他们很高兴地与来自各地的朋友欢聚在康定；第四段是叙述希望来自各地的朋友们，能够在康定度过一个欢快的节日，并预祝各方友朋能够幸福平安、吉祥，扎西德勒。但他们说这是现代锅庄的表演形式，而并非传统锅庄。传统锅庄舞的长短是要依据唱词的内容来决定的，每段锅庄都是以唱为主线，跳为表达，当唱不下去了，舞蹈也就跳不下去了。传统锅庄用舞用唱来传袭自己的传统文化，千年的历史，即使是用三天三夜也是叙述不完的。

第六章　西南少数民族武术遗存形态

我国是个多民族国家，每个民族都或多或少保留有自己独特的武术内容。但通过查阅以往的研究资料和历史文献发现，人们对少数民族武术文化的研究却相对滞后且无序，很少有人问津，只是在研究各族传统文化的书籍中做一些简单介绍，大多是以本族文化的附属品出现，没有专门对武术的内容和留存形式做系统的研究和诠释，致使各族武术内容未呈现出自己的流存轨迹，影响力相对较弱。而西南少数民族武术所遗留的形式却十分独特，其背后蕴藏着颇深的文化内涵。地处我国西南的湘、鄂、川、黔、滇和广西等地自古以来就是少数民族聚集的主要区域，居住着彝、土家、苗、傣、壮、瑶、傈僳和纳西等众多民族，单云南一省就生活着25个少数民族，是我国少数民族聚集最多的一个省份。在历史上由于生活和生存的需要，各个民族都保留有自己独具特色的武术内容，但大都未形成完整的武术体系，影响力十分有限，世人所知寥寥。通过查阅首批国家级"非物质文化遗产名录"还可以发现这样一个现象，那就是在共计518个项目中，有将近1/3是有关少数民族的内容。由此可知，许多少数民族传统文化已到了濒危的地步，作为其中之一的少数民族武术同样如此。

第一节　西南少数民族武术表现形式

现在我国许多少数民族的武术内容和相关记载，大都源于1979年1月国家体委发出《关于挖掘、整理武术遗产的通知》之后在20世纪80年代初期整理出来的。通过实地考察西南地区在少数民族中流传的武术内容以及相关资料介绍，我们能清楚地发现这样一个文化现象，西南少数民族武术的内容与表现形式多与神灵崇拜和民间祭祀有关，大多是以"巫、舞、傩"和"丧葬"等形式为载体而出现的，演练内容和形式处处体现了浓郁的宗教色彩。即许多少数民族武术的内容和形式除了武术中与之具来的技击因素外，还极具浓厚的宗教或丧葬祭祀仪式色彩等特点。主要包括三大类内容：一是宗教仪式和祭祀场所中武术形式的展演。例如云南等地各民族的"爬刀杆"、广西百色那坡黑衣壮的"战阵舞"、湘鄂西地区的"跳武丧"等；二是具有独特表征意义的武术。例如广西壮族的"山歌拳"、傣族的"孔雀拳"等；三是世俗社会意义中的传统武术。例如云南的傣族和彝族武术等。由于生存载体的不同，其所表征的功能和意义也存在文化上的差异，而这种文化的差异性是在不同的场景中才能体现出来的，所以不同的场景通常涵盖的意义是有差别的，而这种差别正是我们所要探求的。

一、传统宗教仪式中的古老功法演练形式——爬刀山

我国西南地区是少数民族主要聚集地，许多宗教仪式都独具特色，而"爬刀山"作为一种仪式中的功法内容，蕴涵着浓厚的文化底蕴。它集宗教、礼仪、表征等众多形式的民俗于一体，

是最佳了解和认识各民族传统文化习俗的途径。"爬刀山、下火海"是西南少数民族地区十分流行的一项民俗体育活动形式。提起刀山火海，一定不要以为这只是哪个民族独有的一套绝技，在云南和广西以及湘鄂西等地的壮、彝、苗、瑶、纳西、傈僳和土家等民族中都有这种形式的表演。所谓的"爬刀山"实际上就是平常人们所说的"爬刀梯"，攀爬一个将多把锋利的钢刀绑扎在一根长杆上的梯子，绑扎的方式和方法虽不尽相同，但都是将锋利的刀刃向上，或交错或交叉。不同民族的"刀山火海"，只是由于宗教信仰和文化背景不同，各有各对"刀山"的攀法，各有各对"火海"的闯法，但有一点是共同的，不管是哪个民族的，其起源都与宗教信仰有关，是古老仪式中的一个主要内容。在一些少数民族地区，举行"刀山火海"的仪式原是为一些因意外而伤亡或是师公、道公①、梯玛②或是主持仪式的人死后，对这些人的亡灵超度的一种仪式。我们通过查阅资料以及利用到云南、广西和湖北等地的田野考察，对这种独特的民俗活动进行一个简单的剖析，以尽量走近这种神秘仪式中的功法——爬刀山。

（一）爬刀山的演练形式

爬刀山往往在空敞开阔的坪坝举行，先将一根高大坚实的木杆立在坝中，杆上呈梯级状插着数十上百把锋利无比的大刀，使整根木柱形成一架寒光闪闪、令人目眩心惊的刀梯。以傈僳族的爬刀梯为例，每当遇到节假盛会时，傈僳族人都会进行表演，而且往往是黑傈僳"爬刀梯"，花傈僳"下火海"。③ 人们经常将"刀山火海"比喻为极其危险和困难的地方，而把敢于上刀山，下火海的人视为勇士。攀爬刀梯时，表演者需赤脚爬上绑有多把

---

① 广西金秀瑶族自治县对当地"巫师"的称谓。
② 湘西土家族对当地"巫师"的称谓。（通常称为巫师）
③ 黑傈僳与花傈僳都是傈僳族的一个分支。

锋利大刀的长杆上,一般性的表演是爬 36 把的刀杆,在重大节日和盛会时则是攀爬 72 把刀杆。在攀爬之前,表演者要接受宗教仪式的洗礼。通常是要身穿画有图案的"甲马"又称"符咒"以获得神灵的眷顾,甲马是一种古老的符咒,传说可以为佩戴者带来神奇的力量。"甲马"通常用绵纸制作而成,除以马为主图外,还常画有巫教、佛教、道教等各路神祇图案。纸上的图案因祭祀对象、扮演的角色、场合的不同而各异。① 我们在腾冲当地就看到有专门印制这种甲马符咒的模板。除此以外,还要再在脚上涂抹一些特制的药物,然后吞吃艾蒿以消除体内不洁之物,如果伤及脚底可起到消炎的作用,最后还要喝一碗酒以壮行色。而在贵州松桃苗族自治县 50 周年县庆的爬刀山的表演中除去攀爬形式相似外,攀爬者最后爬到刀梯顶端时,还常常有惊异的表演,那就是用肚子顶住梯顶上早先捆绑好的铁制锋利的枪尖上旋转,手脚展开,宛若大鹏展翅,令人惊叹。这种形式的表演,往往需要演练者具备强健的臂力、过硬的气功以及轻身术,就像武术的功力练习一样。从严格的意义上说,爬刀山不是传统武术中的套路形式,而是具有浓厚宗教色彩的武功表演。

以上只是一种简单的仪式过程中对"爬刀山"这种功法形式的描述,其实,在这些功法背后往往隐含着当地少数民族看待生死的态度和一种认识自然的宇宙观念。在詹姆斯·克利福德、乔治·E. 马库斯主编的《写文化——民族志的诗学与政治学》一书中,就表征行为做过一个解释:"表征是进行文化想象的场所,然而,表征并不是独特的,同时也是使生命世界产生意义的手段,因此,它们在功能上存在着差异"。②

---

① 马昌仪:《中国灵魂信仰》,上海文艺出版社,1998 年,第 170 页。
② 詹姆斯·克利福德、乔治·E. 马库斯编,高丙中等译:《写文化——民族志的诗学与政治学》,商务印书馆,2006 年,第 309—310 页。

(二)仪式后的"神人"

在人类学界，关于对仪式的研究，最为著名的是英国的象征学派的人类学家维克多·特纳。他在其《仪式过程——结构与反结构》一书中，通过对非洲恩登布人的各种仪式过程的详细描述和深入分析，阐明了仪式在世俗社会中所具有的功能和作用。并由他根据荷兰人类学家阿诺德·范杰内普的观点，卓有成效地发展和概括出了阈限概念。他将阿诺德·范杰内普提出的分离、过渡和组合改称为阈限前、阈限中、阈限后三个阶段。而第二个阶段（阈限中）则是最为关键的，受礼者进入了一种神圣的仪式时空，它处于一种中间状态，所有世俗社会中的种类和分类都不复存在。[1] 另外，特纳同时强调："在阈限中，为初次受礼者赋予新身份的力量，尽管是由社区的代表们所发起和调节的，却被看做是超乎人类之外的力量，这在全世界的仪式中都是如此。"[2]

在经历某种仪式之后的"神人"往往具备常人所不能达到的一种能力。除了身份地位发生改变外，其还能通鬼事、神事、人事，驱魔治病、祭山还愿，没有文字记载的族群还可以靠"唱经"的方式来传承其民俗文化。我国台湾学者林富士先生曾对此有过精辟的分析："他们通过特定的仪式，让自己的灵魂脱离肉体而存在，并神游天上、地下和人间'三界'，也可以让各种鬼神、精灵、亡者附着在自己的肉体上，开口说话。这些'神人'身兼神与人的双重角色，一般人可以透过他们来了解死者的生活，明白祸福因果，得以祈福解祸，也可以满足对于未知世界的

---

[1] 夏建中：《文化人类学理论学派——文化研究的历史》，中国人民大学出版社，1997年，第315页。

[2] 维克多·特纳著，黄剑波、刘博赟译：《仪式过程——结构与反结构》，中国人民大学出版社，2006年，第106页。

好奇，让困苦与迷惑的生命多一点希望和指引。"① 但经过这种仪式的受戒者，在世俗社会中还是一个普通人，日常生活和劳作都与其他人没有什么差别，只是在需要作法事的时候，才体现出与众不同的能力来，而爬刀山则是法事当中的一个内容。通常情况下，这种角色一般都是民间宗教的传承者和多种法事活动的主持人或司仪，为民间社会主持禳福、酬神、求子、超度亡魂、驱魔除妖和治病等各种祭祀仪式。② 虽然外在形式和程序不尽相同，但整体结构的框架是不变的。例如，金秀瑶族在进行度戒时，都要举行这种爬刀山、过火海的仪式，除此以外，还有踩犁头、咬碗、吞筷条、走火筒、过刀桥、跳云台等项目。③ 而在湘鄂西土家族的梯玛传承仪式中，也有与之类似的上天刀、踏火焰和踩地刀等形式的表演，其形式方法和其包含的意义也大同小异。

  从认识论的角度来看维克多·特纳对关于仪式的分析，其在对文化的表征行为上，充斥着太多的情结在里头，政治、权力、秩序、宗教、亲属、性别、地位等都是其所表征的对象和实施策略，许多仪式背后所蕴涵的是人们身份地位的改变。我们可以看到，在我国的一些少数民族传统的仪式中，通过受戒可以使受戒者达到一种超越世俗限制的能力，这种能力则体现在其能与神沟通，而这种能力也是由神所赋予他们的，从而成为一个"神职"人员，也就是通常所说的"巫师"。例如我们称彝族的"巫师"为"毕摩"、傈僳族为"香通"、土家族为"梯玛"、纳西族为"东巴"、羌族为"释比"、瑶族为"师公"或"道公"以及许多北方少数民族信奉萨满教的"大神"等，皆是如此。以巫师

---

① 林富士：《何谓"媒体"》，载《南方周末》，2010年5月20日，第30版。
② 周刚主编：《风情柳州导览》，广西民族出版社，2006年，第127页。
③ 黄必贵、卢运福主编：《世界瑶都》，岭南美术出版社，2006年，第192页。

来说，各个民族由于语言的原因，对他们的称谓也不尽相同，但其功能是相似的。当这些被神所眷顾的人员具备与神沟通的能力后，才能从事一些法事活动，而能"爬刀山，下火海"则只是其所具有的一种能力而已。

（三）神秘的功法

功法是神秘的，但也有规律可循，我们现在想了解的就是这些经过仪式洗礼之后的介于人神之间的受戒者，他们是怎么获得这种攀爬刀山以及其他绝技的能力的，这也是对我们研究者来说最具有吸引力的原因。我们对广西宜州市下辖的北牙乡豆竹村的瑶族惠氏三兄弟进行了深入访谈。这三兄弟自己组成了一个以爬刀山、下火海、过刀桥、踩火筒等为主要内容的表演团体，这个团体共有20余人。通过访谈，我们大致了解了爬刀山过程中的一些细节，但他们都没有给我们一个圆满的答复，语焉不详。不过从支吾的言语中我们还是破解了一些其中的奥秘。

一般情况下，攀爬刀山分为三个阶段。首先，在攀爬刀山之前，要做一些仪式，这种仪式是不会让外人看到的，而这个仪式所起的作用就是与"神"的沟通，需要借助神的力量来获得攀爬刀梯的能力。他们从不承认他们的绝技与杂技或气功有关，他们坚称是多年的"诵经"修炼，使他们具有超越利刃与高温的超常功力，这也是他们对自己绝技不可解释的神秘性所下的注脚，而且这种法事的传承只是在自己家族或是同一团体内受过戒的人之间进行。

其次，当来到表演场所或是帮别人度戒攀爬刀山时，都要念一些咒语和口诀，其内容也是不能让外人知晓的，但无意中还是透露了一个牵涉专业方面的问题——藏身躲影。所谓的"藏身躲影"，就是指一般人都有自己的身影，而一旦得到神的眷顾，则会成为介于人神之间的所谓"半仙"之体，自然也就没有了身影。只有这样，才会在攀爬时，刀锋不至伤及身体。这种情况，用现代的科学知识是可以理解的，爬刀山所选择的时辰与太阳照射的角度和位置有关系。例如，在正午时分，太阳基本上垂直照射地面，因照射角度的原因，人在这个时候是没有身影的。在我国，农历五月正值夏至，太阳直射北回归线，北半球人的影子最短。因此在这一时段，阳光直射之下，人的影子极短，甚至看不到影子，在不具备科学知识的人看来，实在是一件最为忌讳的事情。在我国的民间社会中有躲避人影的忌讳，而选择在某个时段进行表演恰好看不到自己的身影则让表演者认为有神灵附体，从而具备了与神的沟通能力，而这个时候爬刀山则是最佳时机。其实所谓的"藏身躲影"，只是表演者故弄玄虚，因为我们还经常看到这些人在晚上表演，没有太阳的照射更不会有什么所谓的"藏身躲影"了，实际上已经将仪式转化为纯粹的表演形式而招揽观众了。"藏身躲影"之说，在我国的许多少数民族中都有这种说法和民间禁忌。他们认为人的灵魂不止一个，当不同的角度的光源照射到人的身上时，会出现几重阴影。在马昌仪的《中国灵魂信仰》的书中曾提到："古人认为，人影便是人的魂，影子的长短与人的寿命相关，看不见人的影子，表示魂已经离开身体。"① 前文中所说的这些表演"爬刀山"的人，正是利用这种传统习俗的观念，通过某个仪式后而表示获得了与神沟通的能力，进而受到神灵的照顾而在攀爬过程中不会受到伤害。既然人的影子与灵魂、与人的生死有如此密切的关系，便由此而产生了种种躲避身影的禁忌，以及灸人影治病等咒术的出现。

最后一个阶段，就是有关爬刀山的技巧了，在前文中，只是做了一个简单的介绍，实际上这种技巧的形成是需要通过日常的

---

① 马昌仪：《中国灵魂信仰》，上海文艺出版社，1998年，第115页。

刻苦训练才能够掌握的。爬刀山需要具备一定的功力，表演者在抓握刀刃时，通常是用四指和掌根合力捏住刀身，避免刀锋划伤手掌，同时屏气凝神用力将身体上提，以减少双脚对刀刃的压力而避免让脚受到伤害，两脚要外八顺着刀刃，而不能用脚心横切着踩在刀锋上，这种训练也是要循序渐进的。刚开始时，刀是被布缠着的，但练到一定程度，就要开始把布扯掉，赤脚踩在刀刃上练习，脚不能自由移动，这样就不会被割伤。我们在金秀瑶族自治县的一个爬刀梯的表演场所，看到了一根竖立起来的刀杆，上面明晃晃地捆绑着36把钢刀。为了验证钢刀的锋利程度，我们还亲身试着攀爬了一下，结果当然是不行的，即使采用表演者所说的技巧，依然难以掌握这种功法。在对宜州北牙乡的三兄弟的访谈中，我们也提到了这个问题，为什么在了解了这种技巧时，仍然不能像表演者那样攀爬自如时，他们的回答是光有技巧是不行的，还要接受一定时间的训练，除此以外还要他们教给你一些咒语才行，否则就会受伤，而这种咒语只有在拜他为师时才肯传授。我们还问及了一个问题，就是这些钢刀的锋利程度是否会影响表演者进行表演，稍微钝些的钢刀可能会好掌握一些呢？他们给出了一个截然相反的回答，他们说钢刀越锋利越好，踩钢刀的技巧不在于此，而是要掌握好身体的平衡，迟钝的钢刀一是容易硌脚，二是容易打滑，两脚打滑就会使身体失去平衡，反而更容易割伤脚心。而锋利的钢刀踩上去软软的，不会打滑，就像踩着云彩一样，脚踩在刀刃上不能乱动，要泯心静气注意力集中，一脚踩定，就不再移动，这也是保障安全的诀窍之一。

　　除了以上三个阶段的描述外，我们在对湖北恩施土家族苗族自治州的土家族爬刀梯的田野考察中发现了一个细节，那就是，土家族的男孩儿，在一出生时，就会有一个"洗礼"的过程："凡土家族人生子，即称其体重，并以相同重量称毛铁一坨置之。

待小孩长至七岁,将毛铁打成佩剑挎于小孩腰间,显其英武。同时,在小孩还身在襁褓之中,即削生竹片于火上烘烤至出油时,烙小孩足底,令其腐烂结茧,直待小孩成人也不穿鞋,无畏尖削硬物而行走如飞。"① 由此可见,这种神秘功法的背后,并非外人想象的那种玄奥和迹无可循,而是外人对当地各民族的文化风俗了解不多从而产生的认知偏差。在许多民族地区,这种神秘仪式中的功法已经发生了本质的变化,大多都将仪式的内容过分展演化了,而过度宣扬其神秘性,只不过是出于当事人为了增加其惊险刺激以招揽更多的人来观赏罢了。

仪式是庄严而神圣的,而神圣的原因,是由当地人如何看待这个世界的宇宙观来决定的。居住在我国南方的少数民族,大多属于对自然、神灵和祖先的崇拜,每个民族都有自己崇敬的图腾和圣物,让不同的神灵附着在自己身上,或让自己的灵魂脱离肉体的束缚而神游天外,是神灵赋予他们的特殊能力。由此看来,我们仍然没有能够解释清楚和揭开这种仪式中的特殊功法的神秘面纱,而要一窥全貌,则必须真正成为这种仪式中被度的受戒者才行,但我们心里也清楚一个宗旨,就是一旦真正成为其中一员,你自然不会向外人透露出其中的奥秘。在这些人看来,他们也无法科学解释为何会产生这样超自然的功力,只能理解为是对神灵的敬畏以及多年的读经而使得神灵对这些"神人"的眷顾,他们的绝技绝非与杂技和气功有关,只能是来自于宗教的神秘性。

二、民间丧葬祭祀中的武术展演形式——跳武丧

丧葬文化通常是我国少数民族文化的重要构成部分,人们习

---

① 根据湖北恩施土家族苗族自治州土司城博物馆资料整理。

惯于在举行丧葬仪式时，以各种文体表演来祭奠逝去的先人，常见到的多为富含浓郁宗教特色的民俗舞蹈。西南少数民族的丧葬舞蹈是丧葬礼仪的重要内容，各民族多已形成一整套程式化的丧葬表演形式，并因地区和民族的差别又各具特色。跳丧舞是流传于湘鄂西一带土家族特有的舞蹈形式，跳丧，也就是跳撒叶儿嗬。"撒叶儿嗬"是当地土家人对其的称谓，也有的写成"散忧祸"、"三友合"，认为是土家人死后，朋友们合在一起，为孝家驱散忧愁和灾祸的民间丧葬形式。

在西南一些少数民族聚集地区的武术遗留形式中，"跳武丧"可谓是独具特色的武术表现形式之一，颇具民族特点和文化底蕴。《中国民族报》的一篇报道说，在一次"申遗"普查中，湖北恩施州建始县官店镇首次发现"跳武丧"这一丧葬习俗。所谓的"跳武丧"是这一地区区别于普通丧葬仪式而言的。"跳武丧"是在普通丧葬仪式中穿插的二人格斗表演，二人"嘿嘿"有声，威风凛凛，将各种武术动作融于仪式之中，有"猛虎下山"、"凤凰展翅"、"飞蛾扒壁"、"犀牛望月"等十几种之多。目前，在跳丧舞和整理的武术文献中尚没有这样的记载和说法。[①] 其实这种说法有待商榷，"跳武丧"这种武术表现形式，在一些文章中是有过描述的。在赵晓江的《从彝族神话传说及丧葬仪式看套路武术的雏形》一文中就曾详细描述过此种类型的少数民族武术表现形式。文章中介绍了云南文山壮族苗族自治州麻栗坡县一个彝族白倮支系的武丧表演活动。文中说白倮人的武术活动属于丧葬武术，只在丧葬时进行表演。这种丧葬活动所用的器具主要有铜鼓、面具、服饰、狮饰、刀、叉、棍、流星锤等。

[①] 庄辉锦：《湖北恩施首次发现"武丧"》，载《中国民族报》，2007年3月16日，第3版。

当有丧葬出殡时，在铜鼓伴奏下，丧葬活动也随之开始。这种形式一般有严格的出场顺序，首先是大刀表演，然后是流星锤、三股叉、棍术和舞狮依次表演。人们踩着铜鼓的节奏边走边舞，其中大刀、流星锤、三股叉和棍术动作古朴雄健，刚柔相济，节奏感很强，但所舞动的动作却显得很随意，给人的感觉既有一定的法度，又无固定的内容和定式。器械套路的动作不多，只是几个动作的简单重复，上肢动作较多，下肢动作较少，踢腿一般不超过腰部，整套动作幅度不大，没有翻腾跳跃和大起大落的节奏变化，但一招一式却反映出山地民族特有的警敏快捷之风。[①]

从上文描述来看，彝族的这种"丧葬武术"形式中的动作多手法而少跳跃，这与地势环境相制约有一定的关联，而此种形式的武术颇具我国南拳流派的特点。但是，彝族的丧葬武术与土家族的"跳武丧"不同，我们也不能简单就认为这种"跳武丧"就是武术，因为在实地考察中，我们看到的"文跳丧"中的一些动作，同样具有这种特点，例如从当地人对动作的称谓和跳的姿态来看，它们之间是极为相似的。恩施长阳地区土家族的跳丧舞通常都有固定的套路，其形式主要表现在跳丧的动作和套路上，舞蹈特点表现为大量模仿动物的动作。如模仿飞禽、走兽、灵物等，由此也形成了包括有各种套路在内的名称，如虎抱头、猛虎下山、凤凰展翅、燕儿衔泥、犀牛望月、滚龙翻身、双狮抢球、猴儿扒岩、蛤蟆晒肚、饿马悬蹄、鹞子翻身、牛擦痒、狗连裆等。需要说明的是，这些名称有的是套路或舞段的名称，如燕儿衔泥、猛虎下山、牛擦痒；有的则是套路或舞段中的一个动作，即在一个套路中可多个模仿动物或人物的动作。在长阳地区

---

① 赵晓江：《从彝族神话传说及丧葬仪式看套路武术的雏形》，载《云南民族学院学报》，1994年第4期。

的《幺姑姐儿》中，可分别表演虎抱头、犀牛望月、猴儿扒岩、蛤蟆晒肚以及古树盘根、老汉推车等多个动作。我们发现，在"跳武丧"和"文跳丧"对套路动作的称谓上，许多都是通用的。应该说在土家族民俗生活中，类似这种形式的跳丧表演一直存在，而这种"跳武丧"的形式却极为少见。但不管怎么说，这种"跳武丧"还是蕴涵了许多舞蹈元素在里头，其中许多动作都是模拟动物形态和劳动生产，动作对称、均衡、严谨。关于对二者的区分，实际上很难能够做到划分一个明确的边界，这也是一个文体不分家的具体表现，如果硬要做出区分的话，那只能是从其外在表现形式来界定了，"文跳丧"姿态多变，活泼优美，"跳武丧"动作则刚健有力，虎虎生威，这应该是区分"文跳丧"和"跳武丧"的最好的方法了吧？

三、世俗社会中具有鲜明民族特色的武术表现形式

前文所提及的"爬刀山"和"跳武丧"具有浓厚的宗教祭祀的特点，从严格的意义上说不是以武术的套路形式出现的。不论武术受何种文化的影响，但它终归是一种技击术，这个框架也使得许多少数民族武术在具有独特的文化表征之外，还要遵循传统武术的指导思想来对其进行规范和约束。对于武术人而言，"不同的套路动作与不同的拳种流派技术，往往是区分武术人师承关系的重要手段和形式之一，所以，对于中国武术中的套路认同、拳种认同，也就自然而然成为中国武术认同中十分重要的表现形式"。[①] 而我们在广西和云南等地看到的壮族武术中的"山歌拳"和傣族武术的"孔雀拳"则具有鲜明的民族特色和族群

---

① 王岗：《中国武术发展需要"大武术"认同观》，载《武术科学》，2008年第8期，刊首语。

认同的功能。

(一) 广西壮族的"山歌拳"

我们在广西壮族自治区南丹县芒场镇黑泥屯有幸观摩了当地群众演示的"山歌拳"。广西壮族的"山歌拳"具有浓厚的壮族特色,所谓的特色并非是它与传统武术在表现形式上的区别,而是当地的群众在演练武术时,都要边打边唱,其所唱的内容则是武术的演练招法。

广西壮族的"山歌拳"从演练内容上与传统武术没有本质的区别,套路形式分为拳、刀、棍等,在当地拳师赠给我们的拳谱中,记录的都是一般意义上的招法动作的名称,并没有特殊的功法含义在里头。例如拳谱记录的"山歌演唱套路拳术"里写有:"单边下势回原位,站成斜步左脚飞。右马上前击双掌,退成平马夹双锤。左手反抓右手击,右脚飞起反挂劈。滚锤送去急换腿,右脚又起右锤劈。连环掌,右手雪花向上提。回头要脱对方手,上前右手羊角击。左羊角,左脚后退左手敲。漏锤向前催右步,转身脱手往后瞧。拍一掌,双挂双滚往前压。右手起炮左手刀,顺手牵羊往下压。单边下势起捞筝,雪花往后急转身。右马上前双手擒,右脚飞起左锤平。右脚腿,反起雪花往后推。顺起雪花丁字马,最后收马是这回。"① 从记录的内容来看,实际就是人们在演练武术的一些招式的串联,怎么进、怎么退,都要按照拳谱的顺序进行,除了拳术套路外,还有棍术套路和刀术套路,其形式和内容大致一样。演练时,边打边唱,招式和歌声节奏相同,合辙押韵。我们通过与当地老拳师的访谈,问及他们这种形式的山歌拳,是注重武术的演练,还是注重山歌的韵律时,他们说主要是注重山歌的韵律节奏是否跟套路合拍,而这些套路

---

① 拳谱为当地壮族老拳师何孟卓所赠,后文中的刀术和棍术均来自于此。

由于他们经常打，已经不用再去考虑拳势的功法和造型，因为这些套路已经深深印入他们的脑海中，并转化为一种身体记忆。由此可知，他们打拳除了锻炼身体外，还把唱歌作为一种抒发内心情致的宣泄。

为了便于人们对这种"山歌拳"的进一步了解，我们再将一些刀术和棍术的套路一并附上。山歌刀术套路："左一刀来右一刀，起个雪花往下劈。刀尖迅速往前刺，蛟龙翻身找夜珠。大刀朝着左边砍，刀把赶忙往下拦。右马退后刀劈下，上马刀刺敌胸膛。乌龙绞柱往回走，快步向前刺一招。变步大刀转左砍，扫把雪花前后防。快速来个回马刀，右马变步刀横槽。起个雪花往下扫，下势斜步稳住刀。左脚起，接着又把刀来劈。向前一刺又一挡，转身顶住来侵敌。催步向前刀上翘，转身往后砍一刀。右马向前刀一刺，收马敬礼要收刀。"山歌棍术套路："棍起雪花快下势，回头斜步把棍立。左脚狠狠超前斜，右脚旋风把棍劈。左一叼来右一格，棍头一盖往前夺。快步向前夺一棍，古树盘根往外拨。仙女纺花往前抛，上前就把棍来撬。退后三步棍落地，上前快步刺一招。转身往右劈一棍，赶快要把棍来拦。变马往右劈一棒，棍头立刻拦下方。上打对方太阳穴，下打对方脚后跟。反打一个当门棍，棍尾顺势往下沉。转身把敌打一棒，单边下势刺一枪。起成斜步左脚抖，棍头迅速劈下方。左一格，起个雪花变个身。棍头顺势往下打，扫地棍子劈坏人。左一挡来又一防，向前盖棍刺一枪。反身往后劈一棍，剑棍收式望前方。"从拳谱记录来看，大多是关于动作的解释，属于一种白描的形式来解释动作应该怎么练，怎么打，而且又很像歌谱，很是合辙押韵。

广西人爱唱山歌天下闻名，歌仙刘三姐的故事千古流传。在壮乡，不分男女，通常从四五岁就开始学唱山歌，未曾说话先唱歌。在当地，通常都是父传子、母传女，从而形成了幼年学歌、青年唱歌、老年教歌的传、帮、带的一种文化习俗。在壮族乡村，无论下地种田、上山砍柴、婚丧嫁娶以及逢年过节或青年男女间的社交恋爱等，人们都是用山歌来传情达意。有些地方，甚至连家庭成员之间的对话、吵架和邻里之间的纠纷也要以歌代言。我们在与当地群众一起吃饭时，他们每当开始给客人敬酒时都要用歌声来表达他们的热诚与敬意，而我们也在不知不觉中，随着他们歌声的韵律而表示对他们的感谢。在周刚主编的《风情柳州导览》一书中写道："壮乡人，爱唱歌，山歌小调千万箩。春天唱起花不败，夏天唱起凉风多。秋天唱起叶不落，冬天唱起解冰河。四季歌儿不离口，阿哥阿妹乐心窝。"[1] 从这首山歌的歌词中，不难看出壮家儿女对山歌的钟情和眷恋。人人能歌，个个会唱，唱山歌几乎成为壮族人民日常生活中不可或缺的内容了。所以，在壮乡，每年都有大型的歌会，当地人称为"歌圩"。因此，"广阔的壮乡素有'歌海'的美誉，被诗人称为'铺满琴键的土地'"[2]。

但是这种"歌配武"形式的"山歌拳"，多少脱离了传统武术的约束和规范。由于歌声曲调悠扬，节奏舒缓，而且有的尾音较长，致使整个拳套的节奏较慢，劲力也不突出。拳套的每个动作都要随着歌声来进行，故而发力动作较少。从这个角度看，武术中讲究气力结合的技击特点体现得不明显。而由于唱歌会影响和分散到吐气发力、屏气凝神的作用，所以武术的功法在山歌拳中没有被体现出来，只能是当做一种锻炼身体的方式而已。在与当地拳师的交谈中获知，他们认为唱歌是最快乐的，而从他们的招式拳架看，武术的功底并不深厚。所以，我们在当地看到的这

---

[1] 周刚主编：《风情柳州导览》，广西民族出版社，2006年，第101页。
[2] 同上。

种蕴涵浓郁民族特色的武术演练形式,应该说是与当地的文化背景有着直接的关系。唱山歌已经成为广西壮族人民的日常生活方式,并深深植根在他们的内心深处,除了日常对话和交流外,壮家武术也成为山歌的一种载体而呈现在他们的生活当中。他们将山歌与武术融而为一,使得这种独特的"山歌拳"更具有壮族文化表征的功能和作用了。

(二)云南傣族的"孔雀拳"

"孔雀拳"是生活在云南一带的傣族群众经常习练的一种拳术,具有典型的傣族文化特色。我们在云南普洱孟连傣族拉祜族佤族自治县的猛马镇有幸观摩和采访了几个傣族拳师,其中最大年纪的有92岁高龄,其余的均为中年武师。傣族武术除了具有典型特色的"孔雀拳"外,还有剑术、刀术、枪术、棍术等套路,与传统武术的演练形式相同。但是,傣族武术与传统武术的最大区别就是他们在演练武术套路时,都要有铓锣、象脚鼓和小镲等傣族乐器进行伴奏。如果说壮族的山歌拳是在歌武相融的韵律中体现壮家儿女风情的话,傣族武术则是将武术与音乐相融在一起的具有傣族文化特征的一种武术表现形式。

傣族的"孔雀拳",从其名称上可以看出,其动作招式是从孔雀的各种姿态取材而成的一个武术套路,整个套路与孔雀舞相类似,它同样是模拟孔雀出巢、展翅高飞、觅踪捕食、寻泉戏水、浴身抖翅、蹦跳嬉戏、开屏比美等一系列动作,生动逼真,惟妙惟肖。其动作柔中有刚,出拳时身体柔韧起伏,手法脚步飘灵轻盈,双臂的缠绵起伏带动全身关节的和谐运转,是武舞结合的完美典范。但是,当地人通常在练孔雀拳时不说"打",而是说"跳"。一个92岁的老拳师亲自给我们演示了一遍孔雀拳,这个"跳"主要体现在两个方面。一是模仿孔雀的走路,孔雀每走一步都要将脚抬起,步法连贯上通常是靠小跳完成的;二是在练孔雀拳时，都要用铓锣、象脚鼓和小镲来伴奏，象脚鼓的鼓点是节奏的核心，每敲一下，更换一个姿势，同时，还要将双臂展开，两手掌要按照节奏不停的翻转抖腕，类似孔雀开屏的动作姿态。这种在音乐的伴奏下"跳"出来的孔雀拳往往给人一种赏心悦目的感觉。但孔雀拳与孔雀舞实际上是存有很大的区别的，舞蹈强调的是艺术造型，是表演艺术，是人类满足物质生活后的艺术升华，而不是用于攻防实战的武功技能。而孔雀拳则是"技"和"艺"的融合体。但是，我们还看到一种另类的孔雀拳的练法，当地的一个中年拳师所练的孔雀拳则与人们通常认为的那种类似孔雀舞的拳法大相径庭。在当地，我们看到练孔雀拳的都是男人，而且拳打得是威猛无比，劲力十足，虽然个别动作略显一点女性娇柔妩媚的痕迹，但整体来看，与孔雀舞还是有本质上的差异。看来道听途说、以讹传讹的主观臆想往往会误导人们看待孔雀拳的态度。真实的孔雀拳在个别动作上除了模仿孔雀的展翅抖翎、嬉泉弄水等一些典型动作外，其发力技巧和武术的技击性关联紧密。孔雀拳讲究步法协调合理、根基扎实，而且手法变幻多端。据当地的武师讲，孔雀拳的步法不能直上直下，应该像踩着梅花桩一样，每上一步都是有章可循的。从这一点来看，孔雀拳与传统武术中讲究的"手舞八卦、脚踩五行"的说法是一致的。应该说，当地人打的这种孔雀拳，由于大多动作都是取材于孔雀的肢体造型，并将这种造型融入武术的技法之中，有点类似传统武术中的象形拳的特点了。

除了傣族的孔雀拳外，我们在猛马镇还看到了多种形式的傣族武术的表演，其中傣族双刀和傣家棍术便具有典型的武术攻防的特点。傣族的刀与传统武术刀的形制不同，傣族人佩带的刀，一般是刀身细瘦、平头，长约二尺，而且没有护手。除了作为防身武器外，主要是当做进山砍柴的工具，他们拔刀的技巧也与通常的拔刀有所区别,这是因为刀鞘的制作形式和材质的差异形成的。傣家人的刀鞘都是用两片木头黏合制成的,中间留有缝隙,如果左手抓握刀鞘的话,一旦拔刀就可能划伤自己的手掌。所以,他们拔刀时,通常是用左手的拇指与其余四指捏住刀鞘,然后再抽出刀身。平常他们都是将刀斜背在身后,而不是跨在腰上,这主要是因为在山林中树木林立,人的转换余地较小,斜背在身后的目的是在当遇到野兽侵袭时可以随时拔出刀来,而不被树木所羁绊。傣族的双刀套路都有一定之规,通常在练双刀前,先要徒手打上一套拳,然后再拿起双刀进行演练。虽然刀法中有传统武术中的"缠头裹脑"等动作,但并不多,多数是以劈砍为主要刀法的动作组成,这种刀术正是他们日常生活方式的一种体现。傣族棍术也是傣族武术中的一个主要内容,其棍法多由提撩动作组成,由下向侧前方斜斜撩起,除了可以挡开对方器械的攻击之外,主要目的是为了攻击对方的头、颈、胸、肋、裆和腿部。演练起来,刚猛迅捷,步法变化莫测,上步与撩棍配合协调,攻防严谨,力点清晰,招法朴实无华,没有半点花哨动作。傣族棍术套路结构和布局合理,多方向变化,同时伴随短小刚劲的发力,时常结合吐气发声来助声势。从这点看,与传统武术的攻防技击性十分相符。

傣族武术集实用与表演于一体,除了人们自己日常习练之外,还经常在傣族传统节日"赕佛节"、"泼水节"以及过年等各种场合中进行傣族的武术表演。从我们在猛马镇看到的傣族武术的演练形式,有两个特点十分突出。第一,傣族武术在演练时,任何套路都要有铓锣、象脚鼓和小镲进行伴奏,其中鼓点就是套路的节奏,每个动作都要与鼓点相合,既不能快,也不能慢,而且这种节奏没有过多的变化,从头至尾鼓点节拍一致。但套路中有些起伏转折和发力的动作时,铓锣和小镲会根据这个变化而出现音量高低的变换。第二，就是傣族人在打完拳或是练完器械后，通常都要有一个习惯动作，就是双手合十，行一个佛家礼拜的手势，这是因为傣族全民信奉小乘佛教的原因，以表达人们内心对佛的敬意和对人的诚挚之心。

第二节　西南少数民族武术独特文化现象成因的研究

我们知道，任何一种事物的生存与发展都需要一个适合其生长的背景环境和文化土壤，少数民族武术同样也是需要和依赖这种载体和文化平台。在北方地区居住的少数民族，由于地域环境和宗教信仰的相似，造就了北方少数民族武术的表现形式、演练方法、动作特点的趋于相同。而南方少数民族武术的遗留形式却与北方大相径庭，这种巨大的差别，是与其独特的文化环境和民族习俗分不开的。在西南地区居住的一些少数民族十分喜好"巫傩"之戏，这种"巫傩"之戏不仅具有浓厚的宗教祭祀色彩，同时人们在这种活动中还把许多武术的一些内容和功法也融入其中。例如，在云南、贵州等地少数民族中间十分流行的"东巴跳"、"上刀山、下火海"以及在湘鄂西等地的"跳武丧"、"矛谷斯"等与武术相关的内容就一直传承不息，这些形式处处体现了武术的痕迹。从这个角度来看，很能说明西南地区的少数民族武术在新的历史时期，武术的功能和生存的载体在进行着潜移默化的转变。西南少数民族多崇尚自然和图腾神灵的崇拜，对宗教祭祀十分看重，而且把许多武术内容也都融入其中，并通过这个载体将其传承下来。

可以说西南少数民族的宗教祭祀与"巫、舞、傩"已经成为了西南少数民族武术表现形式的新载体,主要突出的是本民族的文化习俗和对神灵的敬畏之心,而武术其本身所附带的技击格斗的功用反而退为次要地位了。巫傩之戏具有很强的宗教色彩,形式多样,许多内容都能体现武术的特色。它最早是古代军队在誓师演武的祭祀仪式中表演的戴面具的群队傩舞,在战争中既有实战意义,又有训练军士和军营娱乐的作用,许多少数民族都具有自己独特的傩舞表演。例如土家族的"矛谷斯"和纳西族的"东巴跳"就蕴涵着浓厚的宗教祭祀韵味。流行于湘鄂西的"矛谷斯"是土家族人民纪念先祖而举行的盛大祭祀活动,其内容均以祭祀、狩猎、自卫抗敌、模拟农事动作为主。"表演时,除了身体动作外,还运用棍、叉、梭镖表演各种防身围猎的技艺,似舞似艺,对舞蹈家来讲是带有原始粗犷美的民族艺术,而对武术家来讲,就是拳术器械套路表演,只是动作略嫌笨拙粗野而已。"[①] 由此可见,土家族武术的"武、舞、巫"相融的特点,是人们在舞中用"武"的动作来体现人们对神灵的敬仰。少数民族的武术和"武舞"相融的"傩戏"等类,自古就是民俗文化中的双璧。从起源上看它们都源于原始人类的生产劳动,二者难分彼此,这也造就了西南少数民族武术区别于传统武术的独特外在表现形式。

一、宗教祭祀场所成为西南少数民族武术遗存形态的文化空间

宗教祭祀场所是产生非物质文化遗产的主要空间。"少数民族的宗教信仰非常丰富,应该说 56 个民族组成的中国社会的宗

---

① 吴湘军等:《湘西巫傩文化与湘鄂渝黔桂边土家族武术》,载《吉首大学学报》,2002 年第 2 期。

教信仰的核心是民间宗教,其实就是与自然威力有关的任何一整套制度、信念和习俗,这种自然威力是人们对力量、神、鬼、精灵的敬畏之心。"[1] 在我国少数民族地区,民间信仰的文化空间十分广阔,村村寨寨都有多神崇拜的祭台,而这种多神崇拜的宗教祭祀场所与民间生活的水乳交融,同样也为少数民族武术提供了良好的生存土壤和展示的空间。

众所周知,古时的武术主要是服务于军队战争之需的,在西南少数民族的发展史上,土司的军事制度无疑是西南少数民族武术发展的高峰时期,同时也由此产生了适于实战格斗的武术阵法和独特的演练形式。但是随着清初"改土归流"政策的实施以及土司军事制度的瓦解使得这些服务于军队战事之需的军旅武术也随之逐渐消亡,现在我们已很难看到当时武术的真实面貌了。不过军旅武术必然带动民间武术体系的完善和发展,只不过这时候少数民族武术的传承和依赖的载体发生了变化。如果说原始狩猎和军事战争体现的是少数民族武术的共性的话,那么宗教信仰和风俗习惯则对少数民族武术的个体差异影响较大。

前文中所描述的与武术表现形式有关的"巫傩"、"跳武丧"、"东巴跳"和"爬刀山、下火海"等内容,实际上已不完全属于少数民族武术的范畴和领域,而是融合了许多与之相关的宗教信仰、民族情性、风俗习惯和地域生态等多元特点于一身的一个文化综合体。英国人类学家爱德华·伯纳特·泰勒在其《原始文化》一书中对文化的概念作出了精辟的注释:"文化就其广泛的民族学意义来说,是作为社会成员的人所习得的包括知识、信仰、艺术、道德、法律、习俗以及任何其他能力和习惯的复合

---

[1] 邢莉:《口头非物质文化遗产的物质层面——兼谈口头和非物质文化遗产的保护》,载《中央民族大学学报》,2006年第6期。

体。"① 作为研究一个固定的表层文化现象,一定要深入阐析其文化本质,而民间宗教祭祀场所恰恰提供了这样一个展示少数民族武术表现形式的文化空间。

二、相似的经济类型和文化圈造就了西南少数民族武术表现的一致性

我国西南地区的地理环境局部差异很大,而这种生态环境,也就自然形成了一个个不同的多民族混居的文化圈。所谓"文化圈"的概念,最早是由德国人类学家莱奥·费罗贝纽斯第一个提出来的。其理论是:"每一个文化圈都具有一系列的物质文化的特征。文化是从自然条件中诞生的,在地理相同的条件下会产生相同的文化,其文化要素或文化特质包括物质文化和精神文化两个方面"。②

我们知道,刀耕火种曾是西南山地少数民族的一种原始生计方式,人们对火具有与生俱来的崇敬之情,例如火把节就是我国西南彝族、白族、纳西族、哈尼族、傈僳族等民族的传统节日。在历史发展中,火把节一次次超越了地域和民族的界限,使得火把节逐渐由一个小范围内的节日发展成为一个跨民族的大范围内的节日,从而演变成在一定地域内具有相同文化特征的"文化圈"。前文中的"爬刀山、下火海"就是在过火把节时经常进行的一种类似武功表演的形式,在进行"爬刀山"的头一天,通常都要进行隆重的"下火海"表演。而在同一文化圈的影响下,这种形式一并在彝族、傈僳族、苗族、瑶族、纳西族、侗族等民族中广为流传。由于生态环境、宗教信仰、风俗习惯的多元文化

---

① 林耀华主编:《民族学通论》,中央民族大学出版社,1997年,第382页。
② 夏建中:《文化人类学理论学派——文化研究的历史》,中国人民大学出版社,1997年,第56-57页。

影响了一个民族的生计方式,同时又因为局部生态环境的相似性也使许多少数民族的生活方式趋于相同。西南许多山地民族多喜用刀,这是该地区刀耕火种生计方式的集中体现。其中名贯西南的就有景颇刀术和阿昌刀术,不但制作钢刀的技艺精良,还由此衍生出多种刀法套路来,既有蕴涵宗教色彩适于表演的形式,又有适于实战格斗的表现形式。在景颇刀术中就有"文蚌"和"彪赞"两种类型。其中"文蚌"是花样刀术,用于健身和表演;"彪赞"则体现出利于实战格斗的技击特点。[1] 除此以外,在彝族居住的地区也有在节庆时举办"大刀会"的习俗,在刀术表演时,每人手持一把大刀,持刀人还要将脸部画成各色各样的图案。画黑脸者称为"乌蛮兵",画白脸者称为"白蛮兵"。每次冲杀时,武士们围成若干圆圈,反复对打狂跳,一招一式,一扑一跃,都折射出一个民族强悍尚勇、恃强逞武、威猛无比的民族情性。另外,哈尼族、苗族、傈僳族、纳西族等民族都有自己独特的刀术招法。像纳西族在逢年节、祭祀和丧葬时进行的"东巴跳"就多为刀术演练,在深沉有力的鼓点声中,舞刀由缓而快,威严肃穆、气势雄浑。可以说西南少数民族武术的外在表现形式真实反映出了当地民族生计方式和宗教祭祀文化的共同特点。

三、民族共同的心理素质差异成为少数民族武术传承的文化纽带

民族共同心理素质(民族性格)是指各民族在形成及发展过程中凝结起来的表现在民族文化特点上的心理状态,是不能离

---

[1] 史继忠:《中国南方的民族体育(下)》,载《贵州民族研究》,1992年第10期。

开民族文化而单独存在的。斯大林在其著名的《马克思主义和民族问题》一书中，完整、系统地对民族下了定义："民族是人们在历史上形成的一个有共同语言、共同地域、共同经济生活以及表现在共同文化上的共同心理素质的稳定的共同体。"① 这种理论定义，在一定程度上阐释了有关文化及民族性格差异多年来的理论困扰。在历史上，人们对宗教的皈依，大都是集团性或是部落群体性的，而宗教感情往往会转化为共同的民族感情，宗教规定和民族习俗交融在一起，从而形成民族内在的强大凝聚力。

研究西南地区少数民族武术的留存状态和表现形式，一定要注重对两个民族的研究，那就是彝族和傣族的武术。之所以选中这两个民族的武术流派进行比较，是因为其有着截然不同的文化特征和表现形式，一个崇尚火文化，一个崇尚水文化，而由此衍生下来的武术就体现出了浓郁的火的暴烈和水的柔韧的风格。彝族属于山地耕猎经济文化类型，其所使用的语言是汉藏语系藏缅语族彝语支，同时与其相类似的还有白族、纳西族、哈尼族、拉祜族、基诺族、傈僳族等。傣族属于丘陵稻作经济文化类型，其所用语言是汉藏语系壮侗语族壮傣语支，与其相类似的民族有其周边的景颇族、佤族、德昂族、水族、侗族、布依族等。② 同时，在这种闭塞的地理环境和相对独立的文化圈影响下，也就锻造和培养出了各民族的共同的心理素质的差异性来。在这种人文和自然环境的影响和制约下，一些少数民族武术的文化内质也在悄无声息的发生着演变。

（一）崇火、尚勇的民风锻造了彝族武术威猛刚强的表现风格

彝族是一个崇火尚勇的民族，由于其先民世居海拔较高的山

---

① 林耀华主编：《民族学通论》，中央民族大学出版社，1997年，第68页。
② 田晓岫主编：《中华民族》，华夏出版社，1991年。

林地带，气候较为阴湿寒冷，同时原始刀耕火种的生计方式，形成了本地域各民族对火崇敬的文化习俗，再加上地域环境的恶劣，养成了这些民族粗犷、强悍、勇武、善战的坚毅民族性格和共同心理特征。所以本地域的民族所从事的除去武术外，大多是赛马、斗牛、射弩和摔跤等一些民风剽悍的体育民俗活动。

彝族尚武的风俗由来已久，据《中华全国风俗志》记载："彝俗尚武，咸攻击刺之术。虽妇女亦解谈兵，闻有征调，踊跃向前，临阵奋不顾身。男子喜配刀，俗称左插子……腰间配刀，长尺余……且多臂力，能手损强弓，弓小如箕……又善用火枪，枪利亦与中华无异。"[1] 另据元代李京《云南志略》载："……男子椎髻，摘取须髯，或髻其发，左右佩刀，喜斗好杀……多养义士，遇战斗，视死如归。"《云南志略》又载："罗罗……藏匿山林，惟事剽掠……言不合，拔刀仇杀。"除了佩刀之外，强弩、梭镖、火药枪、火雷等也是彝族的"常备武器"。据《易门县志》载："爨蛮……常带尖刀于左右，又有劲弩镖枪，置毒矢末，沾血立死。"时至新中国成立前夕，彝族山寨中仍流行着"打冤家"这一部落械斗的原始习俗。土司、头人乃至亲家之间，一旦发生纠葛，动辄武力相见。[2] 在当时每次出战之前，都要请毕摩主持祭祀活动并歃血盟誓，借神赐力量来实现征服的欲望。战后要用俘虏的血祭奠先祖和神灵，这种隆重的谢神活动，有一个重要的内容就是再现战斗中的激烈场面，其中不乏拼杀、格斗、角力等武术表演形式。

（二）敬佛、爱水的民俗奠定了傣族武术刚柔兼济的表现特点

傣族是一个敬佛爱水的民族，泼水节就是傣族及周边各民族

---

[1] 转引徐玉良：《中国少数民族体育史》，民族出版社，2005年。

[2] 李延超、饶远：《彝族传统体育活动为何这么"火"——云南彝族体育的文化地理学分析》，载《体育文化导刊》，2006年第2期。

的传统节日。"傍水而居"使得傣族人民与水结下了不解之缘,沐浴离不开水,赕佛离不开水,新年要泼水祝福。可以说,傣族经济文化尤其是生活习俗与水是密不可分的。另外,傣族信奉小乘佛教,以前每个傣族男子都要出家,时间可长可短,是其必修的功课。小乘佛教的基本宗旨和教义就是教导门下弟子要独善其身、超脱世外,远离世俗尘嚣,澹泊而致远。这与大乘佛教的普度众生、积极入世的宗旨大相径庭。清朝雍正《云南通志》卷二十四载:"傣族性本训朴,田地皆种禾稻,人亦渐习经书,土俗民风日改月化。士简民恬,风和俗厚,男女悉知辛勤,士类敦礼教。"[①] 这是对傣族人民情性温和、品性敦厚的记载与描述。所以傣族人民所从事的大都是一些跳芦笙、象脚鼓、堆沙和放水灯等避免身体接触和对抗的体育风俗活动。而傣族武术拳种中也吸纳了诸如孔雀和一些小动物等不以力量取胜的动作为武术素材。孔雀拳是傣族武术的一个主要拳种,它的外在拳势表征都是模拟孔雀的出行特点,同时结合武术的技法而形成的一种"象形拳"术。其拳法刚柔相济,手型脚步轻灵飘逸,在象脚鼓和铓锣的敲击伴奏下,身形体态缠绵起伏,并带动全身关节的和谐运转,是武舞结合的完美典范。

傣族武术历史悠久并多为先人所传,一招一式极富韵律感,不似其他武术流派那样刚猛,往往带有一种刚柔相济的独特韵味。另外,傣族武术中还有一种被称为"眯整"的适于女子习练的拳术。傣族很多武术动作都被冠以"眯"字,如"眯锡烂"、"眯界朵"等,"眯"单指女性,母之意。同时人们通常将女子比喻为水,所以傣族许多拳术的演练形式多有阴柔婉

---

① 李延超、饶远:《水与火洗礼中的民族传统体育——傣族体育与彝族体育的比较研究》,载《体育科学》,2006年第11期。

转之艺韵。傣族武术的表演性很强,在实地考察中,西双版纳的一些地区,凡遇节日便有武术表演,有单人演练,也有二人对打。单练套路可长可短,既有过门和亮相,也有定势和收势,拳法轻柔靓丽,婉转明快。二人对练似有一定套路规范,肢体接触较少,即使接触也是一沾即离、一触即分,多击打而少擒拿和贴身搏击。攻防动作快慢相间,刚柔兼济,起伏较大,上肢动作繁杂,变幻莫测,下肢多蹲起,即使攻击对方下肢也多采用手法攻击。每当傣族青年进行武术表演时,总会引来众多的观看者,其中有不少傣族姑娘在一旁喝彩,这往往是傣族小伙子充分展示自己武技的极好机会。这种特殊的体育行为,是建立在傣族人清丽、柔婉、浓情蜜意的民族性格和美学情趣基础之上的。

在现实社会中,作为人们文化娱乐和健身的一种方式,各民族的传统武术是需要他们按照自己的文化传统和习惯来加以选择的。另外,由于少数民族武术赖以生存的空间和传承载体的变异和弱化,使得西南地区有着众多形式的少数民族武术生存的最后一方圣土也将失去它所依赖的载体,许多拳种与流派也处在消亡的边缘。在一期《中国体育报》中报道说"云南傣族的武术套路,原先有 300 多种,现在已经逐渐失传,现存的不足 100 种;傈僳族刀杆节中掌握爬刀杆独门技巧的师傅现在就只剩下屈指可数的那么几位"[①]。可以说生存载体一旦消失,预示着一个民族的传统文化生存的困境。我们应当鼓励和充分发掘少数民族武术的各种留存形式,让武术衍变的形式多种多样,使得武术尽量与本民族的传统文化融合在一起,并通过这

---

① 许珂:《民族体育要不要商业化?——关于民族体育的思考》,载《中国体育报》,2007 年 6 月 19 日。

种独特的形式来展现其文化内涵，才可能使少数民族武术一直传承不息。我们现在还能够以民族的族称来命名武术流派，如回族武术、傣族武术、彝族武术、土家族武术等，但愿在以后也能看到各民族武术流派的多种形式表现，这样才能体现民族武术流派的多样性，并从中了解和掌握少数民族武术文化的多元特点，使其得到良性的发展。

第七章　北方少数民族武术遗存现状

　　由于历史原因和地域环境的影响，北方的少数民族武术较重实用而轻套路，多适用于军事战争的需要而生存。同时，因为在宗教信仰上的相似度（北方少数民族大多信奉萨满、伊斯兰教、藏传佛教等），往往是多个民族信奉同一宗教，这样就导致了武术内容和表现形式趋于相同。再有北方少数民族的生活环境往往是在大漠、草原等相对较为辽阔的地域，一望无垠，没有明显的地域阻隔和形态的变化，所以，北方少数民族的武术内容相对于南方少数民族的武术内容往往更容易受到中原武术文化的影响。近年来，在我国兴起的"非物质文化遗产保护"的工程中，许多以武术内容为代表的门派拳种纷纷提出申请。在已获得批准的前两批国家"非遗名录"中，"少林武术"、"武当武术"、"回族重刀武术"、"沧州回族武术"、"山东冠县查拳"、"永年和焦作的杨氏、陈氏太极拳"、"邢台梅花拳"等榜上有名，而与少数民族相关联的只有三个回族武术流派。可以说，回族武术已经成为北方少数民族武术的主要表现形式了。

第一节　北方少数民族武术
独特文化现象成因的研究

　　在历史上，北方少数民族经常与中原地区发生大规模的战争和民族冲突，致使众多北方古代少数民族经常能够牧马中原，与此同时也造成了北方少数民族的许多武术内容加速与中原武术的交流融合。我们再熟悉不过的历史经验告诉人们，文化的交流与族群的融合，时时刻刻都在历史的舞台上反复上演，即使一些少数民族能够短暂地占有江山，但却有可能永久失去自我及其传统文化。

一、相似的地域环境和生活方式对北方少数民族武术留存状态的影响

我国的民间武术最具代表性的表现形式为套路。居住在北方地区的少数民族长期的狩猎和游牧生活，使得居住于此的少数民族继承了他们祖先的尚武天性。骑马射箭是他们最擅长的武功，摔跤等一些对抗项目则是他们抒发情感、磨炼体魄、习练武艺的健身手段。在和汉民族长期不断的交往中，他们掌握和传播了内地武术。自秦汉以降的中国两千多年的历史中，北方多是围绕着游牧民族与农耕社会的互动与冲突展开的。

历史学家曾提出过著名的400毫米等量降雨线。"这条降雨线的北边，降雨量少于400毫米为半干旱地区，不适宜种植农作物，因此成为游牧地区；而在南边，由于降雨量多于400毫米，为半湿润和湿润地区，适宜农业，因此成为农耕社会。这个边界大约是在内蒙古自治区的南部边界上，呈向南弯曲状，这与我国长城的东西走向较为一致。从地图上看，这条曲线基本上是从东北部的呼伦贝尔大草原起始，然后向西南穿过整个内蒙古南部以及宁夏、甘肃北部，再向西南延伸直抵青藏高原边缘为止。由于自然环境导致的游牧地区与农业地区基本生产方式不同，就会以

此为起点,产生不同的经济制度、政治制度、生活方式和文化。"① 而民间武术完成脱离军事实践,向体育化、社会化的过渡,有赖于发达的农业经济和商业经济。"移动性"是草原社会生产方式的基本特点,因为没有一个牧场经得起长时期的放牧,而农耕社会的生产方式的特点则是"定居性"。移动性有两个较为明显的缺陷:一是不能积累财富甚至文明程度也无法积累,蒙古帝国虽然狂飙一时,却没有形成本民族的武术内容;二是不能建立较大规模的生产模式,这样就限制了游牧民族的发展,使他们彻底失去了相对稳定生产方式。更重要的是,战争和狩猎是游牧民族的一种生产方式,在他们看来,战争与打猎是一样的,这些民族一直具有很强大的军事优势,这些人群历史上被称作"戎",这本是武器的名称,但已引申为"武装化的人群"。

北方游牧型生活方式的地理环境和粗犷'、豪放的民族性格创造了北方少数民族以骑射、角力和百戏乐舞为特点的武术文化,形成其民族文化独特的价值观念。每当战斗结束、狩猎归来、喜庆聚会,人人争相高歌狂舞、走马射箭、舞剑弄刀、环抱争跤,竭力显示自己超人的力量和武技。北方少数民族大都是以游牧、狩猎为主,虽然随着时代的迁移,这些民族由草原游牧社会过渡为农耕或半农半牧社会,由天幕移徙改为城郭定居生活。但由于地广人稀,无法形成人口较为集中的城郭聚集地。农业和商业经济虽得到较快发展,但仍无法和内地相比,难以形成繁华的市井文化和产生打拳卖艺、看家护院、拳房镖行之类武行及以武为生的民间职业艺人,缺乏孕育套路武术的母体。

北方少数民族武术的内容和表现形式多服从于军事战争的需要,但我们现在所看到的武术套路这种形式在战场上却并不能起

---

① 盛洪:《长城与科斯定理》,载《南方周末》,2007年7月26日。

到什么关键作用。我们知道，战争和狩猎是需要群体对抗和多人参与的，不是一对一捉对厮打，当然，有武术基础的战士和牧民肯定有利于战斗及狩猎的需要，但套路武术并不是决定战争和狩猎胜败的关键因素，于是北方民族的生活方式决定了该地域的武术表现形式。即北方少数民族的武术内容多是以骑射和摔跤，等单一形式体现出来的，尤其是到了清朝满族入主中原后，还将武举考试的内容规定为举重、骑射和摔跤，作为选拔的主要条件。另外，在许多重大节日时，例如那达慕大会上有关武术方面的内容只是涉及骑射、摔跤和角力这些项目。于是，在北方少数民族中这些项目也就广泛流传，而且还衍变成多种流派，例如原本属于武术范畴的摔跤项目就形成了维吾尔族的切里西、蒙古族的博克、满族的布库等剥离于武术而独立存在的流派，并且满族的摔跤已经融入中国式摔跤体系中，而一些诸如射箭和角力等内容也发展成为现代一些竞技体育项目。北方的少数民族广泛流传的骑射、角力、武舞，不仅具有强烈的民族风格而且还是带有军旅武术和攻防技击的运动形式，虽然没有产生套路武术，但是传入中原的西域百戏乐舞对后世中原民间武术以及舞蹈、杂技、戏剧中武术文化的发展和繁荣还是产生了不可估量的影响。

二、宗教信仰的凝聚作用对北方少数民族武术留存状态的影响

从社会发展的现实来看，民族宗教可以是单一民族的宗教信仰，也可能是超越地域、超越民族的世界性宗教，北方少数民族多信奉萨满、藏传佛教和伊斯兰教，其中伊斯兰教的融合特性就恰恰具备这样的特点。在我国并不是只有回族信仰伊斯兰教，除去回族外，还有维吾尔族、哈萨克族、柯尔克孜族、塔吉克族、塔塔尔族、乌孜别克族、东乡族、撒拉族、保安族等北方9个民

族也是信仰伊斯兰教的。由于共同的宗教信仰，使得这些民族也保持着一些共同的民族习俗和尚武习惯。

回族武术是传统武术的一个重要组成部分，对中华武术的发展做出过巨大贡献。回族人口虽不众多，但由于历史上的一些原因，致使这个民族的人民散居在全国各地，但主要居住在西北的宁夏地区，居住格局是"大散居、小聚集"形式。回族长期与汉族杂居，除宗教外，他们的生活习性、语言、服饰受汉文化很大影响。在和汉族长期共同生活期间也不断充实和发展了民间武术，他们把武术文化和伊斯兰教义有机的统一起来，成为回族民族文化不可缺少的一部分。如他们把弹腿、查拳等都称之为教门拳，在拳式中有"汤瓶式"等具有强烈民族风俗和宗教色彩的痕迹。与此同时，由于回族武术文化影响力的作用，使得许多回族武术内容也传播和流传到北方各地的少数民族中间。近代回族武术名师马凤图先生，把劈挂、翻子、八极等拳种传至西北地区，逐渐发展成为目前流传在西北地区的重要流派。西北的少数民族在掌握、传播中原武术的同时也丰富和发展了中华武术。西北地区的民间武术是汉、回和各少数民族智慧的结晶。近代流传在西北民间武术流派源于中原内地，主要在汉、回民族中传播，当地少数民族中也多有习练，尤以传统武术拳种为主，而这一地区的其他少数民族所习练的武术内容则已被回族武术和传统武术文化所替代并同化，其原有的一些武术内容和演练形式已消失殆尽。

回族是一个外来民族和本土民族在长期发展中逐渐融合而成的。从文献记载来看，早在唐宋时期就有大批阿拉伯、波斯商人陆续来到我国，但大规模迁入则是与蒙元帝国的西征分不开的，民族的迁徙融合和军事战争成为当时多民族武术交汇的先决条件，同时也是回族武术体系在中国形成的雏形时期。13世纪初蒙古崛起以后便开始大规模的西征，在征服战争中，将被俘的青壮年阿拉伯和波斯人签发为兵，编入蒙古军以补充兵源，也就是后来的"回回军"。元朝统一全国后，"回回军"的屯垦主要分为四个地域：西北、云南、豫鲁及江南等地。其中由于山东河南一带是南北对峙的分界线，胡汉混杂，军事冲突较多，故元朝十分重视在此地的戍守。《元史·兵志》载："河洛、山东据天下腹心，则以蒙古、探马赤军列大府以屯之"，又及"南北混一之后以蒙古、探马赤军屯于中原之地。"[1] 故此，后来的回族武术在此地区有着十分广泛的群众基础和影响力。后随战事的结束，回回军的屯垦使部分士兵脱离军籍，慢慢融入当地居民中间，从而形成了局部区域的"大散居、小聚集"的格局。元代河北定州清真寺所立汉文碑记云："回回之人遍天下……今近而京城，远而诸路，其寺万余，俱向西以行拜天之礼。"[2] 与此同时，伊斯兰文化的优秀成果如天文、历算、医药、建筑、武术等，由穆斯林中的知识分子和工匠艺人传播到中国社会。在这些当中的一些从军人员的身份转变，使得许多军事武艺大量流入民间，由于宗教信仰的原因，人们围寺而居，传拳练武，并历久成习，他们所习练的武术内容经后人逐渐地归纳总结，就慢慢形成了现今回族武术流派的雏形。在被列入"非物质文化遗产名录"中的三类回族武术恰恰都处于北方的山东、河北和天津等一些回族聚集地，正是由于这种地缘、亲缘和族缘的关系，才形成了一个回族武术多元文化传承的认同模式。

---

[1] 马广德：《从地理学角度看回族地域特点》，载《回族研究》，1996年第1期，第27页。

[2] 中国伊斯兰百科全书编委会：《中国伊斯兰百科全书》，四川辞书出版社，1994年，第133页。

第二节　非物质文化遗产中的三类回族武术

　　回族武术是我国传统武术的重要组成部分，一向以种类繁多、技术精湛、影响广泛而著称于世，习拳练武已成为该民族的日常惯习行为，也是回族文化的符号象征之一。回族武术在演练形式上具有明显的伊斯兰教文化的特点，许多元素就是从在参拜过程中使用的器具和动作演变而来。不管是内行还是外行，只要是略微熟知伊斯兰文化的都能通过其外在的拳式表征而认同与回族的关系。

一、沧州回族武术

　　"沧州回族武术"应该说是一个武术体系，内容包括多个拳种和流派，其风格特点差异较大。河北沧州具有"武术之乡"的称谓，在当地的回族、汉族以及其他的民族中，不论男女老少都十分喜爱打拳练武。不同的族群身份并不能阻碍沧州各民族对武术的认同，尤其对于回族群众来说，更是一种心理认同方式的体现。在沧州民间，一旦问起那些习武的男女老少的民族成分时，都会得到一个肯定的答复。而在当地，不管是什么民族成分，都对武术有一种认同感，人们谈起武术，都略晓一二，甚至还能打上一套拳术，并以本地被冠以"武术之乡"而自豪。在与外地人的交谈中，沧州本地人总是骄傲地聊起沧州武术的门派、拳种以及关于武术的传说和逸闻趣事。经常会有这样一种有趣的现象，当问及一个习武之人的故乡时，如果这个人是河北人氏，别人总会问你是不是沧州人。因此，武术已作为"沧州人"的一个重要表征因素了。但沧州又是一个回族聚居地，武术除了作为沧州的地缘象征外,同时也是一个回族心理认同的标志。在以沧州为地缘象征的庞大武术体系中,许多拳种和流派是因众多的回族武术名家的原因而名扬天下的。例如河北沧州孟村镇的回族武术大师吴钟,雍正年间被誉为"北方八门拳术之初祖",创出刚劲有力的八极拳。另外,由于一些拳种的功法特点、技击要领、演练形式虽各不相同,但各门派和拳种之间又有内在传承之缘,许多当地的回族武术名家都能兼擅所长多个拳种和流派的功法习练要领,并融会贯通其风格特点而形成一个大的武术体系,诸如其体系下的通背、劈挂、翻子、八极、苗刀、风磨棍、大枪等拳械内容。这些拳派在当地开展得十分广泛,为了便于归类和划分,人们从而将地域和族群融而为一,统称为"沧州回族武术"。

二、天津回族重刀武术

"天津回族重刀武术",其形式主要是以展演为主,通过表演来展示演武者的功力和技巧。从这种形式来看,回族重刀武术颇类似杂技中的技巧演练,没有固定的武术套路,只是当成一种体现演练者高深功力的形式被展演出来。由于所舞的重刀较为沉重,一般都在80斤以上,俗称"样刀"。而怎么拿、怎么舞、怎么提拉都有一定的模式,就好像举重运动员那样,将提、拉和下蹲等技术结合起来,利用生物力学的原理,在展现力量的同时还要体现演练者高超的技巧。这种形式在我国古代的武举考试和民间习武时都是一项必不可少的考较内容。现在天津回族重刀武术的掌门人是曹氏家族的曹仕杰,其父曹克明研创了一套以"方便连环铲"为特点的演练套路,名为"春秋八步"。该套路以铲、叉、撩、拨、盖及胸背舞花为主,既有传统大铲的动作,又融合了春秋大刀、枪、棍、棒等一些长兵器的技巧和内容,令人耳目一新。这个家族多次代表天津参加各类传统武术的赛事,而其所展演的就是以此套路为基础,又融合了一些杂技中的演练技巧,充分展示了回族重刀武术的精华,并连续在全国少数民族运动会中获得金奖。① 之所以称其为天津的回族重刀武术,是因为这种形式的武术是以家族为纽带的传承模式。在中国的传统社会里,一旦涉及祖传的功法、技艺或秘方时,都有一个不成文的规矩,通常情况下是"传男不传女、传媳不传婿",以防技艺流于外姓人家。而天津掌握这门技艺的曹氏家族,就是回族群体中一个典型的家族作坊模式。在选择传承人的条件中,首先是家族中的男子,这其实满足了两个条件,既是男子,又是回族,不但确保了祖传技艺在家族中传承,还保证了族群关系的纯洁性。从这一点来看,天津回族的重刀武术更具有在族群心理认同上的特征。

三、山东冠县查拳

"山东冠县查拳"从外在形式来看是一个独立的拳种流派。"山东冠县查拳"虽然在称谓上没有明确标明"回族"二字,但由于其为回族教门拳的一种,故而多在回族群众中习练和传承。由此自然被纳入到回族武术体系中来,并在民间达成契约和共识,一提起查拳通常认为是回族武术中的一个流派,实际上查拳已成为回族武术体系中一个具有"回族"隐喻特色的象征符号。由于冠县地处冀鲁交界,所以查拳在这些地区有着较为深厚的群众基础,在回族中开展得极为普及。起源于冠县张尹庄的查拳,是流传全国及海外的一个影响较大的回族武术拳种,在境内开展得十分广泛,群众多以田间和场院为场地,在一年四季的农闲时

---

① 戴雁军:《重刀铸就民族魂——访天津市回族重刀武术第四代传人曹仕杰》,载《回族文学》,2007年第1期,第45页。

节习拳练武。20世纪80年代初，国家进行了一次全国性的武术挖掘整理工作。由于查拳是回族武术的主要拳种，所以以张文广先生为首的查拳挖掘小组，首先选定了查拳的发源地山东冠县为重点调研地区，发掘和整理了大量的回族武术资料。[①]

查拳不是单纯的套路组合，而是由基本功法、基础套路和根据个人功力高低来排序的十路查拳整合在一起的一整套训练体系。在查拳体系中，除了包括查、滑两种主要拳术套路外，还有许多器械套路和对练套路，例如关公十八刀，又称"春秋大刀"，还有凤翅镏金镋、大枪、护手双钩、剑、刀等，对练有扳挡靠等，但主要以查拳和滑拳为主体核心，通常是二者兼练。但查拳除了具有这种独特的外在表征外，与其他任何拳种流派一样，都还需要遵循传统武术功法理念的规范。例如在查拳的一些功法中，除了自己独特的习练内容外，还融合了炮锤、红拳等功法内容。炮锤是一种功法，主要是发力技巧，而红拳则是对身形的训练，动作以窜蹦跳跃为主，只有将这些拳法和功法糅合在一起，方能发挥出查拳的功力特点来，所以在传统武术界，一般都将查、滑、炮、红等拳种归为一类，以起相辅相成之作用。查拳的基本功，包括以腿法见长的"弹腿"、以"扑步穿掌"为主要动作的"滑抄"和以拳法为主的"捣锥"组成。其实"弹腿"、"滑抄"和"捣锥"都是查拳的基本功法，只有当这三种功力达到一定水平的时候，才能开始学习查拳的其他套路。"弹腿"按功力高低、动作难易分为28路，分别用28个阿拉伯文字字母代表。所以查拳在演练形式上具有明显的伊斯兰文化的特点，不管是内行还是外行，只要是略微熟知伊斯兰文化的都能通过其外在的拳式表现而认同查拳与回族的关系。

---

① 张文广：《我的武术生涯》，北京体育大学出版社，2002年，第223页。

第三节　三种回族武术形式的认同与差异

在非物质文化遗产名录中的三类回族武术，它们都有一个明显的标志，即"回族"是它们共同的符号，但在拳法内容、体系结构和传习上具有很大的区别，故而在认同层面上也存在很大的差异，这是一个具有相通而又不同的特殊内部结构。我国的非物质文化遗产共分为民间文学、民间音乐、民间舞蹈、民间美术、传统戏剧、曲艺、杂技与竞技、传统手工技艺、传统医药和民俗等十大类。其中把三种不同类型的回族武术一起划分到"杂技与竞技类"。但这种分类方式，从某种角度来说是强调了共性——竞技性；而忽略了个体差异——文化性。回族武术受多元文化背景的影响，文化的差异和地域环境造就了其不同的遗存形态。而一种文化的形成大多离不开这个民族所生存的历史背景、生态环境和宗教信仰的制约。三类回族武术同属一个族群范畴，又同时被列入非物质文化遗产名录中，是因为其在拳派体系、传承途径和演练形式上存在一定的差异性，而这种差异性或许正是其能列入非遗名录的原因之一。所以通常情况下研究者要关注彼此的相似性和差异性，然后对这些相似性和差异性做出解释，以便寻找出其中的原因。认同不仅是认的过程，同时也是一个被认的过程。

一、"地缘"认同中的沧州回族武术

沧州的回族武术名家众多，许多流派均为回族武术家所创，同时这些拳种流派也多在回族群体中传承习练。在这些人中，有些是某些重要武术流派和拳种的主要建构者；有些人则对武术的

传播与交流产生了重要作用。由此而在人们头脑中形成一种潜意识，即在沧州习武的人多为回族。所以附着在武术上的就存在两种层面的认同，一提起沧州，人们自然就会联想起武术和回族。当对其他民族的人们问及到有关沧州的标志时，人们的第一反应是武术，然后才是回族；而如果问及的是回族时，他们首先反应的是回族，然后才是武术，前后顺序相反。沧州武术门派众多，有些拳术是以回族武术家而名晓天下，但传承过程中并非独在回族子弟中传习。不过，当人们说到沧州武术时，人们还是会以回族武术拳派为其代表，这样回族武术就成了地方文化的一个代表符号。沧州的回族武术是以个人的影响力而成名的，可以说是"拳以人显、人以武名"的一种状况，并不是一个族群共同的认同，实际上是通过地缘认同而认同回族武术的。沧州回族武术的这种情形，与西北地区的回族武术流派相类似。我国西北地区的宁夏、甘肃、青海、陕西等地，自古以来就是回族和其他信奉伊斯兰教的少数民族聚居的地方。在历史上，这里的回族武术名家辈出，尤其是近现代的一些武术大家的出现，其对我国传统武术的影响并不亚于沧州地区的回族武术。例如马氏家族的代表人物马凤图、马英图兄弟二人（回族），追随西北军著名将领张之江一同建立和开创了对武术界来说具有划时代意义的中央国术馆，并培养出一大批影响后世的著名武术家，现今的武术泰斗张文广先生便是其中之一。后来马凤图先生辗转来到了西北，并在甘肃定居下来，悉心钻研武术，经过他数十年的传习推广，创编出以"通背劲"为特征的劈挂、八极、翻子、戳脚等各种拳法，以及大枪、风磨棍、苗刀、鞭子杆等器械套路，已广泛流行于西北诸省，成为以后西北诸省参加全国性武术活动的代表性拳种套路。比较有意思的是，张之江和马凤图二位都出生在沧州地区，而且都是自幼习武，可见沧州武术影响之深远。

二、"亲缘"认同中的天津回族重刀武术

天津回族重刀武术，之所以在重刀之前加上"回族"，是因为习练重刀这门传统技法，不独是曹氏回族一门独有之技，许多民间习武之人，在习武过程中为了增强自己的功力，都要熟练掌握的一门功法，以此来提高自身的力量和身体的协调性。重刀武术是从习武套路中选择出来的一种类似杂技中的表演形式，习耍重刀也是回族武术中的一个人们经常习练的内容，其中在回族武术的长器械中就有"关公十八刀"。在中国古代的武举考试中，耍样刀是一个考查举子们使用这种器械能力的必考内容，主要考查他们的力量以及掌握使用长兵器的程度，以便于以后在战场上具备冲锋陷阵、斩杀敌人之能力。这种形式的内容，是融合了一些长兵器的功法演练特点，是集古代战场上所用的大刀、长枪、镗、槊等兵器的综合体，总归是脱离不开这些器械的演练规律的一种综合展示个人高超武艺的形式。在武术界，掌握一门器械的使用方法，都十分强调"身械合一"，这是判断一个习武之人功力高低的标尺。器械是人们身体之延长的部分，一旦熟练掌握后就会更有利于击打敌人，而不能成为累赘。天津不是回族聚居地，而重刀武术又不是回族所独有的功法习学内容，所以就突出了"回族"的称谓。在天津，重刀武术实际上已成为了回族的外在表征。我们在观察一个表征时，有时候你会注意到，"同一种资源可能会被不同的族群在用，都在说所有权或占有权，都是一样的东西，反而变成是民族的了，或者说民族这个层面得到了更多的强调"[1]。因为这个家族的民族成分是回族，才被定性为回族重刀武术，从归属感来说，是通过亲缘关系而认同回族重刀

---

[1] 王建民：《艺术人类学新论》，民族出版社，2008 年，第 234 页。

武术的。

三、"族缘"认同中的山东冠县查拳

查拳与汤瓶七式拳和回回十八肘在回族武术界被称为"教门拳"，而除去查拳以外，其他两种拳法均已难觅其踪了。查拳作为回族武术中一种具有标志性的门派而被人们所认同，其地位和表征意义自与沧州回族武术和天津重刀武术不同。沧州与天津的回族武术由于是地缘和亲缘的关系，并未达到整个族群的共同认同。而查拳则与此大相径庭，一提起查拳，人们自然认同它是回族的一个拳种流派，反而不用在名称上再添加回族"族性"标志了。所以，山东冠县查拳不用更名为"山东冠县回族查拳"，其含义是说查拳在山东冠县这个地方具有悠久的历史，流传较为广泛，而其他地方虽然也有习练查拳的，但影响力却不如冠县那么深远。冠县查拳之所以影响广泛，是因为历代查拳名师大多出自此地，并通过他们才使得查拳闻名于世，如果将其定名为"查拳之乡"则较为准确。冠县查拳的传承体系多以家族为纽带而沿袭，这在我们搜寻遗留下来的拳谱中体现得尤为明显。

由于查拳具有浓厚的伊斯兰文化的烙印，通常都能从其身体外观来达到对查拳的认同。在查拳套路里有一些极具穆斯林文化特征的典型动作，例如"提壶"动作，现在称为"虚步提肘"。提壶动作是从穆斯林做礼拜时所用的汤瓶转化而来。信奉伊斯兰教的民众在做礼拜前洗小净时都要用到汤瓶，汤瓶有大有小，但规制相同。从动作的身体外观来看，将身体比作汤瓶，实际上就是日常生活方式灌输在人们头脑中的现实反映。由此而知，把查拳场域中的身体化作为语言，能十分清晰地体现出彼此之间的差异，这种差异是日常生活对人们的训练和规范，是秩序在现实生活中的体现，而他们自己则认为这是人们正常的行为标准，并历

久成习而成为一种"惯习"在身体上的无意识体现。

查拳的演练风格、特点、内容、节奏、外形、定式等都趋于相同，在查拳每个套路中的"起式"和"收式"，都有一定之规，其动作结构与回族的礼拜仪式是极为相似的。例如查拳一些"收式"中双掌抹脸，捋髯的动作来自回民礼拜时称为"都瓦式"的动作，暗念着伊斯兰教的礼仪。查拳被回族民众称为"教门拳"，从其称谓便知它与伊斯兰教的关系，通过其外在的拳势表征而认同它与回族的"亲缘性"，并成为集体记忆的选择方式。从世俗社会对日常行为的规范，到传统武术的训练模式，都是通过身体技术完成的。将身体当做一种工具，被放置在社会场域中，使得人们在经历了查拳在这个场域的身体实践后，进而转化为对身体发生内化的一个型塑机制，尤其是在具有典型回族特点的动作在套路中的反复出现，更是将伊斯兰教文化深深烙印在人们的身体之上，并通过拳势表征而成为一个回族"族性"隐喻的符号。

如果说前两种回族武术是以当地的回族武术名家和家族方式来达到一种族群认同的话，那么，查拳可以说是隐含在其背后的一种族群的象征，其涵盖的范围从族群认同意义上显得更为广阔。

第四节　身体传承的查拳

在回族武术中，查拳被回族民众称为"教门拳"或"圣拳"。[①] 从其称谓便知它与伊斯兰教文化的关系，许多组合、拳

---

① "圣"代指穆罕默德。

法和招式，就是人们在礼拜过程中使用的器具和身体动作演化而来，并通过其外在的拳式表征而认同它与回族的关系。"表征"作为一种术语，多出现在与艺术相关的学科领域中，例如舞蹈、音乐、美术、戏剧等艺术形式。但武术毕竟不是舞蹈和戏剧，虽然在身体的塑造和传承上存有相似性，但二者在功能上存有质的区别。法国社会学和人类学家布迪厄试图建立一种实践理论模式，可以用来分析特定的群体或个人实践的机制，他采用的这种关系式的研究姿态，使得社会学打破了个人与社会分离的学术传统，将关注点放置到具体细微的日常社会实践之中，而不再是单纯地抽象演绎和理论思辨，他所提出的"惯习"概念，就是一种身体在实践场域中的认知和反思，并通过身体反馈出人们在长期的社会化过程中逐渐习得并成为秉性的东西。本节就查拳技艺的形成，借助艺术人类学对身体研究的理念，从社会的身体到技术的身体直至技艺形成的身体为脉络，来探讨回族查拳在利用身体这个载体传承武术技艺的功能。

一、"身体实践"的查拳

中国传统武术，向来注重身体与自然的相处之道，我们称之为"天人合一"。这种理念不但指导传统武术的理论研究，同样属于此类的回族查拳也不例外。不过由于受伊斯兰教的影响，回族又有自己对宇宙观的独特认知，但经历了伊斯兰教在中国的本土化和受到传统儒家文化的影响后，这种伊斯兰教与儒家学说结合后的意识形态多少会影响到回族民众的宇宙观。然而，他们原有看待世界的态度和行为标准并未改变，在他们的精神世界里，"安拉"是唯一的真主，而被称为"圣人"的穆罕默德是真主安拉所派遣的使者，他们对待真主和穆罕默德的敬畏之心从未改变。从对查拳研究的个案中可以清晰地看到个体与整体之间联系的痕迹，而这种联系同时也体现出个体与宇宙观在时空转换过程中所建立起来的对身体塑造的模式。我们通过到河北邢台拜访一些健在的回族老拳师和清真寺的阿訇，在与其交谈和到清真寺观摩礼拜的过程中，亲眼目睹了回族宗教文化与身体的紧密联系。虽然一些参拜成员甚至阿訇已经不再从事武术活动，但在清真教义和参拜礼仪中还是能够看到查拳受影响的痕迹。在一位回族老拳师赠送的《清真简要》[①]手抄本中，清楚形象地描绘了回族的礼拜过程："礼拜的仪式，是以穆圣的尊名（穆罕默德）的四个单字制定的，立站如挨立夫（音译），像人顶天立地；鞠躬像哈（音译），如鸟兽负天之象；跪坐像答里（音译），如山岳之峭然不动；叩头像密目（音译），如草木根生于土，而复还于土。一拜之后，周而复始，如日月之运行不息。"[②] 从描述中可以看到，虽然只是一个宗教礼拜仪式（他们称为礼功），却处处体现身体作为一种工具来表征个人与宇宙之间共融的关系。社会学家将"身体"看成是一种行为，是社会环境中的一部分，而人文社会科学的目的就是对一些社会行为进行文化理解和阐释。布莱恩·特纳在《身体与社会理论》一书中提到："身体是我们劳动的对象——包括进食、睡觉、清洁、饮食控制与运动。这些劳动可以被称为身体实践，它们既是个人实践，也是集体实践。一方面，这些实践将我们与自然界联系在一起，因为我们的身体就是自然环境，另一方面，这些实践还将我们置于难解的社会规范体系中。"[③] 从而让我们认识到，社会行为的身体具有象征的潜力和作用。

---

① 抄本为回族老拳师丹玉魁所赠，纸质较为陈旧，未标明出处和年代，其内容主要是穆斯林的教义和日常规范。

② 《清真简要》，手抄本：22。

③ 布莱恩·特纳著，谢明珊译：《身体与社会理论》，台湾国立编译馆，2002年，第246页。

与此相对应的是，中国传统的宇宙观同样认为身体是作为自然界的一个组成部分而客观存在。人介于天地之间，从天、地、人三者的关系看，天给人以助，要靠雨露滋养；地供人以生，衣食住行的供给；一年四季，寒暑交替；二十四节气，耕种播收；三百六十日，有昼夜之分，天地变化之妙处处都与人的行为有着密切的联系。正是这种周而复始、循环往复的孕生模式，才使得生命之留存而绵延不绝。殊途同归，东西方的宇宙观在此达成了统一的认知，布迪厄在其《实践理论纲要》一书中，专门有一个章节来分析世俗社会中人类的"孕生型图式和实践逻辑"之间的关系。站在这个场域来看，其对某些内容的探讨上与中国传统的宇宙观念存有异曲同工之妙。从武术角度来看，这种将身体融入宇宙万物中的观念，是个体与天地之间一个相连的关系，同时也是一种"借地之力，纳天之气，壮人之势，天地人形成一体的'大周天'"[①]。与它对应的"小周天"，则是宇宙观在人身体上的体现，通过肢体来表征与自然的和谐关系。例如，武术讲究脚踩于地，必须扎根于土，下盘稳固。地为力之源，一切能量从地起；头顶于天，则立身中正，感通经络，循环往复。低头失天，抬头失地，故传统武术讲究不抛头露喉，不缩头藏颈。这种大周天知人，小周天知己的宇宙观无时无刻不体现在人体之上，"知己知彼，方能百战不殆"。

查拳是教门拳的一种，与其他拳种相比具有典型的特点，伊斯兰文化十分清晰地从查拳的拳势和套路中映射出来。"弹腿"是查拳的基础套路和主要功法习练方式。它是按阿拉伯文的28个字母排列而成的28个基本动作组合，又叫28路弹腿。目前流行的是前10路，后18路比较复杂，为了便于记忆，把它编成两

---

① 于志钧，《中国传统武术史》，中国人民大学出版社，2006年，第35页。

套类似拳套路的组合,分为一路腿和二路腿,又称为"二路腿拳"。阿拉伯文字的 28 个字母与弹腿结合起来,实际上就类似汉字的象形文字那样,既有身体的表征,又存在一定的秩序,每个字母根据排序或是外在表象来与弹腿配对。28 个字母对应 28 路弹腿,从初级到高级,从简单到复杂,实际就是一种根据功力高低的排序,第一个字母表示的是"头路弹腿",并以此类推。另外,回族群众一直坚信礼拜可以锻炼身体,给人以身心安慰。同时周而复始的礼拜功课,还可活动全身,增强血液循环,恢复精力,起到修心养性、升华人格的作用。他们讲究"以身事主、意向主、心敬主。在礼拜中能做到,正容而立、端庄而坐、威仪而起、清缓而念、至诚捧手、悠雅退步"①。这种理念被转化为一种对身体行为的规范而融入查拳套路中,不论是上步还是撤步、起身还是下势,讲究的是静如山岳、动若江河,始终都让身体保持一种优雅舒展的姿态。而最具代表性的动作则是在查拳每个套路中的"起式"与"收式",怎么起、怎么收,都有一定之规,动作结构与礼拜是极为相似的。例如,每当他们练完一套拳术后,都有一个习惯性的捋髯动作,以表示一个套路的结束。这个动作据说是取材于男人们的习惯动作引申而来,一般情况下,信奉伊斯兰教的男人习惯留须并作为自己的外在表征,许多回族老人,都蓄着很长的胡须。但也有一些独特的现象,据文献记载,由于历史原因,在一些伊斯兰教派的面容修饰上是不留髯须的。比如伊斯兰教四大教派之一的"哲赫忍耶教派"的穆斯林就是为了纪念其教派始传者马明心,便"不再留腮须而只留下巴胡"。② 查拳的这个"捋髯"是否取材于男人的习惯未有定论,

---

① 《清真简要》,手抄本,第 22 页。
② 马正伟:《回族民俗学概论》,宁夏人民出版社,1994 年,第 81 页。

但这种双掌抹脸、捋髯的动作，却隐含了伊斯兰教的礼仪在里头。回民礼拜结束时，都有这样一个动作，穆斯林称其为"都瓦式"，意为穆斯林面向真主，以示感谢真主的恩赐，查拳中这类动作也往往是作为套路的结尾姿势出现的。也许不同地域的查拳流派可能会由于个体之间的差异存在些许不同，但查拳的演练风格、特点、内容、节奏、外形、定式等都是趋于相同的，而且不会受到个体差异的影响。由此看出，身体的行为既受生物性因素的影响，也受社会性因素的影响，或者同时附加在人的身体之上。但生物基因可以改变，而社会行为则会烙印在人的内心深处，身体的惯习行为往往是通过后者来实现的。

我们可以发现，将身体放置到一个特定的场景中，即便是不会查拳的穆斯林也要经受这样一种社会规范的约束，并历久成习而转化为一种集体的记忆，而这种记忆的形成正是来源于社会场域对个人身体的型塑和训练。但是我们也可以看出，世俗社会的规范也许还不能束缚人的精神，回族这种采用宗教信仰的神圣性来规范人的身体行为，其规范程度已经远远超越了理性的制约，是一种通过对真主的敬畏之心来达到人格的升华，并起到规范他们日常行为的作用。宗教信仰是一种对精神的约束，这种约束被附加在教民的身体之上的痕迹，在查拳的动作中表现得十分明显。可以说，查拳的习练也是一种对社会规范的隐喻，从仪式中的身体到查拳中的身体，历经时空转换后，将这种集体记忆潜移默化为身体记忆，并通过身体实践来表达他们对真主安拉和穆罕默德的敬重之心，这正是一种无意识的、无策略的惯习行为的体现，但这些行动的效果往往是合理的、有策略的。对于身体研究而言，查拳作为回族群体的一个象征符号，通过"身体"这个媒介，充分表达出了回族群体内心情感的普同性。这个时候，按布迪厄的理论认知，同时"消除了存在主义对主体观选择力的夸大和结构主义对客观制约性的夸大,将个人实践的身体转化为个体与社会、主体与结构关系的模式研究中,从而排除了长期存在的主观与客观的二元对立的势态"①。而区分它们的标准与界限往往是通过实践后的身体来完成的。

二、"身体技术"的查拳

对于武术人而言,"不同的套路动作与不同的拳种流派技术,往往是区分武术人师承关系的重要手段和形式之一,所以,对于中国武术中的套路认同、拳种认同,也就自然而然成为中国武术认同中十分重要的表现形式"②。由于查拳具有浓厚的伊斯兰文化烙印,通常都能从其身体外观来达到对查拳的认同。而这种外观的形成过程,正是通过身体技术对身体的塑造来完成的。关于身体技术,马塞尔·莫斯认为:"身体是人第一个、也是最自然的工具。或者更确切地说,不讲工具,人的第一个、也是最自然的技术物品,同时也是技术手段,就是他的身体"。③ 在查拳套路里有一些受穆斯林文化影响的典型动作,例如"提壶"动作,现在称为"虚步提肘"。提壶动作是从穆斯林做礼拜时所用的汤瓶转化而来。信奉伊斯兰教的民众在做礼拜前洗小净时都要用到汤瓶,汤瓶有大有小,但规制相同,壶把是竖型镶嵌在壶体一侧,另一侧的壶嘴高高翘起。"提壶"动作应该有两层含义,首先,从身体外观来看,就是抬右臂屈肘握拳似壶嘴,屈左臂握拳于腰间如壶

---

① 刘建、张素琴、吴宏兰:《舞与神的身体对话(上)》,民族出版社,2009年,第152页。

② 王岗:《中国武术发展需要"大武术"认同观》,载《武术科学》,2008年第8期,刊首语。

③ 转引自汪明安、陈永国:《后身体:文化、权力和生命政治学》,吉林人民出版社,2004年,第9页。

把，头正身直，其外形就是其所用汤瓶的翻版；其次，从把握汤瓶的姿势上看，一般是拳眼斜朝上，是一个提举的用力状态，手中无壶，而心中有壶，右臂屈肘这种上提的姿态，实际就是查拳中的一个发力动作。类似以上动作在查拳套路中还有许多，经常会反复出现。穆斯林的日常生活与汤瓶息息相关，在伊斯兰教义中规定，凡穆斯林人进礼拜堂前，必须事先洗小净和脱鞋，非穆斯林一般不让进去。回民喜欢用汤瓶是因为汤瓶有盖、有把、有流水的高翘壶嘴，盛水的主体部分一般呈鼓状圆台形，不洁之物不易进去，既方便，又卫生。当用清洁之水洗涤全身之后，再真心诚意地用纯洁的身体进行礼拜以示对真主和穆罕默德的虔诚之心。

但查拳的功法习练还是以技击为主要内容，并非完全由这些典型回族特点的动作组成，只不过查拳的一些典型动作与其他拳种有所差异罢了。但这种差异同样隐含着社会行为在其身上打下的烙印。在同当地阿訇的交谈中，我们了解了一个细节问题，那就是在礼拜的跪坐时，与一般跪坐不同，他们的跪坐是一脚跂一脚立，或是左跂右立，或是右跂左立，为的是起立便捷，而且不会由于跪坐的时间过长而产生麻木，武术中抢背摔的起身动作与这个动作十分相似。关于这个动作的含义是否具有这种功能，我们访谈了一些做礼拜的教民，他们的看法是说这是一种习惯使然，跪久了自然要换换脚，至于是否类似武术中的"抢背摔"，因为他们不会武术，而无法认同这种说法。但引领我们观摩礼拜的回族老拳师，却说这就是武术中的一个技巧，一旦在与敌搏斗时摔倒，如果采用这种方法，就会轻灵而起，避免身体受到攻击，这在习武之人看来是不难理解的。也许这种推测再次印证了礼拜仪式已经根植于回族人民的日常生活当中，成为一种潜意识中的惯习行为。这种惯习行为放在"查拳"的场域中，体现的就是经过武术训练和未经过武术训练之间的差别,也是结构与能动性附着在他们身体上的博弈和互动。文化的习得是在潜移默化中获得的,布莱恩·特纳曾说过:"身体技术虽依赖一个共同的器官基础,但它既是种个人培养也是种文化培养。"① 而礼拜仪式和查拳的融合正是穆斯林对身体文化的一种建构。

西蒙·威廉姆斯和吉廉·伯德洛在其《身体的"控制"——身体技术、相互肉身性和社会行为的呈现》一文中,对莫斯的身体技术有一个总结:"身体技术有三个基本特征。首先,顾名思义,它们是技术的,因为它们是由一套特定的身体运动或形式组成的;其次,在一定意义上说,它们是传统的,因为它们是靠训练和教育的方式习得的,没有传统就没有技术和传递;最后,在一定意义上,它们是有效的,因为它们服务于一个特定的目的、功能或目标,例如跑步、行走、跳舞等。"② 也就是说,关于对身体的控制,是需要经过训练来达到的。

查拳不是单纯的套路组合,而是由基本功法、基础套路和根据个人功力高低来排序的10路查拳整合在一起的一整套训练体系。查拳的基本功,包括以腿法见长的"弹腿"、以身法练习为主要动作的"滑抄"和以拳法为主的"捣锥"组成。只有当这三种功力达到一定水平的时候,才能开始学习查拳的其他套路。"滑抄"又称为"扑步穿掌",民间俗称为"抄"。"滑抄"是查拳独特的一种训练身法的手段,在其他拳种中很少能看到这种习练方式。所谓拳术打得好不好主要看身法是否到位,身法练习的关键所在是练腰。查拳套路的习练,需要身体高度敏捷灵巧,讲究的是身形转换。一些起伏转折、闪展腾挪、攻防击刺等动作,

---

① 转引自汪明安、陈永国:《后身体:文化、权力和生命政治学》,吉林人民出版社,2004年,第9页。
② 同上,第400-401页。

都需要腰身的默契配合。故民间俗语有"腰为一身之主宰"、"练功不练腰，到老艺不高"等说法。"捣锥"就是传统武术的"金刚捣锥"，用现在叫法就是"震脚砸拳"。人生来之力称为"本力"，一个人的劲儿，通常有两种情况，一为先天之力，二为后天之功。先天的力是生来就有的自然力，是没有经过锻造的拙力，是不带有技术性的一种劲儿；后天的功是通过习练武术后的发劲技巧，是经过长期锻炼而得到的，带有技术性的一种劲，也叫功力。将"气"与"力"有机地结合在一起，使身体内的所有能量汇聚于一点爆发，讲究的是充实完整，协调统一，吐气发声，以气催力，气聚则刚发。通常我们在观看习武之时，都能听到此起彼伏的吐气发声，而吐气发声则正是武术技击动作的发力点。功夫练到一定程度时，往往能听到在人的体内隐隐然伴有雷鸣之声，类似动物从腹腔发出的声音，我们通常称为"虎豹雷音"。震脚发力是需要身体与气息协调一致的，干跺脚只会伤及自己，尤其刚从事武术习练者更要谨慎为之。从人体力学上讲，脚跟和后脑是杠杆的两端，打拳时狠劲蹬地就会伤及后脑，而这种没有技巧的蹬地发力动作，未能将力达足底，并贯穿全身的力量，所以刚开始习练的人容易造成头晕目眩的情况出现。

我们发现以上三种基本功法都是属于单一动作的重复习练，是由量的积累和递进来达到的一种对质的呈现结果。这种结果来自查拳的身体记忆，同时又塑造了查拳的身体，是一种身体技术的体现。在前文所提到的弹腿功法，就是为以后学习查拳套路而打下的基础。查拳共分10路，每路查拳的内容都离不开弹腿，而且一一对应。头路弹腿对应头路查拳，也是按照难易程度和功力的高低来排序的，所有的10路查拳都是从弹腿中演化而来，彼此呼应，相得益彰。由此可见，正是身体通过弹腿、滑抄和金刚捣锥等基本功的训练之后，才达到一种对身体的控制能力而具体反映到查拳套路中,并从身体的表象总结出了 16 字的"查拳品"来评判功力的高低,即"工整、流畅、轻灵、飘逸、纵遑、雄浑、缜密、端严"。① 人们的生活方式是掌握身体技术的重要手段,后天的训练恰恰是这种生活方式在人们头脑中秉性的、根深蒂固的观念所决定的,或者说是一种文化模式影响下的习惯使然。可以说,这种训练是按照人们日常生活中潜在的规律而决定人们应该采用何种方式的训练来训练他的后人。许多传统技艺的获得,同样都是在沿袭着共同的训练模式来沿袭传统,师父们从他的师父那里获得的技术训练手段再教授给自己的徒弟,并一代一代地传承延续下去。

三、"身体技艺"的查拳

技艺的形成靠身体记忆的传承,而它们之间的联系靠的是"身体"这个媒介。传统武术的习练方式和方法跟现代竞技武术的训练方式有很大区别,其特殊的训练方式也决定了训练效果的不同。"习武者的个人经验被整合为习武群体的普遍经验,一代的认识被转化为世代的认识。当然,这种整合化已非原有的简单传递,而是融合了众人的智慧后被不断丰富完善。"②

查拳技艺的形成,必须依照传统的训练方式来获得,而基本功法的习练则必不可少。这个过程是痛苦的,也是被规范的。这个过程可以简单分为三个步骤:

第一是"沤筋"与"悠腿"。"沤筋"和"悠腿"是当地的俗称,但却能形象地表达一种功能。从字面上理解,所谓"沤"就是成熟过度,接近腐烂边缘。沤筋的具体形式是两腿直立分开,

---

① 周士菊:《南拳北腿山东查》,载《春秋》,2007 年第 1 期。
② 周伟良:《一个不可忽视的学术领域——谈武术理论研究》,载《体育文化导刊》,2004 年第 5 期,第 18 页。

双手抱头前后甩动上体，最后能够将上体穿过裆部并从后侧看到自己的臀部。这种训练方式是为了增强腰背和大腿肌肉韧带的灵活性和柔韧性。如果达到这种程度，不但腰腿肌肉的弹性增强了，全身筋脉也都舒展开来，更不会拉伤。"悠腿"有摆动的意思，是除了自身用力外，还要靠技巧和力量的拿捏并借助惯性提高出腿的力量和速度。这两种基本功主要是增强韧带的弹性，提高肌肉的控制能力，达到收发自如的目的，所谓点到为止的火候和动作的拿捏到位，恰恰都是通过这种练习方式达到的。这是功力上身的必然过程，也是一种身体技艺的表现形式。上述两种方式的练习跟竞技武术的生拉韧带是有区别的，因为本人自己在习练查拳的三年中，肌肉韧带从未拉伤，但在随后接受竞技武术训练的第一年，便将大腿的坐骨韧带拉伤了。而且，这种坐骨韧带的拉伤已经成为现代接受竞技武术训练的运动员的一个常见病了，我们经常能看到武术运动员有一边走一边搓揉自己臀部的习惯，就是这种伤病的体现。由此可见，传统功法的习练方式是在历经了前人多年的实践经验之后而总结出的训练模式，这种模式是合理的、有效的。

　　第二是"滑抄"与"弹腿"。滑抄是练习身法的方式，滑和抄有两层含义，同样从其字面上引申而来。"滑"如雨天行路，出腿下扑流畅滑顺，不带半分青涩；"抄"如蜻蜓点水，轻掠水面而过，功夫高深和身法好的人可以让腰腹或是前胸擦地而行，又似乳燕抄水般将功力隐喻在身体之中。而这种能力则必须建立在"沤筋"和"悠腿"的功力达到一定水平的基础之上。"弹腿"是查拳的核心内容，在回族老拳师赠送的《查拳谱》[①] 手抄本中，开篇提到的就是弹腿："受得先师十手拳，名曰弹腿妙无

[①] 回族拳师徐春生所赠，从纸质上看，年代较为久远，是从"查拳之乡"冠县流传而来的。

边。头路顺步单边串,二路十字奔脚尖,三路劈盖夜行犁,四路撑扎左右盘,五路栽锤步要斜,六路盘式是单砍,七路双砍十字腿,八路椿跺有转环,九路捧锁阴阳手,十路箭弹贵常盘,多踢多砍是根源,奥妙无穷在里边,练成能壮英雄胆。"① 这是拳势描述,如果未经习练之人是无法理解其中含义的。但其核心主要突出腿功和手法,"多踢多砍是根源"就是真实的写照。其中的奥妙是经过反复习练之后的一种体悟,据一些老拳谱中的描述"其手舞足蹈与四肢之能,皆天然运动之良,是人孰无。是乃运之而知觉也,夫运而知动觉,不运不动不知觉,运极则为知功,知者易动觉者难"②,而"体悟"正是结构与能动性在实践场域中的身体认知。但弹腿的技巧是有迹可循的,十路弹腿的手法变化万端,但腿法基本一致,通常习练之人只做二路弹腿,因为它最简单,最实用,主要目的是为了增强弹腿时肌肉伸缩的控制能力。这种控制主要体现在腰腹肌肉内敛,膝关节收紧,脚尖绷直,凝神屏气,最后是吐气发声,力达足背。弹得好的能弹出"砰砰"的声音,而一般人则可能会伤及膝关节,功力的高低由此而见。

第三是查拳套路的习练。查拳共分10路,是将前两种功法融合而成的一系列套路组合,是在当身体经受前两种功法的反复搓揉和锻造后的"闪亮登场"。自我控制通常都能从走位的飘忽、身形的转换、优雅的姿态,甚至一个简单的"亮相",来检验出查拳的基本功打得是否牢固。武术中的手、眼、身、法、步,就是通常说的"法儿"或"范儿",都要融进套路中并通过身体来传达个人功力高低的信息。这是人体的神经、肌肉、气息对身体的一种自我控制。但是,基本功法的习练,只能是对身体

---

① 查拳谱手抄本复印件,首页。
② 邢台回族老拳师丹玉魁所赠。

基本技能的培养,而要想达到更高的境界,则需要靠自身的悟性,这种体悟往往来自于身体对宇宙、自然以及阴阳、五行、八卦等更高层面的认知,老拳师们常说的"手舞八卦、脚踩五行"就是身体对宇宙的感悟,任何拳种都离不开这种结构框架的制约。所以10路查拳也都有各自对应的名称:头路母子、二路行手、三路飞脚、四路升平、五路关东、六路埋伏、七路梅花、八路连环、九路龙摆尾、十路串拳。关于对传统武术及基本功法的称谓,有学者指出:"在西方文化土壤里滋生的体育术语,都明显带有物理性质,如强度、密度、幅度、力量、频率等,而在以武术为代表的东方体育中,用这类物理性术语就难以说明,即使某些运动细节可以得到阐释,但本质上无法解读诸如阴阳互济、动静刚柔之类的范畴和要领。"[①] 诚如所言,例如"扑步穿掌"、"虚步提肘"都与查拳的传统称谓"滑抄"、"提壶"有所差异,尤其在对身体的认知和理解上更是差强人意,它过滤掉了传统武术含有的隽永之意。相比较之下,这类"采用比兴的修辞手法对传统拳术的称谓,借助比附、联想和自我心理暗喻,从而突破了事物间的时空界限,形成一种可感知的文化图景。"[②]

以上这些关于查拳的技艺描述,有的来自于个人身体的记忆,有的来自于集体记忆。训练和传承模式往往是相同的,但身体的感受是不同的,身体的痛苦程度可能会对身体记忆造成偏差。皮埃尔·克拉斯特里斯认为:"烙印使人难以忘却,痛苦的印记可以使身体变成记忆,身体所记得的是法律、规范和强

---

① 周伟良:《一个不可忽视的学术领域——谈武术理论研究》,载《体育文化导刊》,2004年第5期,第20页。
② 同上。

制。"① 身体在学艺过程中的痛苦经历,也是增强这种记忆的一种方式,越是痛苦,记忆越深刻,技艺掌握得有可能就越好。那么似乎这个过程就是一种规范和强制的再现,从而让痛苦成为记忆的载体。通过长年累月的练功,可以达到使身体产生对动作的记忆,这种记忆不是简单的感知,而是上升到让神经、肌肉来控制身体的能力,从而形成一种痛苦与美的转换。也许固定的训练模式是一种束缚和捆绑,而如何打破这种框架的束缚,则是体现能动性的时候。但我们同时也应该意识到的一个问题,就是对身体训练的模式往往是相同的,而个人的身体记忆却是存有差异的。法国社会学家莫里斯·哈布瓦赫分析认为:"尽管集体记忆是在一个由人们构成的聚合体中存续着,并且从其基础中汲取力量,但也只是作为群体成员的个体才进行记忆。"②

由同一个老师,用同一种方法,训练出来的徒弟则有功力高低之分,这是个人能动性和身体资本积累的原因造成的。不论查拳受何种文化的影响,但它终归是一种技击术,这个框架也使得查拳在具有独特的文化表征之外,还要遵循传统武术的指导思想来对其进行规范和约束。武术这种"形神兼备、天人合一"的指导思想,是一种真正的身心相应、内外兼修的哲学理念体现。它不但有整体性的身体训练,还与人体的神经系统、经络血脉相呼应,不仅有统一规范的技术训练,同时还体现了学无止境的艺术性追求。武术是古代社会生活需要的产物,是"技"和"艺"的融合体。武术作为生活原型,当然可以升华为"艺术",许多舞蹈和京剧的武打动作就是取材于以武术的原型来进行艺术创作

---

① 迈克尔·赫茨菲尔德著,刘珩、石毅、李昌银译:《人类学——文化和社会领域中的理论实践》,华夏出版社,2009年,第252页。
② 莫里斯·哈布瓦赫著,毕然、郭金华译:《论集体记忆》,上海人民出版社,2002年,第39-40页。

的。但舞蹈和戏剧强调的是艺术造型，是表演艺术，是人类满足物质生活后的艺术升华，而不是用于攻防实战的武功技能。

以往对回族查拳的研究，多注重于外在表象的描述和技术分析，容易形成本质化研究趋向，将查拳与回族主体文化情境剥离，同时从理念上缺乏对个体行为与社会行为、身体观和宇宙观在时空转换过程中的自我认知，尤其是无法理清身体在技艺传承中的表征功能，而使得深入研究难以为继。将身体融入宇宙世界中，是中国传统武术的最高境界，即使是在中国，人们也往往难以认识人体与宇宙的关系，这是需要深厚扎实的易学功底作保障的。而许多传统功法又都是建构在以天文、历法、阴阳、五行、八卦等中国传统哲学理念基础之上的，这在古代是人们认识宇宙世界的一个"常识"，而现在这种"常识"则成为艰涩难懂的玄奥之术了。幸亏人类的身体是可以言说的，同时也是不会说谎的，由此才能够使许多被遮蔽的思想、情感和意识被真实地、直观地甚至是以一种超越理性的行为方式而表现出来。现代社会学家和人类学家越来越意识到，在研究一个物象的时候应该将焦点汇聚到个人的身体实践上。作为一项偏重身体实践的"技艺"行为，回族查拳中的身体同样和艺术一样，与社会行为有着千丝万缕的关系，王建民先生曾提到："身体的和隐喻的两个层面是相互关联的。在身体层面上，舞蹈是调动能量和技术去做出动作，而在隐喻层面上，舞蹈将不同文化的人们联系在了一起。这条联系的纽带就是把人们与自然世界连接在一起的身体的原质点。"[①] 由此而见，回族查拳其功能不仅在于防身自卫、强身健体、愉悦身心和传承民族文化，同时还体现在构建个体与社会、身体观和宇宙观、结构与能动性的理念上具有独特的表征意义和功能。

---

① 王建民：《艺术人类学新论》，民族出版社，2008年，第115页。

参考文献

[1] 艾伦·巴纳德著，王建民、刘源、许丹译.《人类学历史与理论》[M]. 华夏出版社，2008.

[2]《民族体育集锦》编写组[M]. 人民体育出版社.1985.

[3] F. 赖特.《解释与理解》[J]. 哲学丛译，1988.（5）.

[4] 布迪厄著，宋伟航译.《实践理论纲要》[M]. 台湾麦田城邦文化出版，家庭传媒城邦分公司发行，2009.

[5] 布莱恩·特纳著，谢明珊译.《身体与社会理论》[M]. 台湾国立编译馆，2002.

[6] 布洛克著，滕守尧译.《现代艺术哲学》[M]. 四川人民出版社，1998.

[7] 陈其荣、曹志平.《科学基础方法论——自然科学与人文、社会科学方法论比较研究》[M]. 复旦大学出版社，2004.

[8] 大卫·费特曼著，龚建华译.《民族志：步步深入》[M]. 重庆大学出版社，2007.

[9] 戴雁军.《重刀铸就民族魂——访天津市回族重刀武术第四代传人曹仕杰》[J]. 回族文学，2007.（1）.

[10] 丁宏.《文化——性别与回族社会》[J]. 西北民族研究，2008.（3）.

[11] 杜芳琴.《女性观念的演变》[M]. 河南人民出版

社，1988.

［12］方征.《少数民族体育学概论》［M］.中央民族大学出版社，2009.

［13］冯国超.《中国传统体育》［M］.首都体育师范学院出版社，2005.

［14］冯骥才.《灵魂不能下跪》［M］.宁夏人民出版社，2007.

［15］弗雷德里克·巴特、安德烈·金格里希、罗伯特·帕金、西德尔·希尔弗曼著，高丙中等译.《人类学四大传统——英国、德国、法国、美国的人类学》［M］.商务印书馆，2008.

［16］傅杰.《王元化先生与"学术集林"》［N］.南方周末，2009-5-14.

［17］甘孜藏族自治州文化局编.《守望·绽放——中国·四川·甘孜州非物质文化遗产名录》［M］.中国戏剧出版社，2008.

［18］关昕.《博物馆开展"非物质文化遗产"田野调查的三个层次》［N］.中国文物报，2007-1-5.

［19］贺金瑞、燕继荣.《论从民族认同到国家认同》［J］.中央民族大学学报，2008.（3）.

［20］胡绍华.《傣族风俗志》［M］.中央民族大学出版社，1995.

［21］胡小明.《体育人类学》［M］.高等教育出版社，2005.

［22］胡小明等.《当代国外体育人类学——主要学说编译》.国家体育总局体育社会科学、软科学研究项目，项目编号：604SS04004.

［23］黄必贵、卢运福主编.《世界瑶都》［M］.岭南美术

出版社，2006.

[24] 纪兰慰、邱久荣.《中国少数民族舞蹈史》[M]. 中央民族大学出版社，1998.

[25] 姜宇辉.《德勒兹身体美学研究》[M]. 华东师范大学出版社，2007.

[26] 瞿明安、和颖.《身体部位的象征人类学研究》[J]. 世界民族，2009.（1）.

[27] 克利福德·格尔茨著，韩莉译.《文化的解释》[M]. 译林出版社，2008.

[28] 雷牛.《丹巴风情（1）》[M]. 中国三峡出版社，2003.

[29] 李延超、饶远.《水与火洗礼中的民族传统体育——傣族体育与彝族体育的比较研究》[J]. 体育学刊，2006.（11）.

[30] 李延超、饶远.《彝族传统体育活动为何这么"火"——云南彝族体育的文化地理学分析》[J]. 体育文化导刊，2006.（2）.

[31] 李志清.《仪式性少数民族体育的当代价值——以桂北侗乡抢花炮为例》[J]. 体育学刊，2010.（3）.

[32] 林富士.《何谓"媒体"》[N]. 南方周末，2010-5-20.

[33] 林耀华.《民族学通论》[M]. 中央民族大学出版社，1997.

[34] 刘建、张素琴、吴宏兰.《舞与神的身体对话（上）》[M]. 民族出版社，2009.

[35] 刘渼.《舞蹈：作为一种仪式的存在——广西特有民族舞蹈的生态呈现》[J]. 科技信息，2009.（5）.

[36] 刘宗迪.《鼓之舞之以尽神——论神和神话的起源》[J]. 民间文学论坛, 1996.（4）.

[37] 露丝·富尔顿·本尼迪克特著, 晏榕译.《菊花与刀》[M]. 光明出版社, 2005.

[38] 卢克·拉斯特著, 王媛、徐默译.《人类学的邀请》[M]. 北京大学出版社, 2008.

[39] 芦平生、杨兰生.《民族传统体育研究》[M]. 甘肃教育出版社, 2002.

[40] 罗伯特·莱顿著, 罗攀、苏敏译.《人类学理论导论——他者的眼光》[M]. 华夏出版社, 2008.

[41] 罗伯特·莱顿著, 李东晔、王红译.《艺术人类学》[M]. 广西师范大学出版社, 2009.

[42] 马昌仪.《中国灵魂信仰》[M]. 上海文艺出版社, 1998.

[43] 马广德.《从地理学角度看回族地域特点》[J]. 回族研究, 1996.（1）.

[44] 马林诺夫斯基.《巫术科学宗教与神话》[M]. 中国民间文艺出版社, 1986.

[45] 马明达.《试论"回族武术"》[J]. 回族研究, 2001.（3）.

[46] 马启成、丁宏.《中国伊斯兰文化类型与民族特色》[M]. 中央民族大学出版社, 1998.

[47] 马塞尔·莫斯著, 林宗锦译, 梁永佳校.《人类学社会学五讲》[M]. 广西师范大学出版社, 2008.

[48] 马山县政协委员会编.《马山风物》内部刊物. 第16页.

[49] 马正伟.《回族民俗学概论》[M]. 宁夏人民出版

社，1994.

［50］玛丽·道格拉斯著，黄剑波、柳博赟、卢忱译．《洁净与危险》［M］．民族出版社，2008.

［51］迈克尔·赫茨菲尔德著，刘珩、石毅、李昌银译．《人类学——文化和社会领域中的理论实践》［M］．华夏出版社，2009.

［52］毛阳光．《北朝至隋唐时期黄河流域的西域胡人》［J］．寻根，2006.（2）.

［53］莫里斯·哈布瓦赫著，毕然、郭金华译．《论集体记忆》［M］．上海人民出版社，2002.

［54］牛锐．《保护语言多样性 构建和谐语言环境》［N］．中国民族报，2005-10-28.

［55］农布七林、李娜．《民间拟兽舞的文化意义》［J］．歌海，2009.（3）.

［56］秦永章．《甘宁青地区多民族格局形成史研究》［M］．民族出版社，2005.

［57］让·皮亚杰著，郑文彬译．《人文科学认识论》［M］．中央编译出版社，1999.

［58］盛洪．《长城与科斯定理》［N］．南方周末，2007-7-26.

［59］石裕祖．《云南民族舞蹈史》［M］．云南大学出版社，2006.

［60］史继忠．《中国南方的民族体育（下）》［J］．贵州民族研究，1992.（10）.

［61］水镜君、玛利亚·雅绍克．《中国清真女寺史》［M］．生活·读书·新知三联书店，2002.

［62］田晓岫主编．《中华民族》［M］．华夏出版社，1996.

[63] 童昭刚等.《人文体育——体育演绎的文化》[M]. 中国海关出版社, 2002.

[64] 丸山真男, 陈力为译.《现代政治的思想与行动》[M]. 未来出版社, 1964.

[65] 汪明安、陈永国.《后身体：文化、权力和生命政治学》[M]. 吉林人民出版社, 2004.

[66] 王岗.《中国武术发展需要"大武术"认同观》[J]. 武术科学, 2008.

[67] 王建民.《艺术人类学新论》[M]. 民族出版社, 2008.

[68] 王杰、姜周存.《回族查拳 武坛奇葩》[J]. 中国穆斯林, 2008.

[69] 王明珂.《华夏边缘——历史记忆与族群认同》[M]. 社会科学出版社, 2006.

[70] 王明珂.《羌在汉藏之间——川西羌族的历史人类学研究》[M]. 中华书局, 2008.

[71] 王晓芳、张延庆.《同源异流的中日传统体育文化现象思考》[J]. 体育文化导刊, 2008.

[72] 韦晓康.《壮民族传统体育文化研究》[M]. 中央民族大学出版社, 2004.

[73] 维克多·特纳著, 黄剑波、刘博赟译.《仪式过程——结构与反结构》[M]. 中国人民大学出版社, 2006.

[74] 吴丕青.《沧州回族武术》[J]. 回族研究, 1997.

[75] 吴湘军等.《湘西巫傩文化与湘鄂渝黔桂边土家族武术》[J]. 吉首大学学报, 2002.

[76] 夏建中.《文化人类学理论学派——文化研究的历史》[M]. 中国人民大学出版社, 1997.

[77] 夏志前.《瑶族宗教——作为生活方式的宗教》[N].中国民族报,2007-3-13.

[78] 肖青.《民族村寨文化的现代建构——一个村寨的个案研究》[M].云南大学出版社,2009.

[79] 谢剑.《应用人类学》[M].桂冠图书股份有限公司,1989.

[80] 谢娅萍、向柏松.《土家族民间文艺的文化人类学阐释》[M].湖北人民出版社,2005.

[81] 新渡户稻造等著,张铭一、李建萍编译.《日本人的书——洞察日本民族特性的四个范本》[M].武汉出版社,2010.

[82] 邢莉.《口头非物质文化遗产的物质层面——兼谈口头和非物质文化遗产的保护》[J].中央民族大学学报,2006.(6).

[83] 徐万邦、祁庆富.《中国少数民族文化通论》[M].中央民族大学出版社,1996.

[84] 徐玉良.《中国少数民族体育史》[M].民族出版社,2005.

[85] 许珂.《民族体育要不要商业化——关于民族体育的思考》[N].中国体育报,2007-6-19.

[86] 阎纯德.《从黄帝文化到皇帝文化》[N].南方周末,2010-2-11.

[87] 杨春光.《宁夏文化的源与流探析》[M].宁夏人民出版社,2008.

[88] 易剑东.《体育文化学》[M].北京体育大学出版社,2006.

[89] 拥塔拉姆.《朱倭古舞》[M].作家出版社,2010.

[90] 于志钧.《中国传统武术史》[M].中国人民大学出版社,2006.

[91] 袁禾.《中国舞蹈意向论》[M].文化艺术出版社,1994.

[92] 詹姆斯·克利福德、乔治·E. 马库斯编,高丙中等译.《写文化——民族志的诗学与政治学》[M].商务印书馆,2006.

[93] 张海洋.《少数民族看奥运多少祈盼在心中》[N].中国民族报,2008-8-9.

[94] 张文广.《我的武术生涯》[M].北京体育大学出版社,2002.

[95] 张尧均.《隐喻的身体——梅洛-庞蒂身体现象学研究》[M].中国美术学院出版社,2006.

[96] 赵晓江.《从彝族神话传说及丧葬仪式看套路武术的雏形》[J].云南民族学院学报,1994.(4).

[97] 郑小江.《中国神秘文化》[M].当代世界出版社,2008.

[98] 中国伊斯兰百科全书编委会.《中国伊斯兰百科全书》[M].四川辞书出版社,1994.

[99] 周帆.《藏族"锅庄"舞蹈的审美特征》[J].四川教育学院学报,2009.(9).

[100] 周刚主编.《风情柳州导览》[M].广西民族出版社,2006.

[101] 周士菊.《南拳北腿山东查》[J].春秋,2007.(1).

[102] 周伟良.《一个不可忽视的学术领域——谈武术理论研究》[J].体育文化导刊,2004.(5).

[103] 周伟良.《中华民族传统体育概论高级教程》[M].高等教育出版社,2003.

[104] 朱海鹰.《重新认识象脚鼓文化》[J].星海音乐学院学报,2004.(3).

[105] 庄辉锦.《湖北恩施首次发现"武丧"》[N].中国民族报,2007-3-16.

[106] 左永平.《木鼓回归——佤族文化特质和当代价值研究》[M].云南大学出版社,2008.

后　　记

作为中央民族大学"211工程"三期建设"中国少数民族艺术"学科之子方向"中国少数民族传统艺术教学创新研究"的子项目"少数民族传统体育教学实践和理论创新研究"的课题，自2008年年底开始启动以来，从前期的田野采风到后期的出版发行，自始至终都得到了学校及相关部门的大力支持与帮助，作为本项目的主持人，在此谨向所有给予帮助和支持的各界人士、学界同仁、院系领导以及课题组成员表示衷心的感谢！

在本书即将付梓发行之前，内心忐忑不安。忐忑不安是因为在写作过程中，限于自身学识的浅薄和对少数民族体育文化的理解上，仍存在许多困惑和对理论知识的认知不足，从而在涉及的学术领域和资料的引用上存有牵强附会之嫌。即使有一些浅陋的观点，也可能会造成"一叶障目，不见森林"的误区出现，通读下来汗颜之至，也使得内心备受煎熬，实在是不足为外人所道。但学海无涯，艺无止境，丑媳妇迟早是要见公婆的，于是抱着这种私念，权且把它当成一个新的人生起点或是一种对自身的鞭策来对待，反而让自己内心饱受的纠结之情稍稍有所释怀。

由于早期即从事体育训练的原因，过多地将精力和时间放置到习拳练武的场域中，读书学习并未形成一种习惯。在我的成长历程中，与体育相关的活动，可以说时时刻刻不离左右，体育似乎已经成为我的一种生活方式了。刚来到中央民族大学的那段时间，大多只是从事一般性的体育教学工作，而对少数民族传统体育文化的研究涉猎较少，生活过得"悠闲自在"。但"近朱者赤"，在这所汇集了56个民族的大家园里，当洋溢着各种不同气息的民族文化扑面而来时，让我一时间目不暇接。后来随着有机会深入到少数民族地区进行实地采风和观摩时，一些丰富多彩的少数民族体育活动，尤其其背后蕴涵的浓郁民族文化特色，在不经意间触动了我的心弦，让我产生了一种莫名的冲动，是否可以将少数民族传统体育文化的研究作为自己的一个发展方向呢？这所汇聚了众多研究民族文化的前辈先贤的中央民族大学，让我身体的各个"角落"无时无刻都能感受到这种文化气息的存在，并使我有机会接触了一些民族学和人类学等研究领域的专家和教授，他们的思想和学问让我受益颇多。也许在开始只是一种兴趣使然，但随着认识的不断加深，这种兴趣在不知不觉中，慢慢潜移默化为心灵深处的一个精神支柱了，研究旨趣也从兴趣转化为一种责任和使命。

本书的写作过程，也是自己一个学习和成长的过程，俗话说得好"读万卷书，行万里路"，而书未读几卷，但路却没少跑。记得从2005年之后，在一些相关课题和部门资金的支持下，经常利用寒暑假、节庆等假日，前往少数民族地区进行实地采风和调研，让我真正接触到了各地不同的民族文化习俗，使我对民族文化的理解有了更为直观的认识。人们的阅历大多来自实践的认知，而读书和学习则是将这种来自实践的阅历上升到理论认知的一个最为有效的工具，人生的乐趣莫过于对一种所谓"常识"的认知。人类学家很早就意识到通过文化阐释来理解一个外在物象的惯习行为，并通过个案的分析，来提炼出事物的普遍性，再从人类学角度对其形成的社会过程加以考究和研析，以便走出个案的局限性。表征是进行文化想象的场所，然而，表征并不是独特的，同时也是使生命世界产生意义的手段。之所以在此提及人类学的问题，是因为该书很多方面都是借鉴了这一学科的研究范式，从田野工作中的参与观察、深入访谈，到后来的民族志写作，无不贯穿于本书所涉及的内容当中。在这里就不得不提到引领我进入人类学领域的我的研究生导师，我国著名人类学教授王建民先生了。在一个很偶然的机遇中，我有幸成为了先生的"入室"弟子，在随师学习的三年中，通过近距离的接触，让我领略了何谓大家风范。先生渊博的学识，儒雅的谈吐，谦逊的品格和严谨的治学理念，都令我钦佩，他的谆谆教诲和真知灼见让我终身受用不尽，并同时成为我一生追求的典范。另外，还要感谢将我引为知己的中央民族大学体育学院的资深教授徐玉良先生，由于同处一室工作的原因，私交甚笃，经常能与其探讨关于民族传统体育发展面临的问题，受益颇多。与此同时，还要感谢经常促膝谈心的韦晓康和方征两位教授，正是在他们的鼓励和帮助下，才坚定了我的学术探索之路。最后，仍然要感谢家人和我的同事们的支持与无私奉献，感谢中央民族大学出版社给予的大力帮助！

张延庆

2011 年 1 月 15 日